巴蜀雅韵

文化基因谱系构建与数字化创新设计

王蓉　赵丽　康华西　著

四川省哲学社会科学重点研究基地四川革命老区发展研究中心项目（SLQ2022SB-13）

成都市各社会科学重点研究基地美丽乡村建设与发展研究中心项目《西部地区传统村落文化保护的民族特色研究》（CCRC2021-5）

西华大学研究生教改项目（YJG2018023）

巴中市巴文化研究院2022年度巴文化研究重点课题《巴文化要素模型构建及其文创设计应用研究》（202217）

化学工业出版社

·北京·

内容简介

山川秀丽的巴蜀大地造就了丰富、独特、多元、包容的巴蜀历史和巴蜀文化。如今的"巴蜀文化"被赋予了丰富的内涵，它不仅包含狭义的古巴蜀文化遗产，更是指以川、渝两地为核心的多民族文化在融合发展过程中从古至今的文化总和。本书以巴蜀地区文化为研究基础，主要包括物质文化、非物质文化、传统村落文化、农耕文化等方面，并对其各部分文化遗传基本单位进行梳理，扎根理论进行研究，最终构建相关文化基因谱系模型，同时结合数字化创新进行相关文化资源的数字化创新展望。

本书适合高等院校的设计学相关专业的本科、研究生使用，也适合对巴蜀文化感兴趣的读者和相关研究者阅读。

图书在版编目（CIP）数据

巴蜀雅韵：文化基因谱系构建与数字化创新设计 / 王蓉，赵丽，康华西著. —北京：化学工业出版社，2023.4

ISBN 978-7-122-43190-5

Ⅰ.①巴… Ⅱ.①王…②赵…③康… Ⅲ.①巴蜀文化 - 研究 Ⅳ.①K871.34

中国国家版本馆CIP数据核字（2023）第055325号

责任编辑：孙梅戈　　　　　文字编辑：刘　璐
责任校对：张茜越　　　　　装帧设计：韩　飞

出版发行：化学工业出版社（北京市东城区青年湖南街13号　邮政编码100011）
印　　装：北京天宇星印刷厂
787mm×1092mm　1/16　印张12½　字数310千字　2023年7月北京第1版第1次印刷

购书咨询：010-64518888　　　　售后服务：010-64518899
网　　址：http://www.cip.com.cn
凡购买本书，如有缺损质量问题，本社销售中心负责调换。

定　价：98.00元　　　　　　　　　　　　　　　　　　　　版权所有　违者必究

前言

　　山川秀丽的巴蜀大地造就了丰富、独特、多元、包容的巴蜀历史和巴蜀文化。今日语境下的巴蜀文化被赋予了丰富的内涵，它不仅包含狭义的古巴蜀文化遗产，更是指以川、渝两地为核心的多民族文化在融合发展过程中从古至今的文化总和。如今，建设成渝地区双城经济圈时代背景下"共建巴蜀文化旅游走廊"的提出，有利于推动区域旅游协调发展，探索新的制度体系和路径模式；有利于发挥区域内各地区的优势，提升巴蜀地区文化旅游整体竞争力。

　　本书遵循理论研究、应用研究、政策研究、实践验证的逻辑思路，扎根理论展开定性研究，从巴蜀地区文化发展史的学科视角，探讨文化基因谱系脉络，明确提出巴蜀地区文化基因谱系与设计驱动融合的新学科：基于巴蜀地区文化基因谱系的当下性，用新的学科融合方式考察文化基因的发展，力求历史与问题的结合；从社会文化语境努力呈现巴蜀地区的文化特征；力求梳理巴蜀地区文化基因的类型风貌；提出巴蜀地区文化基因的类型模式；着重厘清文化基因谱系的现实问题，寻找设计驱动的数字化博物馆创新发展路向。

　　本书立足于巴蜀地区文化基因的现实情况，利用理论构建、内在机制研究、案例剖析、比较分析、深度访谈等定性与定量研究方法，厘清其文化基因脉络及演进过程，扎根理论构建文化基因谱系，从而实现学术性价值创新，丰富巴蜀地区文化基因的理论溯源。

　　本书内容一方面可为社会生态经济发展提供动力。不仅从理论上对巴蜀地区的文化基因进行分析研究，还将构建文化基因谱系，并以设计驱动数字化博物馆的共生关系为例进行具体应用。另一方面还可为增强巴蜀文化认同提供保障。将科研成果转化为经济效益，为学术应用研究提供实际案例，增强人们对巴蜀文化的认同。

（1）设计巴蜀地区文化基因谱系构建的路径。立足于当下全国文化基因的现实与存在问题，倡导从历史中寻求答案，在历史学科视野下重新开拓新的系统研究，是巴蜀地区文化基因谱系构建的重要方向，也是本书内容的重点所在。

（2）设计驱动数字化博物馆的融合创新机制理论模型。设计驱动型理论的创新模型不仅是一项跨学科的研究，而且还是一项跨文化的研究，所以将其放在艺术创意设计创新发展现状的对比中，进行多学科研究是一个学术难点。

本书运用设计学的研究方法来思考巴蜀地区文化基因谱系构建路径，综合社会学、历史学、设计学、产业服务学等，运用跨学科研究法和信息研究法，量化与质性研究相结合，有目的、有计划、系统地搜集有关巴蜀地区文化的现状，对调查搜集的大量一手资料（包括口述实录）进行了分析和归纳。

本书是为了适应教学和科研的发展而编写的。在写作过程中，一些同行专家、学者的有关著作、论文资料，扩展了笔者的视野，提高了笔者的专业水平，笔者也吸取了他们的一些研究成果，在此致以诚挚的谢意。限于笔者水平，书中难免有不妥之处，敬请同行专家、学者和广大读者批评指正。

王蓉

2023 年 5 月

/目录

第一章 巴蜀与巴蜀文化概述 /1
  第一节 巴蜀概述 /1
  第二节 巴蜀文化概述 /3
  第三节 巴蜀文化区域界定 /21

第二章 巴蜀文化的资源分析 /23
  第一节 文化资源现状分析 /23
  第二节 典型性文化资源探究 /24

第三章 典型文化资源梳理和基因谱系构建 /32
  第一节 物质文化基因谱系 /34
  第二节 非物质文化基因谱系 /53
  第三节 传统村落文化基因谱系 /71
  第四节 农耕文化基因谱系 /85

第四章 巴蜀文化资源的保护和活化 /99
  第一节 文化复苏：民族性保护 /99
  第二节 文化复建：数字化创新设计 /104

第五章 数字化创新设计的时代背景 /108
  第一节 数字化创新的由来及类型 /108
  第二节 数字化创新的定义及特征 /122
  第三节 数字化创新设计的优势及发展现状 /125
  第四节 数字化创新设计背景下的文化需求 /136

第六章 巴蜀典型文化资源数字化创新设计的构建方向 /147
  第一节 宏观形态层面的构建方向 /148
  第二节 中观形态层面的构建方向 /149
  第三节 微观形态层面的构建方向 /151

第七章 巴蜀典型文化资源数字化创新设计的构建主旨 /154
  第一节 基因谱系转换及创造性传达 /155
  第二节 基因谱系借力数字化推广 /158

第八章 巴蜀典型文化资源数字化创新设计的构建内容 /162
  第一节 物质文化基因谱系的数字化 VR 虚拟场景 /162
  第二节 非物质文化基因谱系的数字化运用程序 /166
  第三节 传统村落文化基因谱系的数字化人机交互 /170
  第四节 农耕文化基因谱系的数字化博物馆 /172

第九章 巴蜀典型文化资源的数字化创新设计实践 /177
  第一节 非物质文化资源的数字化创新设计 /177
  第二节 物质文化资源的数字化创新设计 /182

后记 /191

参考文献 /192

第一章
巴蜀与巴蜀文化概述

"巴蜀"包含巴与蜀两个概念,巴与蜀曾是我国古代的国名、地名和族名,分为巴人和蜀人。二者地域相邻,正如《华阳国志·蜀志》中提及"蜀之为国,肇于人皇,与巴同囿"。宋代诗人陆游也写道:"看尽巴山看蜀山,子规江上过春残。"正是因为古代巴、蜀两国地缘毗邻,频繁交流,逐渐难以区分,人们就将其合并称为巴蜀,形成独树一帜的巴蜀文化共同体,并随着秦的大一统,融入中华文明之中。在战国晚期,秦国南下兼并巴蜀,结束了巴蜀古国雄踞西南的历史,开启统一全国的战略部署。巴蜀归秦后,秦国将其视为战略后方而大力营造,为巴蜀地区带来了新的生产方式与文化,加速了巴蜀两地政治、经济、文化的融合发展。其后,巴蜀文化也随着秦军的统一战争向外扩散,巴蜀文化已成为中华文化多元一体文化格局中不可或缺的一元。

第一节 巴蜀概述

巴和蜀有着悠久而灿烂的历史,据文献记载,巴蜀皆为"人皇九囿"的"囿中之国"。大禹时期,华夏大地分为九州,巴蜀两地均属梁州。自此,巴蜀两地经过历代繁衍与发展,成为我国西南地区独具神秘色彩的国度。

其中巴人遗迹围绕大巴山系及长江三峡流域,主要分布在今重庆、四川盆地东部、湖北西部的恩施地区,以及湖北、湖南、贵州三省交界处等地区。在古语中"巴"意为吞食大象的巨蟒,《山海经》中记载的"西南有巴国,……有黑蛇,青首,食象",正是后来"巴蛇食象"的来源;《说文解字·巴部》中也对"巴蛇食象"解释道:"巴,虫也,或曰食象蛇，象形。"因此"蛇"成为古代巴人的图腾之一。关于巴人起源的探索随着考古发掘的不断深入，研究学者们各抒己见，可谓是"仁者见之谓之仁，智者见之谓之智"，难以形成一致观点。从《华阳国志·巴志》中的黄帝之后，到《山海经》记载的太皞之后、丹山之后，《后汉书·南蛮西南夷传》中的廪君之后等巴人起源说，各有各的分说。其中，"廪君传说"成为影响较大的起源说。传说巴郡南郡蛮，有五姓，包括巴氏、樊氏、瞫氏、相氏、郑氏，都出自武落钟离山，又名难留山。巴人族群通过投剑于洞、造船等方法选拔君王，其中巴氏之子名叫务相，善武尚文，从竞争中取胜，因此被世人推选为巴族君王，史称廪君，随后廪君统一五姓部落，也标志着巴人的正式形成。巴人祖先廪君死后变为白虎，后人皆用白虎为其祭奠，据此可知廪君在世时白虎已成为巴人图腾之一，随之而兴的白虎祭奠、白虎崇拜习俗也逐渐习以为常，成为巴人的地域特色。

蜀人多分布于今四川盆地、成都平原以及附近的山区等地，其主体就是四川地区。"蜀"的古义是桑蚕，《说文解字·虫部》道："蜀，葵中之蚕也，从虫，上目象蜀头形，中象其身蜎蜎。"关于蜀人的起源最早可以追溯到《世本》《山海经》等先秦古籍中所记载的居住在蜀山的"蜀山氏"，也是现今岷山地区的族氏。从历史地理角度来看，蜀族与其他民族一样也经历了一个融合到分离，再到融合的过程。在距今四五千年的古蜀文明起源时代，有三代蜀王即"蚕丛""柏灌""鱼凫"，三代蜀王并非一脉相承，他们来源不同，在成都平原诞生的时间也有所差别，但三代蜀王并世时期随着这些部落间的合并与融合逐渐形成早期的古蜀民族。其中作为古蜀族人最后一代的鱼凫氏统一了蚕丛与柏灌部落，建立了早期的古蜀王国。伴随鱼凫蜀国的建立，鱼与鸟也成为后世蜀人的图腾，在他们看来鱼能潜渊，鸟能飞天，都有着非凡的意义，因此鱼、鸟在当时也成为蜀人的通神象征。从金沙遗址、三星堆遗址出土的众多带有鱼纹、鸟纹的祭祀文物中就可看出其重要的地位。

巴与蜀两地虽壤地相连，但由于历史原因，两国社会文化、经济文化却各有千秋。晋代史学家常璩的《华阳国志·巴志》中载"巴有将，蜀有相"，道出了秦汉以来四川盆地东西的巴蜀两地自然环境、人文背景的差异，造就了特色各异的风俗特点，即巴人好武，蜀人好文的风气。成都平原上的蜀地在西汉时期文化发达，多出文士相才，而东部巴人多劲勇，有将帅之才。蜀人，多礼尚文、喜游乐、浪漫好仙；巴人习性刚勇，英武善战。此外，巴蜀两地在经济文化上也各有不同。据《华阳国志·蜀志》载：蜀地"山林泽渔，园囿果瓜，四节代熟，靡不有焉"。可见，成都平原地理环境条件优越，肥沃的土地、丰富的降雨使蜀地农业发达，与此同时，蜀地的水利建设，也为该地区的农业发展做出了重要贡献。据记载，前有杜宇称帝时期为除水害，决玉垒山；后有李冰在蜀地大兴水利的壮举，有效提高了耕地产出和水资源的利用率，更是让蜀地农业经济盛极一时，自古享有"天府之国"的美誉。而川东巴国地区多丘陵、山地、河谷地形，耕种方式更是采用刀耕火种，农业相对落后。但巴人沿长江、三峡地区繁衍所以擅长渔盐，并由此勃兴，逐步繁荣。巴人逐水而居，长于舟楫，渔猎是其主要的生计方式。他们生前以船作为水上交通工具，死后以船作为葬具，反映了古代巴人"以水为家"的信念，渔猎也因此成为巴人重要的经济模式。

第二节　巴蜀文化概述

巴蜀文化与中原文化有着千丝万缕的联系，早在20世纪40年代作为相对于中原商文化而言的"巴蜀文化"概念被提出。巴蜀文化的概念可以分为广义与狭义两类。广义的巴蜀文化指四川盆地、成都平原以及三峡流域的部分区域，即今日的四川、重庆和周边等地区，以古代巴、蜀两族为主干，囊括了该地区所有少数民族在历经源远流长的历史变迁与社会发展后，形成的从古代到现代的地域性文化总集合。而狭义的巴蜀文化则是位于我国西南地区，从春秋战国至秦汉之际，前后绵延数千年的以巴、蜀两地为主的民族祖先所传承下来的文化遗产，主要流传于四川盆地、成都平原以及周边毗邻地区。巴蜀文化各个时期都呈现出鲜明的历史特征，先秦时期，巴蜀文化呈现出较强的神权文化与礼乐文明；秦汉时期，大一统的社会背景下，巴蜀地区引入了先进的政治制度，更新了优秀的生产技术，使其农业、手工业得到极大发展；汉魏时期，道教的发展为整个巴蜀大地增添了一层神秘的宗教色彩；唐宋时期，巴蜀地区得益于纸币"交子"，其经济得到迅猛发展，同时也促进了巴蜀文化的繁荣，在这个时期人才辈出，大批文化名人纷纷入蜀，文化造诣煊赫一时；宋元之际与明清之际两次大规模的战乱，使巴蜀地区民生凋敝、经济衰颓，引发了文化事业、学术活动的低沉，清中期才有所好转；清末以后，巴蜀文化也再次得到不同程度的发展。巴蜀文化经由各历史时期的沉淀，焕发出若干面貌，塑造了巴蜀文化的兼容性、开放性、鲜明地域性等特征。

具体来讲，巴文化是在中国西南山地，即两千年前大巴山系和长江流域特殊地理环境中所孕育产生的。巴人因擅渔盐之利而勃兴，从小变大；又因居于大山大江之间，故习性刚勇，英武善战，然又勤劳智慧，能歌善舞。东周之世，巴国斡旋于大国之间，驰骋于诸侯之林，为生活在巴山渝水的后人镌刻下忠勇的人文基因。而巴文化则随着巴人生产生活、民族繁衍的历史进程而逐渐形成，包含政治军事、经济文化等多层次、多方面内容的地域文化。其中巴渝舞、白虎崇拜、巴蔓子将军传说、廪君传说、干栏式建筑、船棺葬习俗等都是极具巴文化特色的典型代表。而蜀文化则是川西的蜀人在此劳作、生息与繁衍等形成的地域性文化集合。蜀人祖先在宝墩文化的基础上，不断汲取外来文化，演变形成了独具特色的三星堆文化、金沙十二期文化，还有以竹瓦街窖藏等为代表的遗存，历经春秋战国时期以及各个朝代，在当地留下大量具有神秘色彩的遗址、墓葬以及各类器物，为现代蜀文化的传承奠定了丰厚的物质基础。《诗经·周南》《楚辞》等文献中也记载了关于蜀文化的相关内容，可见其在先秦时期就已经有了丰富灿烂的民族文化遗产，而且还形成了独特的民俗民风。

古代巴蜀两国历史悠久，经济发达，由于特殊的地理环境和历史因素，孕育了与之相适应的文化，特别是在文字与符号、生产活动、神话传说与自然崇拜、民俗、文学与艺术等多方面呈现出区别于其他民族的独特文化。

一、文字与符号

文字是民族文明的重要标志之一,同时,文字与符号在每个民族文化传播与传承中担任了极为重要的角色,能够直接且系统地记录该民族历史发展过程中各阶段的独特文化。

关于巴蜀文字的文献记载甚少,直至 20 世纪 30 年代,在成都地区的白马寺发现了一批青铜器,刻有不同于中原古汉字的符号,当其被证实为铭刻"巴蜀文字"时也就打破了西汉扬雄《蜀王本纪》中所载蜀人"不晓文字,未有礼乐"的旧说,从此巴蜀文字的研究也引起学者们的高度关注。

现阶段对巴蜀古文字符号的研究,因为原始材料的有限性而无法实现全面分析,各学者对巴蜀符号的分类也有差异,较为主流的分类是两系说,即表意文字与象形文字;也有学者将其大概分为三种类型,包括象形纹样、符号和似汉字的文字符号;也有学者提出巴蜀文字两系中的表意文字"似汉字非汉字""方块表意""直行而非横行"等特点属于古汉字的范畴,恐将其剔除巴蜀符号系统,推崇巴蜀文字符号的一系说。同时,因为其在数量和形式上与能够记录语言的文字有很大的差距,也有学者认为巴蜀符号并非为一种语言文字,而是一种带有古代宗教色彩的象征性符号,比如吉祥、祈福的寓意。特别是青铜兵器上的一些铭刻,就承载了护佑士兵生命安全,赋予其战斗力量与勇气,鼓励士兵英勇杀敌等特殊寓意。

据不完全统计,这些巴蜀文字符号约 300 种,主要分布在铜币、铜乐器、玺印等器物上。中国国家博物馆的学者洪梅依照符号象形将其划分为六类,包括人形、动物形、植物形、器物形、建筑形、几何形,如图 1-1 所示。由于历史久远、资料有限等,现在还无法完全精确解读这些神秘的文字。

动物形符号

器物形符号

植物形符号

图 1-1 巴蜀符号(来源:洪梅《"巴蜀符号两系说"质疑——以 6 件特殊铭文的虎纹戈为例》)

关于巴蜀文字符号，除了青铜器上的铭刻，在四川盆地周边、重庆九龙坡冬笋坝遗址等地区也出土过一些带有符号的印章，被学者统称为"巴蜀图语"，如图1-2巴蜀印章符号。这些从简至繁、从写实到抽象的符号表达，都反映了巴蜀人民的创作智慧和理性精神。尤其是印章符号的形式、印文图形的构图设计与组合，表现出方圆与曲直结合，不同于直角的弧形边缘，展示出古代巴蜀人在思想理念上的开放包容与兼收并蓄，充分体现了巴蜀人潜在的圆融、圆通的哲理思维，以及印章间兼收并蓄、融会贯通的和谐之美。

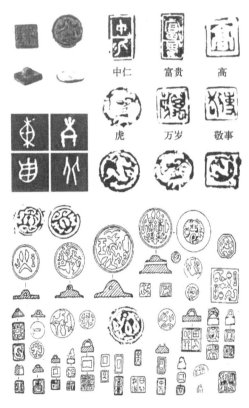

图1-2 巴蜀印章符号（自摄于重庆巴国城）

二、生产活动

生产活动与一个民族的生存和发展有着密切的联系，是人们为了满足长期的社会生活需要，而从事的一系列农业、手工业、制造业等多方面的社会、经济活动，巴蜀地区位于我国第二阶梯和第三阶梯，地貌形态多样，主要有盆地、平原、丘陵、高山等类型。复杂多样的地形也给巴蜀大地带来了丰富的自然资源，物产多样、生态环境优越、农业兴盛。古代巴蜀劳动人民在生产实践中创造了丰富多彩的物质文化和精神文化，而这些遗产不仅对丰富我们的物质生活具有重要意义，而且对于加强精神文明建设也有借鉴意义。因此研究古代巴蜀劳动人民的生产生活实践，对于我们继承和发扬中华民族的优秀文化有着非凡意义。

1. 巴人的生产活动

巴人的生产活动在商周之际以渔猎、畜牧为主；直到春秋时期，巴国的农业生产活动有了一个较大的发展。巴人的手工制作，主要表现在青铜器铸造、制丹砂、制陶与制盐等。考古发现的大量器物与丰富遗迹都反映出巴人的生产活动已达到了一个较高的水平。

春秋战国时期是巴人发展青铜器的重要时期，在重庆九龙坡区冬笋坝、涪陵小田溪、忠县中坝、忠县半边街、云阳平扎营、开县余家坝等古代墓葬中，发现了以柳叶剑、虎纹戈、圆刃亚腰钺、柳叶形矛等为主的青铜兵器和工具，青铜礼乐器、酒器、炊食器等也不在少数，在这些青铜器上错金银和镶嵌工艺也有普遍的应用。巴人面临强敌压迫和艰苦自然环境的挑战，抗争和奋斗一直伴随着他们，因此青铜文化中，兵器也是一直处于十分重要的地位，表现出鲜明的特色，如图1-3 巴人青铜器、青铜兵器。其特点一是造型卓然不同，与周边地区古代文化形成对比；二是器物上有特殊的徽识、文字，如虎纹、鸟纹、蛇纹、手心（花蒂）纹等；在铜戈上铸造成段的文字，或由数个纹样组成的一组图案，被专家学者称为"巴蜀图语"或"巴蜀徽识"。

图1-3　巴人青铜器、青铜兵器（自摄于重庆三峡博物馆）

丹砂的开采在我国已有久远的历史，据史料记载，最早开发并使用丹砂的就是巴人先民。丹砂又称为朱砂、赤砂，古时也称作"丹"，《神农本草经》将其列为上等药材，内服可以沉心静气，明目养神；外用还有抑菌、驱邪等作用。汉晋之后道教将丹砂推崇为"炼丹之神药，辟邪之圣品"。视其为"太阳日精而生，乃天之灵气""万灵之王，造化之根，神明之本"，是长生不死的不二法宝，还视其为"日之魂"而百邪敬畏。不仅如此，古人更是将丹砂用在墓葬中，根据考古发现，古人使用丹砂的方式多样，或在墓葬的土中加入丹砂，或在棺材上涂丹砂，又或在随身葬品、人体尸骨上涂撒丹砂。巴地丰富的丹砂资源主要在三峡和乌江流域。其中三峡流域中的巫山旧时也称为"灵山"，"灵山"也就是所谓的"丹山"，《华阳国志·巴志》中记载"丹"是巴地的特产，除此之外乌江流域古为运输丹砂的水道，因此也被称为"丹涪水"。《名医别录》载"丹砂产于巴州"，也就是现今重庆东南方向乌江流域的山岳地带。巴地相比于北方地区有较为富饶的丹砂资源，加之古时丹砂独特的药用价值，以及其在生活、丧葬上的用途，各地对丹砂的需求只增不减，于是巴人走上了开采、贩运丹砂的道路。巴人尚赤色而善于炼丹砂，随着时间推移，使得丹砂的开发摆脱了迷信色彩，成为巴人的生产制造业。

在陶器制作方面，由于巴人不断迁徙，不如长期处于定居状态的民族那样发达。主要陶器有炊器、盛器等，如图1-4巴人陶器、陶俑。巴人制陶器的陶土，一般都是就地取材，陶器结构比较疏散。早期陶器的制作方法为手制法，手制法又可分为捏塑法、模制法、泥条盘筑法等。后来的轮制法是比较成熟的方法，轮制法可分为慢轮和快轮两个阶段。先制作出所需陶器的形状，再在成形的陶器外表用拍打、压印、刻画、附加纹饰或镂空等手法施出纹饰。把陶器放置一段时间，让水分自然蒸发后，再入陶窑烧制而成。一般温度为750～950℃。巴人特有的陶器制作手法、器型和纹饰等，成为巴文化的重要表征。

图1-4　巴人陶器、陶俑（自摄于重庆巴国城）

除了青铜器、陶业、丹砂等手工业，盐业也是巴人重要的手工生产门类之一。三峡地区开展的古代盐业研究表明古代巴人的盐业开采与加工早在西周时期就已经开始，比李冰开采广都井盐早了700余年。三峡工程文物保护工作开展以来，在忠县中坝发现很多西周、战国时期的罐类，因为中坝是三峡地区盐泉分布较为集中的地点之一，于是考古工作者将这些花边圜底罐中的附着物进行了采集与检测分析，经核实，考古工作者推测这些花边圜底罐遗物与古代巴人的制盐产业有关，如图1-5花边圜底罐、船形杯。盐业的发展对巴人的经济社会发展也有一定的促进作用，远古时期物质资源较为匮乏，商品经济还未得到较好的发展，食盐是部落与部落间的主要贸易交流物品。也有学者提出巴人的兴衰与盐业的发展有着密不可分的关系，巴人因为较早掌握盐业技术而发展并逐渐走向繁荣，后期也因争夺盐业的控制权而被迫陷入长期的战乱中，随着巴人盐场的丧失，巴国日渐衰败，而后又被秦所灭，巴国巴族消融在历史的长河中。

2. 蜀人的生产活动

古代蜀人在生产生活上相较于巴人有更高且成熟的发展，很多手工业技术都名列前茅。最有代表性的则是广汉三星堆遗址、成都金沙遗址等出土的众多青铜器、黄金制

图 1-5　花边圜底罐、船形杯（自摄于重庆三峡博物馆）

品、玉器、陶制品等。特别是其中的大型青铜器制造别具匠心、气势宏伟，展现出高超的技术水平，其中的人头像、金面罩等都成为国内的奇珍异宝。充满智慧与天生勤劳的蜀人不仅在青铜器、陶业、金银器等生产活动上有所造诣，在井盐技术、纺织技术、漆器等制造技术上也享有盛誉。

在井盐技术方面，据《华阳国志·蜀志》记载"（李冰）又识齐水脉，穿广都盐井诸陂池"，是史书中能查找到蜀地开采盐井最早的记录，可以说蜀地的井盐开采与使用起源于公元前 255 至公元前 251 年，特别是四川南部自贡市的井盐开采有着 2000 多年的历史，被评为"千年盐都"，使中国成为世界上开发井盐最早的国家。蜀地井盐场制盐的工艺和海盐的制作工艺不同的地方是海盐生产主要靠晒，而井盐制作采用煮，利用井里产生的天然气熬煮卤水，一般来说需要大约 8 个小时就能够生产出食盐。四川井盐的发展让全国各地的人们也曾在不同的历史时期因为盐的生产和交易而云集于此，蜀人的井盐开采技术也从最初的宋代以前大口浅井发展到北宋时期的小口深井，即著名的卓筒井技术。凿井技术的改进提高了钻井深度，也为井盐的生产提供了有利的发展条件。在清代时期，凿出了 1001.42 米深的盐井，时至今日还在继续开采与使用中，即自贡"燊海井"，是世界上第一口超千米的深井，如图 1-6 燊海井天车、图 1-7 燊海井井口。

图 1-6　燊海井天车（自摄于自贡燊海井博物馆）

在纺织生产方面，最为出名的则是"蜀锦"，它是中国起源最早，影响最为深远的织锦，与中国云锦、宋锦、壮锦并称为"中国四大名锦"，至今已有两千八百多年的历史。蜀人在纺织生产方面的造诣最早可追溯到古蜀人善于养蚕缫丝的祖先——蜀山氏族

图 1-7　燊海井井口（自摄于自贡燊海井博物馆）

群，而蜀山氏中黄帝的夫人王凤，史称嫘祖，将养蚕缫丝在蜀地进行推广与普及，而后蜀山氏的直系后代蚕丛氏继续发扬蚕业。因为蜀地的桑蚕之业起源最早，亦被称为"蚕丛古国"，为蜀锦的发展奠定了有利的物质基础。据记载，早在夏禹王时巴蜀两地朝拜就已"执玉帛者万国"，春秋战国时期蜀锦已然发展得较为完善，成为商业贸易产品，从而打通了以成都为起点，途径滇、缅、印度、巴基斯坦等地的"蜀身毒道"，也就是享有盛誉的国际贸易交流之路——南方丝绸之路。秦国统一中原后，实行"移秦民万户入蜀"，与此同时，大量的织锦工匠也随之迁入蜀地，有此人才基础之后，官营织锦的规模与数量不断发展，于是汉代在成都设立了"锦官"，专门对当地的官营织锦手工业进行监管，后来为了更好地进行统一管理，通过设置防城的方式对官营织锦业进行保护，世人称之为"锦官城"；古人在江里濯锦，使得江水五彩斑斓、绚丽如锦，所以这条穿城而过的岷江也被成都人称为"锦江"；现今成都的著名景区"锦里"也是因其为古时织锦匠人所住之地而得名。可以说，汉代是我国进入封建社会后国力最强盛的时代，也是蜀锦进入勃兴之时，当时的蜀锦被称为"汉式锦"或"汉锦"，使成都地区发展为盛极一时的织锦中心。唐代蜀锦纺织业更是逐渐兴盛，远销到日本、波斯等地。清代蜀绣得到了空前发展，因为清代的绣工优化了蜀绣的针法，不仅将蜀绣的优势发挥到极致，更是汲取其他刺绣如顾绣和苏绣的绣法优势，对原有针法进行了调整与创新，大大提升了传统蜀绣的刺绣技艺。其中一种新型绣法即"晕针"表现最为突出，晕针加强了刺绣中色彩的浓淡晕染效果与表现能力，具有普遍的适用性，也成为蜀绣区别于其他刺绣的主要标志之一。

蜀地的漆器、金银器方面的工艺技术在战国时代已经开始发展了，直到汉代，蜀地的漆器和金银器工艺技术在全国首屈一指。漆器是古人在长期生产生活实践中创作出的一种艺术珍品，它有着悠久历史，早在7000多年前，古人就创造出了这项带有化学与艺术两种不同维度的漆器工艺。漆器的涂料以生漆为主，其颜色有黑、褐、黄、青四种。漆料经高温处理后形成各种不同色泽，漆膜表面具有独特的光泽和纹理，并且漆膜有坚韧耐磨、耐酸碱腐蚀、防蛀防潮等性能。正如古语云"滴漆入土，千年不坏"，所以，漆器被称作承载岁月的"时间好物"，称赞"中国漆器，一眼千年"也一点都不为过。蜀地的成都漆器源于3000多年前的商周时期，以雕花填彩、银片丝光、镶嵌描绘等传统手工技艺和地域特色扬名，与福州脱胎漆器、平遥推光漆器、扬州漆器并称中国"四大漆器"。漆器不仅制作程序非常繁杂，选材也极为苛刻，需要全神贯注，眼睛、手、脑聚焦配合完成。在传统的制漆工艺中，漆工们往往会利用各种工具和材料对原材料进行反复加工，然后再将成品打磨成一件完整的产品。而这种过程是一项耗时耗力的工作，从制胎到雕填、镶嵌、彩绘、脱胎、髹饰等，需要经过70余道小工序才能完成一件漆器作品，若想得到温润质感更是需要多次揩漆和推光，制作一件看似简单的漆器却需要3～5个月的时间。蜀地除了成都漆器，还有独具地域风情特色的彝族漆器，它以其独特的造型、丰富多样的纹饰和精湛工艺闻名于世，其历史悠久、工艺精湛、产品精美。彝族的漆器以实用性产品为主，包括餐具、酒具、法器等类别，其中酒具类产品造型突出，比如高脚的鹰爪杯是最具彝族地域风格的酒具产品之一。除了酒具采用高脚设计，彝族的很多漆器餐具也被设计成高脚造型，这与彝族人民的生活习俗分不开。彝族漆器的色彩图像也是别有一番风情，讲究图案的对称性与均衡性，通过简洁的点线面组合，绘制出意象的日月星辰、动植物等简约造型。色彩上主要采用黑黄红，漆器中的黑色，代表大地，是世界的底色，一切都源于最原始的一团黑色的混沌物质。这也是彝族传统的哲学观，黄色，代表庄稼，代表丰收，是温暖、幸福的颜色；红色，代表火，彝族崇拜火，彝族人生于火塘边，死在火堆上；黑黄红三色是彝族的性格美学体现。

三、神话传说与自然崇拜

远古时期，人们对于无法解释的自然现象总是采用一些非科学说法使其合理化，由此也逐渐形成了古人的原始信仰与崇拜，而这种原始信仰在每个民族都有属于自己的表达形式与对象，或神话传说，或民间巫术，或宗教信仰等，巴蜀大地也不例外。

神话可以说是古代人类对于世界的理解，他们利用原始累积的知识来解释他们所生活的世界。神话可简要分为自然神话与社会神话，自然神话是先民对于自然界的崇拜，主要对象包括"天、地、日、月、星、山、水、火、石"等，将这些自然物、自然现象进行神灵化是自然崇拜最主要的形式。而社会神话大多数都与各民族自身发展起源、地域特色、民族风俗相关联，最为突出的是起源神话、英雄神话两大类别，它们虽各有侧重但也相互交融，共同构成民族信仰文化。巴蜀大地的神话数不胜数，如巴地的巴祖廪君传说、巴蔓子将军传说等，蜀地以历代蜀王，即蚕丛、柏灌、鱼凫、杜宇、开明为主体对象而展开的民族起源与英雄神话。这类神话，虽并非无端捏造，其中内容也都是以真实的历史事件为依据，既然称之为"神话"，其中必带有一些或荒诞或虚幻的内容，以"神话"形式述说严肃且真实的历史或许更能引起民众的认同。除了民族起源神话，巴蜀大地的先民也需要面对艰苦的现实生活，随之产生了各种治理洪水、开辟道路的英雄神话，比如李冰斗蛟、鳖灵治水、五丁力开山等。神话故事作为每个民族的原始信仰不仅在一定程度上记录着民族的历史事迹，同时，也从中表露出民族的精神寄托与追求。比如"彭祖长寿享年八百岁"的传说，古代历代蜀王蚕丛、柏灌、鱼凫"各数百岁，皆神化不死"的传说故事等都流露出巴蜀祖先对个体生命长存的无限追求；还有"杜宇化鸟""廪君化虎""张衡白日飞升"等神话故事也反映出巴蜀人民对永恒生命的美好愿望。再比如关于"水"的神话传说，在农耕文明时代，水虽然是巴蜀先民生存繁衍的生命之源，但洪水威胁着人们的生活生存，所以由此而产生了各类治水神话，如"沧海桑田的治水传说""鲧偷取天帝的息壤堙填洪水""大禹引水疏导""李冰治水并战胜水怪"等神话故事，这都体现出古蜀先民对水的辩证认识以及对美好生活的期望。

1. 巴国的神话传说与自然崇拜

巴国先民的神话传说也是自成一系，有白虎崇拜、盐神崇拜等自然神话，也有盐水女神传说、巫山神女神话、巴蔓子将军等社会类神话传说。其中，白虎崇拜是巴文化的核心之一，据传巴主廪君死后化为白虎，世人以虎为其祭奠。巴人崇虎，认为虎具有神奇力量，将白虎作为巴族人民的图腾，并与祖先崇拜结合在一起，它聚集巴人的民族精神，造就巴人民族文化，渗透于巴人的各个历史阶段。对于白虎崇拜，可以在《华阳国志》中找到记载，古代巴人因为惧虎，所以射虎，于是成就了善于射虎的特点，而后逐步发展为对白虎的敬畏与崇拜。古代巴人通过对白虎形象的描绘，展现着他们对祖先和自然的敬畏之情、热爱之情；同时，又赋予了这一动物以象征意义，使其成为一种神圣而神秘的存在。也就是说，巴人崇拜白虎既体现了人们对神的敬仰与虔诚，也反映出人们对自然万物的崇敬，以及对美好人生的追求。从另一方面讲，巴人崇拜白虎是巴人原始信仰和原始巫术观念的产物，因此白虎崇拜也具有很强的神秘性和宗教仪式感，以及强大的社会功能。在巴人看来白虎不仅有驱邪除灾的作用，而且还能庇佑人们，引导人们走向光明，从而促进巴国政治、经济、文化等方面的发展。土家族作为巴人后裔，仍然保留着对白虎的崇拜，在祭祀活动中主要表现在敬白虎神，还将白虎皮放置于祭台中央；在土家族日常生活中更是将"上山虎与下山虎"的白虎图腾贴于门上，在个别建筑或家具上用虎作为装饰，以祈求保佑、辟邪镇宅；结婚时也需在桌上铺虎毯；小孩更是穿虎头鞋戴虎头帽，表达人们辟邪、保护健康的美好愿望。种种崇拜和信仰反映了古代巴人的思想、情感和愿望，也为后人留下了宝贵的精神财富。

除了巴人的白虎崇拜，该地的盐神崇拜也是独具特色的信仰文化。巫山地区的巴族因为该地区特殊的地质构造运动，让远古三叠纪的含盐层位上升，致使不断有盐泉流出地表，为巴人带来了丰富的盐资源，也成为巴地盐神文化的物质基础。早期的盐被当作药材使用，能够调节人体生理功能平衡的盐也被称为"生命之盐"，它还是保存食物的防腐剂；后期盐业的发展与巴地的经济发展密切相关，因此古人更是对盐推崇备至，以至于到了神话信仰的程度。盐神并非为一个独立的神祇，而是在历史发展过程中有着不同的形象代表，包括最早《山海经》中的"巫盐"；传说中巴蜀地区盐开发过程中率先发现盐泉的各类动物，如鹿、兔、虎等，也被称为"灵兽"；巴地的廪君与盐水女神的传说；盐业发展中逐渐形成的行业神祇等，它们共同构成了巴蜀地区的盐神崇拜信仰。巴人的盐神信仰中最具代表性的则是廪君与盐水女神的故事传说，古巴先祖廪君在盐阳发现了这块气候宜人、资源丰富的宝地后，便想驻扎在此，但此处已有以蛇为图腾的盐水族，即盐水女神所在的部落。因此廪君为了获得该地区的盐业资源，为了族人的长久安定，便与盐水女神展开了战争。

传说中，巫山神女因水而生，作为一位美丽善良、勤劳勇敢的女性，不仅具有神性特征，而且还兼具人性美。巫山神女在中国神话传说系统中在不同时期、不同地点被塑造为多个不同的神话形象,因而学者们对于巫山神女传说原型的研究也存在不同说法,《山海经》《列子·汤问》等相关篇章中也认为巫山神女是一个具有多重身份的女神,既是巫神又是女仙。据载,有巫山神女原型是蘸草神话中的神女之说;也有《神女赋》中与楚王相会的神女之说;还有炎帝之女名瑶姬,即为巫山神女的化身之说等。学者们也推断认为巫山瑶姬神女是蘸草神话的演变,即从草化为人的神话,并经历千年文人墨客的更新创作与民间流传的不断演变,逐渐成为帮助禹治水的仙人。

除此之外,巴蔓子将军传说也是巴地最具代表的传说之一。传说战国后期,巴国内乱。巴子派将军蔓子出使楚国,请求昔日的对手派军队帮助平息内乱。楚王听了巴蔓子的陈述后,同意出兵相救,但提出了一个条件:出兵平叛之后,巴国一定要割让巴、楚交界处的三座城池作为谢礼。蔓子请兵心切,又来不及回国向巴子禀告,于是暗以自己的头颅为抵押,答应了楚王的条件。双方谈妥之后,楚国就发兵随蔓子入巴平息了内乱。巴国既宁,楚军班师,楚王便派使者前来索取三座城池。此事在巴国举国上下引起了很大的震动,上至巴子、群臣,下至平民百姓,皆奔走呼号。巴蔓子作为一个爱国将军,对楚国索城之事早有思想准备。于是,巴蔓子只身赴楚,面对楚王,大声说:"此次借楚师平国乱,本将军的确答应割三城酬谢楚王,但城池是国家、百姓的根本,苍天、社稷、君臣、百姓何忍让于他人!本将军深谙此理,现割己之头,以谢楚王,而城池断不可许。"说罢自刎身死。忠国爱民的巴蔓子将军受楚王看重,也受百姓爱戴,其英勇殉国的故事至今在巴地流传,重庆地区至今还保存着巴蔓子将军的墓地,受后人祭拜。

2. 蜀国的神话传说与自然崇拜

古蜀先民的神话传说中体现出自然崇拜的神话包括大石崇拜、鸟崇拜、太阳崇拜等。自然崇拜中的大石崇拜还受到氐羌民族文化的影响,成都地区很多城市的地名都与石头有密切关系,比如"五块石""石人小区""石室中学"等名称都与大石崇拜有关。蜀地对大石的崇拜最早可以从氐羌人在岷山的石室居住的记载谈起,在蜀人心中石洞是人类的发源地,并且石头也与其生活生产息息相关,比如,遇到外敌入侵,可使用石头将其打败,便逐步形成了氐羌人对大石的崇拜,在之后的历史进程中逐渐演变成对山神的大石崇拜。当初李冰治水后用石犀镇压水精,也可以看出蜀人认为石头这种自然物有着不同寻常的神秘能力,被当作某种神物对待。

古蜀先民对鸟的崇拜最初是因蜀地常年受洪水威胁,看到鸟类自由飞翔心生崇拜之情,并且蜀国一直流传着关于古蜀王杜宇化鸟的传说,更是将鸟的形象神化,成为古蜀先民的农业神。对鸟的崇拜还体现在图腾观念与祭祀礼仪之中,鸟纹在古蜀时期成为特定族群的象征物,鸟类便被认为是族群的亲属或其他与其有亲密关系的生物,更是区别于其他族群的标志之一,并且在鱼凫王朝还通过对鸟的进一步神化,让其成为特定族群的政治权力代表物;而在祭祀方面,三星堆遗址出土了刻着鸟图案的金杖,这种作为祭祀礼器的金杖附有鸟纹就可以看出古蜀先民认为鸟类飞天,是与神灵交流的中介,是一种具有神性的通天之物。

四、民俗

所谓"十里不同风,百里不同俗"。各个地区的民俗文化都带有浓郁的地域性色彩,正如在巴蜀大地崇山峻岭、山明水秀、高山深涧的自然环境下,各民族在此生息繁衍也孕育出一系列独具地域特色的巴蜀民风民俗文化。巴蜀地区少数民族众多,现如今在四川、重庆地区有土家族、彝族、藏族、羌族、苗族、傈僳族、满族、回族、布依族等少数民族,其人口总数较多,这些民族文化共同发展与融合,构成多元一体的巴蜀文化。

1. 巴地的民俗

巴地的民风古朴,巴人更是淳朴好义。《华阳国志·巴志》中记载的"江州以东,滨江山险,其人半楚,姿态敦重。垫江以西,土地平敞,精敏轻疾"将巴地的民风民俗描绘出来。巴地的自然环境造就了渔猎与粗耕的农业经济,也影响了巴人勤劳勇敢、淳厚朴实、少文学、多劲勇的独特性情,也形成了与蜀地截然不同的民风民俗。

(1)居住方式

发源于三峡流域与巫山地区的巴人多居河流两岸和岭谷之间,山川峡谷附近的地形以及巴人"逐水而居"的生活方式决定了其建筑风格,同时林业资源丰富的地域特点也为巴人建屋提供了物质基础条件,因此巴人的居住形式主要是便于水居的"缚架楼居、牵萝诛茅"的吊脚楼,呈现出我国南方干栏式建筑的风貌。干栏式建筑作为巴人旧居,它们前厢吊脚、后堂坐基、依山就势、下虚上实、层层叠建,像高耸入云的祭台,成为巴文化中独具特色的代表性地域文化之一,如今看来也蕴藏着淳厚的巴人遗风和生活习俗。这种房子是用竹子和木头建造的,分为两层,人们生活在上层,下层是底架,不仅可以防止地面潮气侵入房间,还可以避免昆虫和蛇的困扰。巴人的城市建筑正是由这种"干栏式"木制建筑组成的巨大复合体逐渐发展形成,同时巴地的陡峭山谷、险峻地势已然成为其坚固的城墙。但是根据史料记载,早期巴人营造方式一般就地取材,采用木、藤条树枝、竹条、茅草等原始材料进行房屋的搭建,整体住宅较为简陋;春秋中后期,巴人受楚文化影响,建筑营造模式也得到了大大提升,形成"重屋累居"和"层台累榭"的建筑风格,原始的建筑材料也实现了更新,很多房顶的覆盖物用烧制的板瓦片、筒瓦片替代了最初的草料。现如今,鄂西南、湘西北、川东南,以及黔东北等地区的巴人后裔土家族也仍保留着基本形制与建构方式差不多的吊脚楼建筑风格。

除了干栏式建筑,早期清江流域的廪君时代为穴居建筑,有赤穴、黑穴,均为石穴。穴居,又称为崖居,是巴人利用山崖中天然洞穴的独特地理环境,在崖穴里建造房屋,将崖壁作为房屋的墙壁。这些岩洞主要属于丹霞地貌,即为石英砂岩,一些较浅的石英砂岩洞穴里面较干燥,适合居住,其下面的缓坡也被巴人利用起来作为庄稼用地。巴人选择居住于洞穴之中的习俗,除了基于当地自然地理环境的选择,也有学者认为与巴人的"大石崇拜""山神崇拜"等原始信仰有一定的关系。

（2）婚嫁习俗

所谓"婚俗"，是流行于民间的一些结婚风俗习惯，在民间婚俗中大多仪式繁杂、耗费精力，但也是当事者心情最激动而旁观者兴致最浓郁的民俗之一。关于巴人的婚俗文献记载不多，但从一些地方资料和口头传说以及巴人后裔土家族现存的婚嫁习俗中，还是可以了解到一些巴人的婚姻典仪和婚嫁习俗的情况。抢婚是巴地社会发展到父权社会初期的婚俗，是族群之间以掠夺妇女为目的的争斗，也有学者认为所谓"劫夺婚"一般是假劫真婚。之所以产生这些不同看法是因为"抢婚"的时代太过遥远，残存的"抢婚"习俗后来变为婚庆中的一个花样。但是，据《后汉书》记载来看，巴人"抢婚"是存在的。土家族的婚俗就残存有"抢婚"的习俗。宋代陆游曾记土家人的婚俗："嫁娶先密约，乃伺女于路，劫缚以归。亦忿争叫号求救，其实皆伪也。生子，乃持牛酒拜女父母。初亦佯怒却之，邻里共劝乃受"。近代土家族偶有抢婚发生，都是双方约定的表演，是抢婚的演示。有的地方志中，如民国《宣汉县志·冠婚》所载"女家之姑姊妹间有故意苛索，如寻仇构衅，然有识者非笑之，不顾也。或曰，此古掠夺婚之遗风耳"。

土家族的"哭嫁"也是巴蜀地区的特色之一，土家族姑娘在很早就开始学习哭嫁，更有专门的"哭嫁娘子"进行教学。姑娘出嫁前半个月起就要开声唱《哭嫁歌》，有的时间短一点也需要三天或七天。"哭嫁"一般是晚上哭，但白天如有女性亲戚朋友来访，也要陪着一起哭；特别是过门前第三天，当男方送来了完婚的酒肉时，哭得更厉害。《哭嫁歌》的内容很多，哭诉的调子也大同小异，主要是向父母、兄弟、姐妹及朋友等哭诉亲情、友情和离别之苦，也借机埋怨媒人或挖苦男方的贫穷等。

在汉人婚姻中的"说媒"程序没有传入土家族成为定规之前，土家族的婚姻大多是"以歌为媒"。一方面，土家族生活在原始遗风比较浓郁且封闭的社会环境，女性与男性一起上山劳作，男女服饰差别不大，男女之间的交往是较自由的。另一方面，土家族又是一个酷爱唱歌的民族，唱山歌是人们生活和交往的重要媒介，也自然成为土家族男女传情最方便、最直接的工具，土家族的情歌有"探情歌""结情歌""相思歌"等。但如此大胆坦率地吐露情怀，是在封建礼教束缚下的汉家女不可思议的，为此，封建统治者对不经"媒妁之言"的土家男女恋情严加禁止，并强行改变土家族的婚俗。据载，清朝乾隆时发布命令，认为土家族婚俗"不惟礼出无名，实乃寡廉鲜耻，亟宜速改，不得因循"。

土家族除了这些婚礼习俗，也要经历娶亲、拦门扎、发亲、圆亲、拜堂、抢坐床、闹洞房、回门等环节。进入现代，包办婚姻、买卖婚姻已经绝迹，但很多已形成了的婚俗和古代婚俗遗风仍保留在土家族现代婚嫁之中。正是这些民俗活动，使我们可以看到巴人的"历史投影"，听到民族进步的深沉跫音，感受文化变革的意义。正是这样的民俗培养了一代代民族子孙的共同志趣、共同性格、共同观念，及民族心理的内驱力和向心力，构筑着一种古老而常新的灿烂文化。

（3）丧葬习俗

巴地丧葬习俗中最为突出的是"船棺葬"，这与巴地多水域的自然环境有一定的关联，同时在古代，船是巴人最重要的交通工具，也是巴人生产实践的基础，所以巴人去世后用的棺材都会制成船的形状，并被赋予特殊意义，巴人认为船可以在阴间为其渡河，即船棺，如图1-8巴人船棺。正如20世纪50年代修建成渝铁路时出土于九龙坡冬笋坝的船棺，反映了流行于我国青铜时代巴蜀地区以船棺作为葬具的墓葬方式，这些船棺由巨大的楠木制成，船棺的制作过程需要用到刨凿与火烧。我国青铜时代以船棺为葬具的土葬形式，主要存在于巴蜀地区。除了巴蜀地区，近年来在成都平原也有不少发现，这是两地文化交流的重要例证之一，根据史籍线索，蜀开明王朝的统治者与巴地有渊源，其始祖鳖灵来自巴地，治理水害，开发成都平原，后逐步取代了杜宇王朝。

图 1-8　巴人船棺（自摄于重庆巴国城）

流行于三峡地区的"悬棺葬"也称作"岩棺葬"，也是巴地一种特殊的丧葬形式，现如今还主要出现于福建武夷山地区、川滇交界地区等。具体来讲悬棺葬是指用打木桩、凿方形洞穴的方式，或利用一些天然洞穴将去世者连同棺材一同置于河流两岸的悬崖峭壁上。土家族现在也有岩棺葬的习俗，但土家族岩棺不是土司凿建，也不是明清时期移民所造，而是巴人创作的巴巫丧葬文化的体现。关于这些"岩棺""悬棺"的由来鲜有记载，因而对于这些悬棺是如何放置上去的问题，仍未得到科学解释。

除了这些独特的下葬形式，巴人的丧葬习俗还包括一些场面隆重的击鼓、跳舞等丧葬仪式，经由两千年的沉淀，巴地的古风丧葬习俗给巴蜀地区的生产活动带来了极为深刻的影响，形成了一大文化特色。

2. 蜀地的民俗

蜀地作为中国西南地区、长江上游的古代文明中心，是中华民族文化的发祥地之一，也是中华文化多元一体格局中最为重要和独特的区域，有史以来数十个民族先后在此生存、发展与融合。现如今，除了汉族以外，四川境内有多个少数民族在此活动、生息与繁衍，并且四川还成为全国最大的彝族聚居区、第二大藏族聚居区和唯一的羌族聚居区，在漫长的历史长河中，其民俗文化自然是多姿多彩、源远流长。在此主要介绍以川菜、川酒、川茶等为代表的饮食习俗文化与独具特色的民族风情。

(1) 饮食习俗

《华阳国志·蜀志》对蜀人的饮食习惯做了总结即"尚滋味""好辛香",由此可见蜀人讲究滋味的饮食习性是根深蒂固的。除此之外,在关于蜀人饮食习惯的考古与文献材料中也有所体现,比如秦汉时期的画像砖、画像石有很多反映庖厨、酿酒、宴集的画面;《蜀都赋》中也记载了各类丰富物产的饮食方式与讲究;唐宋时期的饮食习俗则可从诗人的作品中探寻到一些线索,陆游在《成都书事》中道"苣蒉笋似稽山美,斫脍鱼如笠泽肥",在《饭罢戏作》中道"南市沽浊醪,浮蚁甘不坏。东门买彘骨,醢酱点橙薤。蒸鸡最知名,美不数鱼蟹。轮囷犀浦芋,磊落新都菜"。在《冬夜与溥庵主说川食戏作》中回忆蜀中美食等作品中,都从侧面印证了宋代的"川食"之美;宋朝时也出现了专营蜀中美食的酒楼,在全国产生了较大的影响;到了清代,川菜的不断传播,以及与外来美食的融合发展,逐渐形成了一套独特的烹饪技巧与完整的川菜菜系。所以从历史发展阶段来看,川菜发展成为一大菜系经历了漫长的历史演变,清末时期因为经济的复苏与移民入川,为川菜形成提供了经济基础、制作原料(辣椒)、烹饪技术,使川菜菜系在这一时期逐渐形成。川菜在之后的发展中,成为我国著名的菜系之一,深受民众的喜爱。川菜以"辛香"味著称,辛香成为川菜最为突出的特点,所以调料在川菜中占据了重要的地位,但川菜味型除了"麻辣味"以外,"鱼香味""糖醋味""家常味"等也是川菜的独特味型,可以说川菜调味不仅擅长麻辣,更是兼顾了"清、鲜、醇、浓"。川菜的菜式具有较强的适用性,凭借多种多样的原料、多变的调味,并配合炒、溜、炸、爆、蒸、烧、煨等多种烹饪方式,可以适用于不同场景与不同档次的需求,其中较为主流的菜式包括高级宴会、普通宴请、大众便餐与家常风味四种菜式。除此之外还有闻名中外的民间小吃、糕点面食等,比如成都的担担面、糖油果子、川北凉粉、豆花等;乐山的钵钵鸡、豆腐脑、冰粉等民间小吃,花样繁多、美味可口,为川菜菜系增添了别样风味。同时,也有学者将川菜菜式分为宴席菜、大众便餐、家常风味菜、火锅以及民间小吃这五大类,川菜种类丰富、味道多样,适应性强,有着广泛的群众基础,更有"食在中国,味在四川"的美誉。

除了川菜,四川的酒文化是饮食文化中重要的组成部分之一,酒文化是一种独特而又复杂的传统文化形态,在不同时期也具有不同的功能和作用,成为蜀人生活中不可或缺的一部分,甚至渗透到社会各个领域。蜀人很早便开始酿酒,俗话说"蜀中自古多美酒"。蜀地因物产丰富、气候宜人,以白酒酿造为主,酿酒原料丰富,特别是最早出现在四川地区的高粱,被称为"蜀黍"。关于蜀地的酿酒史更是可追溯至距今3000年的古蜀国,出土于三星堆遗址的酒器与工具足以表明当时的古蜀先民酒业的发展;汉朝又有蜀人司马相如与卓文君以酒谋生的爱情故事;晋代文学家山涛以成都郫县的竹配米曲酿造出著名的"郫筒酒";唐代酿出的春酒,又称为剑南酒、成都酒;宋元、明清时期蜀地酒业更是发展鼎盛,各类美酒数不胜数,包括锦江春、水井坊、福深泉等名酒闻名全国,后来更是聚集了五粮液、剑南春、泸州老窖、郎酒等名酒企业。

中国茶文化历时数千年,距今已有4700多年的历史,而蜀地作为种茶、饮茶最早的地区之一,饮茶已成为蜀人的生活方式和审美情趣。秦汉时期巴蜀地区就已有专门的茶具；唐代开始，"茶马互市"就已经出现了，川茶在全国占据了重要的位置，产量更是全国首位，茶叶贸易的发展，也促进了蜀道上各种文化之间的交流与融合。无论是西周的《华阳国志》所述巴蜀一代以茶"纳贡"，还是西汉的《僮约》所载的"烹茶尽具""武阳买茶"，都表明了四川为中国茶的重要发祥地之一。

（2）民族风情

蜀地作为早期"民族走廊"，其独特的地理环境造就了丰富多样的文化遗产，尤其是众多少数民族聚居于此，他们有着与其他民族不同的宗教信仰、风俗习惯和审美情趣等，比如彝族、藏族、羌族等少数民族在历史发展中，其民族文化相生相成、融会贯通，形成了独具特色的民族风情。

彝族，主要分布在四川凉山彝族自治州，其他地区也有彝族居住，比如攀枝花、乐山、甘孜、雅安等地区。彝族人有自己的语言——彝语，有专门的文字——彝文。彝族年，彝语称"库史"，是彝族人追思先祖、缅怀先人的重要传统节日，是彝族远古文明和祖先崇拜的活态见证，2011年5月被列入国家级非物质文化遗产名录。在彝族人民的生活日常、礼仪习惯中都渗透着多姿多彩的人文风情，有"打羊""打牛"的迎宾待客之习，他们热情好客、正直豪爽。彝族的代表性传统节日是每年农历六月二十四日的火把节，在这一天人们着盛装，在早上杀牲祭祖，晚上举着火把在田间游走，在篝火晚会上载歌载舞，火把节期间还举行斗牛、摔跤、骑马等丰富的体育活动，热闹非凡。

藏族，主要分布在甘孜、阿坝、凉山自治州，藏族的历史悠久，也有自己的语言文字，即"藏文"，藏族人民有自己独特的礼仪习俗、服饰文化与饮食习惯。藏族非常讲究礼仪，普遍信仰藏传佛教。藏族服饰分为藏袍、藏鞋、藏帽与其他配饰四大类，为了适应复杂的地理环境，藏族人的日常服饰具有简约保暖、易穿易脱的特点，但由于藏族的人口分散在不同地区，藏族服饰在不同地区也展现出不同艺术魅力与民族习俗。藏族的酥油、茶叶、糌粑、牛羊肉并称为西藏饮食"四宝"，青稞酒、酸奶子等也是藏族地区的特色美食。

羌族，自称"尔玛"，羌族唯一的聚居区就在四川，主要分布在岷江、涪江流域阿坝藏族羌族自治州内的茂县、汶川、理县等地区，并与汉族、藏族、回族等少数民族交错杂居。羌族最早可回溯至3000多年前的古羌人，但羌族并未形成自己本民族的文字，主要以汉字为主。羌族人民热情奔放、善歌善舞，羌族乐舞主要以器乐、舞蹈为主，其中群体性舞蹈"莎朗"与执鼓跳舞诵经的"羊皮鼓舞"最为著名。民俗节日方面较为重要的包括对白石神进行祭祀的"祭山会"，纪念歌舞女神莎朗的"领歌节"，扫尘敬灶的"春节"等节日。

五、文学与艺术

位于长江流域的巴蜀地区，山清水秀，人杰地灵，在这片广袤无垠的土地上，勤劳勇敢的巴蜀先民不仅创造了硕果累累的物质文明，更是缔造了经久不衰、生生不息的精神文明。而作为这一精神文化宝库重要组成部分的民间文学艺术则是其中最具特色与活力的一朵奇葩，它以其特有的魅力影响着人们生活的方方面面，构成了中华民族灿烂悠久的历史文化的一部分。巴蜀地区的文学在几千年历史发展中形成独具特色的文化传承，巴蜀文学艺术在交流中融合但也各自保留地域文化特性，成为独具"巴味"与"蜀味"的文学艺术。蜀地优越的自然环境、物质文化、经济基础，使蜀地文学艺术创作极富浪漫情怀，涌现了大批文学大家。巴地四周环山，河流纵横逐渐形成了独具特色的"码头文化"，生存环境处于劣势的巴人形成了勇敢坚韧、强夯劲勇的性格，也成就了巴地独特的文学艺术。不善用细腻言语抒发情感的巴人，在歌舞中找到突破口，创造了慷慨悲壮的各类表演艺术。

1. 群英荟萃

秦并巴蜀之前，关于巴蜀地区的书面文学甚少，主要都是一些口头传说、神话故事，但在汉、唐、宋三代发展尤为鼎盛，其中蜀中文学以优越的地理自然优势与经济条件，长期占据巴蜀文学的主流地位。汉代时期因移民而产生的文化交流，秦陕文化与楚文化的接触，促进了巴蜀地区文化的发展，同时汉朝政治的统一、社会的稳定、经济的发展，也推动了巴蜀文化的兴盛。这一时期诞生了巴蜀地区的第一代作家——司马相如、严君平、王褒、扬雄等文学巨匠。司马相如作为大赋的开创者，其《子虚赋》《上林赋》气势恢宏、极富想象力与浪漫情怀，开创了时代文学的先河，彰显了汉代最高文学成就，王褒、扬雄也以汉赋的创作闻名天下，后人的继承与发展让汉赋成为这一时期最具代表性的文学体裁，为我们留下了绚烂的文字与美妙的故事。唐宋时期作为巴蜀文学发展的第二个高峰，涌现出的文人不仅有满怀悲愤之情的陈子昂，还有被誉为"诗仙"的浪漫主义诗人李白，更有宋词代表苏氏三父子；除了巴蜀地区的本土文豪，唐宋时期还有大量外地文人墨客纷纷入蜀，如诗圣杜甫、将"竹枝词"引入文学殿堂的刘禹锡、花间词派韦庄、小李杜之一的李商隐、香山居士白居易、一生笔耕不辍的陆游等，他们对巴蜀地区文学的兴盛起到了至关重要的作用，留下了不朽的文学著作，影响了后世一代代巴蜀人民。

巴蜀地区优良的文学创作传统也延续至今，近现代文学界也人才辈出：如我国新诗奠基人——郭沫若，出版于1921年的《女神》诗集，摆脱了传统诗歌的束缚，引领了一个时代文学的发展，将"五四精神"表现得淋漓尽致；现代文学巨匠——巴金，一生佳作丰富，《爱情三部曲》《激流三部曲》《抗战三部曲》《灭亡》等代表作被誉为"二十世纪中国文学的良心"、二十世纪中国最富活力的人文风景之一；将西南边疆地区下层社会风貌和异国殖民统治下的劳苦人民生活融入现代文学创作的最早作家——艾芜。他们是中国文学现代史上重要的作家，他们纵横捭阖于我国的文学领域，在我国文学领域的浪潮中展现风流，对中华文明与民族崭新文学世纪的诞生和民族新文学的壮大做出了卓越的贡献。

2. 艺术宝库

巴蜀地区不仅诞生了文人墨客，孕育出熠熠生辉的文学佳作，巴蜀先民更是创作出了多姿多彩的艺术作品。巴地的乐舞、雕塑艺术，蜀地的三星堆艺术、川剧等优秀的艺术作品，呈现出永恒的力量，影响着巴蜀大地世世代代的艺术文明。

(1) 巴地的艺术

巴地的艺术历史源远流长，巴人乐舞在殷商时期就早已流行，或为丰收祝福而舞，或为劳动而歌，或为巫事祭祀礼仪而歌舞。在巴人文化遗址中也出土大量的乐器，有编钟、錞于、钲、铃等，反映出巴地乐舞以打击乐器为主的特点，特别是涪陵小田溪出土的编钟，是我国田野考古中最早发现的一套完整编钟。这些出土文物也足以证明巴人祖先早已流行乐舞之事。其中最为重要且载入史册的乐舞当属巴渝舞，这是嘉陵江流域巴族中的賨人一支所创造的民间群体性舞蹈，賨人因骁勇善战，在帮助武王伐纣时期，一边进攻一边歌舞，以歌舞凌人杀敌。秦汉之际，刘邦借巴人力量登上帝王宝座，该乐舞表现出的精进勇猛、激昂慷慨的特征深得汉高祖赞誉，并将其纳入乐府，命名为"巴渝舞"，使之成为名垂青史的歌舞节目，巴渝舞也得以流传。巴渝舞前歌后舞，其中的"舞"即是勇猛的武舞，"歌"就是著名的"下里巴人"之巴歌。巴渝歌舞在历史沿革中不断延续与发展，隋唐以后便走向民间，在后世文人墨客、平民百姓的继承中不断发扬，逐渐演变为唐代三峡地区的竹枝词与竹枝舞，以及近世巴渝地区的踏蹄舞和土家族的摆手舞等。直至今日，在巴地民间各大节日与庆典中也可见到这一古老的艺术形式。

傩戏，也被称为傩舞，是起源于商周时期的傩祭活动，在我国有着悠久的历史，流行区域广泛，不仅在巴地，在四川、贵州、湖北、湖南、河北、陕西等地方也有所表现。傩戏是民间祭祀礼仪结合民间歌舞、戏剧而逐步形成的一种戏曲形式，因此在各个地区也有不同的叫法与表演形式，比如傩堂戏、端公戏、师道戏、地戏、关索戏等。巴地的川北巴中、南充、广元，以及重庆等地区主要流传的是旺苍端公戏，表现驱鬼、逐疫、除灾的愿望。傩戏表演最为重要的妆造是彩绘面具，这些面具的绘画内容多与宗教鬼神相关，展现出独具地域风情的民间艺术。

雕塑艺术方面，巴人的雕塑艺术没有过多的文字记载，现如今主要从出土的陶器、青铜器等文物器皿上窥见其独特艺术魅力。早期的雕塑艺术造诣主要表现在陶器类的图案纹饰上，而晚期发展逐步成熟，且随着生产力的进步，其雕塑艺术则展现在青铜器上。巴人的青铜艺术可以简要概括为三个特点：线条流畅、造型优美；错金银工艺发达；镂空技术出众。比如出土于涪陵小田溪遗址的鸟形尊（图1-9），完美诠释了巴人较高的雕塑艺术水平，该青铜鸟形尊脱胎于作为酒器的尊而不在背部开盖，造型似鸟似兽，通体羽纹间镶嵌绿松石，是其立体造型艺术的代表。

(2) 蜀地的艺术

三星堆遗址，是指四川广汉市城西鸭子河畔的古蜀遗址，距今已有4500～2800年历史。这里出土的大量文物，不仅蕴含了古蜀先民的祭祀、宗教信仰等精神文明，更是展现了古蜀先民极高的艺术追求、工艺水平与文化内涵。其中最为震惊的是表现出卓

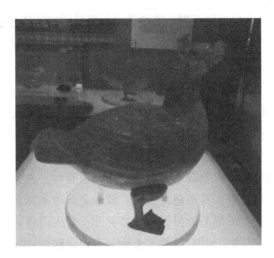

图 1-9　鸟形尊青铜器（自摄于重庆三峡博物馆）

越艺术水平的金器与青铜器。这些与真人头部大小相仿、五官形象逼真且生动的金面具，刻有各类人头像、鱼、鸟、树叶等图案的金杖，都具有较高艺术价值被赞誉称"沉睡数千年，一醒惊天下"。还有各类大型青铜器：树叶繁茂、各类飞禽走兽置于其上的青铜神树，各类尊、罍、编钟等青铜礼器不仅造型优美，且每件文物的装饰都进行了精心的设计，具有强烈的视觉效果与震撼力。这些或夸张、或抽象、或神秘、或浪漫的青铜艺术品展现出永恒的力量，表现出古蜀先民精湛的造型艺术与雕塑艺术才能。

川剧，在四川人民的生活中与川菜齐名，被誉为最正宗的"川味"，主要流行于四川、云南、贵州等地。四川的文化历史悠久，蜀地的歌舞、说唱、杂耍等民间表演艺术层出不穷、多姿多彩，为四川戏曲的发展奠定了文化基础。川剧是由蜀地的地方戏综合各家、广收博采而逐步演变形成的，可以说川剧的源头有五支，有高腔、弹戏、昆腔、胡琴、灯戏这五大声腔。在四川这一大区域中，虽然五种声腔合一形成了川剧，但因各个地方文化、表演形式、演唱风格的差异，以及他们各自擅长点的区别，使川剧分化为四大流派，被称为川西坝、川北河派、资阳河派、下川东派。综合来看，川剧具有以下几点特色：首先在剧本上，其题材来源广泛，剧目众多。早有"唐三千，宋八百，数不完的是三列国"之说，老艺人中流传的剧目高达 4000 本，后期经过筛选与加工整理后的也达 1500 本左右。其中较为出众的包括"高腔四大本""弹戏四大本"以及"江湖十八本"等。其次，从表演上来看，具有精细且多样化的特点，主要体现在川剧表演的写意程式方面以及表演技巧上，比如将中国戏剧"生旦净末丑"五大行当继续精细划分；将戏剧表演的技巧进行细分，单单是眼睛的表情也被演员薛艳秋细分为 24 种表演形式；除了表演方面的精细多样，川剧的唱腔腔调也高达 800 余种。一代代川剧表演艺人创作了众多绝活绝艺，至今，有些川剧绝活或后继无人，或年久失传，但有些仍然在现代舞台上熠熠发光，比如变脸、吐火、开慧眼、滚灯等川剧绝活至今流行，其中变脸已成为名闻中外的"中国一绝"。广纳百川的川剧在长期的竞争中脱颖而出，在短短几十年间卓有成效，并成为我国影响力较大的地方戏曲之一。

第三节 巴蜀文化区域界定

研究巴蜀文化的区域就需要明确"巴蜀"的地理空间位置,实质上也是考证从古至今巴蜀两地的疆域范围。巴与蜀都是我国西南地区重要的民族地域,在古代,巴与蜀是两个区域,是以巴蜀两个民族的主要活动点为中心而划分的生产生活区域,但民族活动的区域会随着时间或历史因素而不断变迁,因此在考古学上将其活动时间最久的区域称为巴蜀地区,今日的四川省、重庆市在古代就是蜀地与巴地的疆域,并称为巴蜀,时至今日还有巴山蜀水、巴蜀大地的别称。巴蜀先民在这块区域发展繁衍留下的物质文明与精神文明等统称为"巴蜀文化"。

据载,早期巴国实际控制的范围并不大,西周时期巴国的主体是与周人同宗的姬姓族,商周时期土著民族与巴人在文化上是有渊源的,这在近年来特别是在三峡文物保护考古发掘中有证实。在中原民族的眼中,这片地区都是"巴",这一广大地域上的各族被称为巴人,《华阳国志·巴志》中记载巴国"其属有濮、賨、苴、共、奴、獽、夷、蜑之蛮"。在巴国的后期历史上,影响较大的有两支部族:一是从鄂西清江流域西进的"廪君蛮",崇拜白虎,是后期巴国的主体;二是一直生活在嘉陵江流域的"板楯蛮",以盾牌为特色,英勇善战,后来参加过汉高祖刘邦定三秦的战斗。

具体来讲,"巴"族作为一支古老的民族,在夏商时期,巴人先祖南迁到今天的陕西南部汉水上游地区,他们从原部落分离出来,另立宗氏,并进入了父系氏族的社会阶段。后至商朝末年,巴族先民帮助武王伐纣,获得周王室分封,成为姬姓诸侯国之一,这一时期的巴国区域扩至汉中东部。但巴地的区域并非只是巴国的全部疆域,因为历史的变迁,巴族先民也在不断变换着活动区域,春秋时期巴族先民开始向巴山东部地区发展,春秋末期又举国南迁至长江流域与鄂之间,战国时期进入了四川东部以及湖南西北部、湖北西南部、贵州省东北部的四省交界处,从此形成了川东巴国、川西蜀国的局面。所以巴文化的分布区域除了原巴国地区,还包括巴族人先后生活发展的地域。

位于蜀地的蜀国同样也并非一脉相承的单一国家,最早的蜀国在夏商之际建立,有"蚕丛、柏濩、鱼凫"争雄,殷商之时有"杜宇"的王朝时代,春秋时期"开明"王朝,最后归于秦国。汉代时期原来的蜀国地区被划分为蜀郡,汉代末年刘备建立蜀汉政权,这一时期蜀汉的疆域北起甘肃东南、陕西汉中地区,南至川南、云南、贵州地区,西含岷江上游、雅安等地区,东至奉节县等地区,可以说当时的蜀国疆域覆盖了今天的四川省、云南省大部分地域以及贵州省全部。五代十国时期,巴蜀地区有前蜀与后蜀两个政权的建立,其疆域包括今四川大部分地区、陕西西部地区、甘肃东南地区和湖北西北部地区。直至宋代,蜀地正式得名"四川"。清代形成了以成都为中心的川西、以重庆为中心的川东、以南充为中心的川北、以乐山为中心的上川南、以宜宾为中心的川南、以泸州为中心的下川南、以广元为中心的川西北等区域。民国时期四川的行政区域被划分为成都市与重庆市,新中国成立后,1997年重庆市从四川分出,实行川渝分治。

因此，从古蜀地，北起陕西、甘肃，南至云南与贵州，到现代四川蜀地区域的变迁，蜀地人民的活动地点并不仅仅在四川省内地区，他们所创造的文化也在沿途区域中有所体现。其中四川川西地区作为古往今来古蜀人民的活动中心，更是体现出浓厚的古蜀文化。

总而言之，由于历史上巴蜀先民不同的聚居点与行政划分，让巴蜀地区在空间形态上屡有变化，但最终以成都平原为中心的蜀地和以长江中上游地区的三峡流域、巫山一带为主的巴地所构建的巴蜀文化核心区仍始终如一。而与古代巴蜀地区相比，处于城市时代的当今社会，在巴蜀文化现代化转换与当代形态建构的意义上，人们熟悉的四川省、重庆市已成为巴蜀文化的主要载体与最新形态。

第二章
巴蜀文化的资源分析

"文化资源"的核心是"文化",主要指的是具有"文化属性"的一系列"资源",从微观范畴来看是以文化这一形态为表征的"资源",或是在文化产业链中以"文化"为生产对象的生产资料。巴蜀地区位于中国西南地区,沟通南北、连接东西的地理位置为巴蜀文化多元融合提供了先天优势,在这里孕育出了各种优秀文明成果,比如震惊世界的三星堆遗址、金沙遗址,被称为奇迹的三峡水利工程,世界最早的流通货币交子,独具艺术特色的川剧、傩戏,更有闻名世界的川菜、川酒,这些丰富的文化资源使巴蜀地区成为当之无愧的中华文明起源地之一,对巴蜀文化资源进行分析有利于更好地把握巴蜀文化特色、深入了解巴蜀文化价值与意义,探索巴蜀文化资源现状,寻找巴蜀文化中的典型文化资源并进行分类梳理,以此构建文化基因谱系。

《 第一节 文化资源现状分析 》

1931年四川广汉镇古蜀文化遗址以及1933年月亮湾遗址的发掘成为我国"巴蜀文化"研究的开端,巴蜀文化最早是在1941～1942年学者卫聚贤连续发表的两篇《巴蜀文化》的文章中提出,文中卫聚贤通过大量古蜀青铜兵器、祭祀礼器等考古资料与图片向人们论述了巴蜀文化中图形、文字、符号的特殊性,并率先提出"巴蜀文化"的概念。时至今日关于"巴蜀文化"的研究也获得不同程度的丰富与深入,主要可将其划分为四个阶段。

第一阶段是从"巴蜀文化"这一科学命题的提出开始,围绕这一命题开始了较为初级的研究,被认为是"秦统一前的古蜀地区的文化",主要内容也是关于巴蜀族属溯源、地域范围、国家制度等问题。

第二阶段是20世纪50年代一批新的考古资料的发现，为巴蜀文化研究提供了更多的线索，其研究外延也扩展到巴蜀民族、政治、经济等社会制度方面，以及巴蜀文字等生活生产方面，正如这一时期学者徐中舒在《巴蜀文化初论》中关于巴蜀文化研究的论断，认为四川并非孤立的，它是中国古代的一个经济区。

第三阶段是20世纪80年代至90年代，这一时期三星堆遗址、金沙遗址的发掘将巴蜀文化的研究推向新的世界，一系列重要书籍也相继问世，对巴蜀文化资源的研究也扩展到文学、艺术以及宗教哲学等方面。比如学者林向在《"巴蜀文化"辨证》中提出了巴蜀文化概念的解析，将其分为广义与狭义两个研究视角。广义的巴蜀文化指的是以巴文化、蜀文化为主体，在四川、重庆两个区域，包括附近区域以及各个少数民族从古至今共同创造的文化；而狭义的巴蜀文化则是指古代巴蜀地区由巴、蜀民族所构成的族群、国家在四川盆地等区域留下的文化产物。除此之外在巴蜀文学、学术方面各学者也有研究成果：如袁科、岳珍的《简论巴蜀神话》、邓星盈、黄开国的《三国至隋唐的巴蜀学术》等著作。新中国成立后，学者文玉也在《巴蜀文化研究概述》中对之前的巴蜀文化研究进行了总结，并从考古材料中进一步分析研究，使学术界真正认可巴蜀大地上悠久的文明史。学者段渝依据广汉镇与成都白马寺的考古发掘所著的《"巴蜀文化"研究发轫》，掀起了巴蜀文化的研究热潮。

第四阶段是21世纪初至今，巴蜀文化研究得到了全面发展，特别是如今，随着"一带一路"、西部大开发等国家倡议政策的提出与实施，各领域学者也站在各自角度研究巴蜀文化，使巴蜀文化的研究范畴得到了拓宽，除了传统命题的深入，也扩展到巴蜀风俗、饮食、艺术等领域，这让巴蜀文化的研究扩展至考古学、民族学、文学、经济学、艺术学、旅游学等学科门类。比如李凯的《司马相如与巴蜀文学范式》、杨世明的《巴蜀文学史》、邓经武的《大盆地生命的记忆——巴蜀文化与文学》等巴蜀文学方面的著作；谭继和的《巴蜀文化与川菜》、张娜和王玲娟的《从川菜命名探析巴蜀文化内涵》、刘昌明的《巴蜀茶文学史》等饮食文化著作；还有屈小强的《巴蜀文化与川剧脸谱》、唐林的《蜀锦与丝绸之路》等巴蜀艺术文化方面的著作；蜀锦史话编写组的《蜀锦史话》梳理了蚕丛时期蜀地的蚕桑业。

综上，关于巴蜀文化资源的分析随着考古材料的发掘不断丰富与深入，时至今日已硕果累累，虽然很多学者以"巴蜀文化"为研究对象，却也有所侧重，其中处于主要地位的还是蜀文化，对巴文化资源的分析还待深入。

第二节　典型性文化资源探究

2012年3月《四川省"十二五"文化改革发展规划》和《四川省人民政府关于加快推进文化产业发展的意见》中明确指出重点培育创意设计产业，并提出以成都为核心，把川西、川中、川南、川东北四个片区建成全省文化产业特色发展区。结合当前全球经济一体化趋势和大数据时代背景，成都文化"走出去"势必需要具有鲜明地域文化的特色产品作为强有力的支持。2020年4月22日，川渝两地签订了《推动巴蜀文化旅游走廊建设工作机制》《推动成渝地区双城经济圈文物保护利用战略合作协议》等合作文件，全面启动协同建设巴蜀文化旅游走廊。《中华人民共和国国民经济和社会发展第十四个五年规划和2035年远景目标纲要》建设目标提出：到2025年，巴蜀文化旅游走廊协同发展的体制机制全面建立，文化旅游领域改革创新高质量推进。现代旅游业体系更加健全，多元融合的消费业态不断丰富，高品质消费空间基本形成，巴蜀文化旅游走廊品牌国际知名度和影响力不断增强。到2035年，巴蜀文化旅游走廊协同发展的体制机制更加完善，全国文化旅游发展创新改革高地、全国文化和旅游协同发展样板、世界级休闲旅游胜地基本建成，具有较高的国际品牌影响力，成为我国文化和旅游创新发展活跃增长极和强劲动力源。

一、川西蜀文化资源的典型性

1. 川西地区在中国区域文化的重要地位及蜀文化形成

川西又称川西坝子，以独有的民俗民风呈现于世人面前，至今仍然保留着这种特殊的文化。从地理位置来看，川西坝子以成都平原为主，以岷江流域为中心，位于龙泉山脉和龙门山脉、邛崃山脉之间，北至绵阳江油，南至乐山五通桥。由于天然的地理环境和特殊的自然生态条件，川西蜀文化以独有的态势屹立于中国传统文化之列。蜀文化在距今四五千年前的新石器时代晚期兴起，西周中期突然黯淡失色。在距今2500年前的东周时期，由于巴文化的兴起，逐渐融汇为巴蜀文化，扩大为巴蜀大文化体。秦汉时期，巴蜀文化又逐渐融入中华文化之中。"宝墩文化"是蜀地文化孕育时期的文化，宝墩遗址是这一时期成都平原最早的典型古城址，也是四川即将跨进文明门槛的历史见证。

2. 川西蜀文化资源在当代经济发展中的典型性

川西蜀文化属于巴蜀文化范畴，其表现主要为区域民俗文化，是典型的区域文化之一。区域文化特征具有综合性、稳定性和时代性。由于交通不便，巴蜀文化自成体系，和其他区域文化交流相对较少，发展也相较于其他区域的文化缓慢；特别是与中原文化之间互不联系，但又受到中原农耕文化的影响。在蜀文明中，三星堆文化是其鼎盛时期的代表，青铜文化带着神秘的面纱为世人瞩目；都江堰水利工程时至今日仍灌溉成都平原，发挥着巨大的经济作用，这是特有的奇迹；色彩艳丽的蜀绣蜀锦，古老工艺中的藤艺、竹器和漆器等远销海内外，为川西经济带来活力。文化资源在历史发展中拼凑融合形成当今典型的"蜀文化"。"一菜一格、百菜百味"的川菜在当今社会中继续传承并不断更新，呈现出多元化的发展趋势；清幽闲适的茶文化被认为是中国文化的象征，享誉海外；特有的气候条件和自然环境，适宜国宝大熊猫的生存，大熊猫成为川西坝子独有的代表;蜀戏冠天下一说中的川剧虽没有国粹京剧的博大精深,但其"变脸"绝活在当代社会俨然也成为一张"蜀文化"的国际名片。

3. 川西蜀文化资源特色化的界定

特色化很难准确定义,尤其是面对如此庞大的文化资源体系。川西蜀文化资源特色化的概念本身过于复杂,如使文章有所向度,内容就需要将这个复杂的概念进行一定的限定。笔者在书中所述更多的是将这种特色化植入产品中(包括形态、功能及文化体验),从川西蜀文化资源中提取相关文化元素、符号(主要是纹样的阐述变形)及片段(传说、典故),并通过现代化的设计手段呈现出适应于现代商业市场的具象产品。也就是说,将蜀文化资源作为创意思维的供给,通过资源整合呈现于符合当今市场需求的产品中。

成都平原是西蜀文化发展的核心区域。因此,本节以成都市及周边(即成都近郊)为研究范围。

二、特色文化资源梳理

从设计的视角出发,进行文化资源的梳理。采用实地调查、专家访谈的调查方法对成都及周边地区的特色文化资源进行系统梳理,经过分析后,认为成都及周边的特色文化资源由名人资源、古镇资源、山水资源、休闲资源组成。

1. 名人资源

"自古文人多入蜀",成都及周边地区的名人资源数不胜数,名人资源相当丰富。①历史名人。根据史料记载,因各种历史原因旅居成都的历史文人有:李白、杜甫、王勃、卢照邻、高适、岑参、吴道子、白居易、刘禹锡、元稹、李商隐、苏东坡、黄庭坚、陆游、范成大等。②典故传说名人。历史上,成都向来不缺乏典故传说,主要代表人物有三国人物刘备、诸葛亮,治水功臣李冰父子,古蜀传说中的蚕丛、柏濩、鱼凫、杜宇、鳖灵等。③近代名人。近代尤其是抗战时期,更有大批文化名人,各界精英迁往成都,其中包括巴金等。

2. 古镇资源

作为老皇城旧址的成都市区,其人文资源众多,如红照壁(老皇城故事)、交子街(已改为均隆街)等。传统的节日和民俗习惯被保留,例如,洛带古镇有客家民俗特色的水龙节、火龙节。

3. 山水资源

成都市及周边代表性山体有9座:西岭雪山、九峰山、青城山、天台山、老君山、丹景山、凤凰山、龙泉山、鹤鸣山等。山体特征各异,有高耸山峰、丘陵等;邛崃山脉、龙泉山脉连绵起伏；各山体接壤，具有连续性、群体性。成都市及周边主要水体有：府河、南河、沙河、江安河、清水河、东风渠、青白江、南河、金马河、羊马河、杨柳河等。府河和南河实则为都江堰引入的四条河中的一条走马河，流入成都形成府河和南河，府河进入成都市区后绕城向北、东而流，南河绕城西、南而流，在合江亭处汇合，后合称府南河，也称锦江。其中，府河和南河被誉为成都的母亲河，沙河被誉为成都的生命河。

4. 休闲资源

成都及周边主要的休闲资源具有浓厚的历史内涵，其中的人文资源积淀丰厚，如川茶文化中有兼具典型地域特征的龙门阵文化、茶艺文化等。同时，这些休闲资源又传承了数千年的蜀文化精神。成都市及周边的主要休闲资源有：①"四川"，川菜、川酒、川茶、川戏；②"两蜀"，蜀锦、蜀绣；③传统民俗节日，火龙节、龙舟会、放水节等。

5. 文化资源开发

在信息化时代、全球经济一体化的背景下，大力发展文化产业，实现特色文化资源向特色产品的转化，是成都地区发展文化创意产业，构建城市品牌形象的战略选择。

① 利用特色文化资源开发特色产品，是文化产业改革的内在要求。固有的文化产业模式已经不能适应社会的发展，文化产业的改革势在必行。利用特色文化资源开发特色产品，正好符合这种改革的要求。通过设计手段促使特色文化资源焕发新的活力和能量，创造发展文化生产力的条件，不断孵化特色产品，积累文化经济资本，为成都地区创造更多的精神文化财富。

② 利用特色文化资源开发特色产品，是文化创意产业结构调整的必然趋势。当前，成都地区的丰富文化资源尚未充分整合和开发，新兴文化创意产业和具有特色文化资源的特色产品还未形成产业集群效应，文化创意产业在国际和国内仍处于发展阶段。如果加快利用特色文化资源开发特色产品，进行有力的资源整合，形成文化产业链的联动状态，对文化创意产业结构的调整将是大有裨益的。

③ 利用特色文化资源开发特色产品，是推动城市文化"走出去"的动力。推动成都文化"走出去"需要有很好的智力支持，特色产品的开发正是一种强有力的支持。利用特色文化资源开发特色产品，是塑造城市形象非常有力的举措，深刻体现出文化资源作为经济生产力的巨大创造性和活力。

三、川西蜀文化资源在商业模式下产品开发的现状

川西坝地处四川盆地，独特的地形使文化发展相对滞后。历史上，蜀文化也曾出现过断续。在全球化发展的今天，传统蜀文化产品整体表现出不适应的局面。传统手工艺产品要么一成不变，要么变得面目全非。照抄照搬，现代几何形态与传统纹样生硬结合，"作秀"式的传统色彩、造型运用，使产品本身毫无生气。如此一来，产品失去了

文化底蕴，成为不伦不类的装饰品。我们看到一些设计比赛中，很多参赛者都会运用典型的纹样元素进行设计，但最终的效果却差强人意，见图2-1提取熊猫元素设计的鞋子。

图2-1　提取熊猫元素设计的鞋子

以川西古镇文化资源为例，源远流长的古镇文化蕴含着淳朴的民俗民风，先民留下的是宝贵的文化资源。然而，商品经济大行其道的今天，经历磨难岁月留下的痕迹，已经被世俗的"快餐"模式改变。千篇一律的古镇修复，大兴土木之后是弃历史于不顾的商业改造，剩下的是复制而成的视觉污染。特别是古镇商业街中贩卖的纪念品，低端、粗糙是最直观的印象，缺少特色，大多为批发市场批量进购的便宜货，并且各个古镇所到之处都能见到同样的货物。

显然，市场上也出现了针对蜀文化资源挖掘的代表性产品，但诸多经过设计的产品依然停留在各种以原物为主题的印刷品、刺绣、剪纸等不同加工手段的表象层面，见图2-2熊猫元素的挂件。这一层面之上，将文化资源简单"搬入"设计，将相关元素、符号等强制作为点缀，缺乏实用性，这样的设计怎能与当今多元发展下人们的生活需求相适应。

图2-2　熊猫元素的挂件

1. 川西蜀文化资源开发现状的问题分析

人类文明演进的历程表明，文明是一件东拼西凑的百衲衣，谁也不能夸口是他独家制造。要分析川西蜀文化资源开发的现状，就要追溯其历史进程的轨迹，研究古蜀文化区的生态环境与地理位置及其对蜀文化特质的形成有何影响。针对这些问题，林向教授是这样阐述的：这里物质丰裕，水源充足，气候宜人，为古代各种生产力水平和不同经济类型的民族劳动生息创造了有利的条件。这里的地势有利于初期文明社会的安定过渡和发展。这里的地理位置有利于古代交通。这里的山涧、河谷中往往有大小不等的串珠状冲积平原——坝子，成都平原便是其中面积最大（达7337平方千米）的坝子，由此形成"坝子文化"这一独特的人文地理景观。正是这些条件孕育了璀璨的古蜀文明，但也正是这种封闭舒适安逸的环境造成了今天蜀文化资源开发的闭门造车。并且一定程度上决定了其封闭、停滞、断代的特点，这与现代市场经济的开发、快速创新发展、连续性有些格格不入。利与弊从来就是一对相伴的矛盾体，随着社会的发展，这种有利的因素恰恰是现代化发展的绊脚石。

此外，开发模式单一，受经济因素的制约，蜀文化资源的开发往往是曲高和寡。川西蜀文化资源种类繁多，包括器物、建筑、古城遗址等。其中青铜文化举世瞩目，是中国文明的起源之一。那么，青铜文化能否作为其代表，加以开发呢？欣喜的是三星堆遗址出土的纵目青铜面具已被开发成酒瓶，但由于各方面的原因，这种产品从一面世就少有人问津。传统的工艺产品设计主要是依靠个人的审美、经验、技能和智慧，虽然设计者在设计制作产品时也会考虑用户的需求，在继承传统规范的同时产品也表现出了一定的多样性，艺人在设计制作中也会听取吸纳他人的意见，但是，传统设计受个人或少数人能力的限制，受落后设计理念与方法的制约，没有科学合理的设计程序，不能全面综合考虑政治、文化、美学、市场、成本、营销等各个要素。所以产品不能及时地满足日益膨胀的个性化市场需求，传统工艺也没能在现代社会继续保持繁荣和发展。

同时，现代化的设计以用户需求为中心，从表象来看，现代生活方式的改变似乎已抛弃了传统的概念，人们的生活模式发生着前所未有的变革，新事物、新空间、新模式层出不穷，但细细梳理便会发现其中包含着传统文化的内涵，被物化的仅仅是新形态的外衣。文化资源的开发在产品设计中应以全新的、符合现代设计需求和设计理念的面貌呈现。

2. 西蜀地域文化特色产品系列化设计的类型

四大系列（名人系列、古镇系列、山水系列和休闲系列）中，各系列对应开发成套系列、组合系列、家族系列三种类型。

① 成套系列。特色产品的开发需要以套系的形式进行，以形成产品的整体性和统一性。如以蜀绣、蜀锦为元素设计餐具类产品时，需要用同一元素设计一整套的餐具，包括餐盘、碗碟、筷子等，而不是一个单件产品，如一个单独的碗碟或餐盘。并且，运用现代技术手段，在降低产品制造成本的同时提升产品的品质，让具有西蜀地域特色文化资源的产品有机会走入现代生活和国际视野。

② 组合系列。此类型主要是扩展特色产品的功能，增加其使用价值。设计产品时，可以考虑将产品各部分以模块形式组合，消费者购买产品后可以根据个人喜好将不同的构件组合成不同功能的产品。如利用特色文化资源开发设计果汁机等生活用品时，配以不同的组件（榨豆浆组件、研磨调料组件等），实现产品的不同功能。

③ 家族系列。以家族形式开发的特色产品极易在视觉上形成强烈的品牌效应。一旦挖掘出特色资源，利用现代设计手法将其转化为视觉符号后，这种视觉符号就植根于同类产品中，形成统一的符号特点，并且在以后的更新过程中也保留这种符号。如特色产品以一代、二代等不断推出，这样有利于产品的推广。

四、川西蜀文化资源的产品设计特色化发展

设计理念的核心是"以人为本"，人生活在社会当中不可避免地要受到传统的影响。在视知觉中，对某个特定形式（或符号）的把握并不是凭空塑造，而是依据长时间积累的经验。因此，新的经验图式，总是与过去曾经知觉到的各种记忆痕迹相联系，这种习惯势力构成了传统，在心灵上打上了深深的烙印。没有灵魂的设计空洞无味，同样，没有指向、没有区分的设计，没有其存在的意义，不可能成为经典。任何一种设计如果没有区别于其他的设计，那么只是物态的表象。文化资源不是简单的形式挖掘，其特色性是挖掘的重点，也是地域区分的方向。针对特色典型性，首先要做的是文化资源中特色资源的发掘和提炼，比如金沙遗址中的太阳神鸟，见图 2-3。图案纹饰一般都有传承性，但太阳神鸟金饰上的图案在它出土之前，从来没有在别的地方出现过，太阳神鸟金饰造型奇异，在世界范围内独此一件。此种特色性的文化资源在现代产品设计中被人们广泛使用，如开发出了太阳神鸟书签、太阳神鸟戒指等，见图 2-4。但我们不难发现这些设计对文化价值的挖掘还不够，文化认同和心理认可仍没有达成一致，这点值得我们深思。

图 2-3　太阳神鸟纹样及纪念徽章

在深入的市场调研基础上，我们可以采用故事情境描述等形式的设计方法和程序，将产品放置于特定的使用情境，通过用户的体验测试，收集使用者的心理感受，进行产品设计的可行性分析。通过现代化的设计模式，设计师区别化地提炼文化内涵，重塑

图 2-4　太阳神鸟书签、太阳神鸟戒指

文化价值及形态，设计出具有美学价值、社会经济价值的新颖产品，并且这种产品能引起使用者内心对文化资源的共鸣。

蜀布、蜀薄（粗布）、蜀穗（细布）、蜀锦（宫廷用品）、蜀缎等，以"金错蜀杯""蜀汉扣器"为代表的漆器工艺品等，这些古人智慧的结晶如何在现代设计中全新演绎，是产品设计师们共同的责任。抓住川西蜀文化资源的特色，才能在以用户为主导的市场中设计出区别于其他文化资源的产品，才能形成川西区域文化鲜明的特征，最终形成具有蜀文化资源特色的产品品牌效应。

第三章
典型文化资源梳理和基因谱系构建

文化是一个民族、国家的灵魂所在，而巴蜀文化作为中华文化的重要组成部分，是我国六大文化圈之西南文化圈的核心部分，有着丰富的文化遗产与民族内涵，为使巴蜀文化更加广泛传播，挖掘巴蜀典型文化资源，分类梳理、归纳文化基因类别，构建巴蜀文化基因谱系也是需要解决的现实问题。

"基因"一词最早是生物遗传学中的概念，从英文单词"gene"翻译而来。作为携带生物遗传密码的基本单位，有着控制生物遗传性状的重要作用。同理，"文化基因"则是从生物遗传基因基础上衍生出的词语，学者R.Dawkins在《自私的基因》中首次提出"meme"，意为"文化传播单元"，正好与生物基因相似，作为文化信息的载体和遗传密码，是表达文化性质最小、最本质的单元。将生物基因的概念引入文化领域，形成文化基因的研究方式，是人类对自然和社会认知的深化。我国最早研究文化基因的是学者刘长林，将"文化基因"与解析中华传统文化联系起来，为研究文化基因与传统文化提供了创新思路，早期国内关于"文化基因"的研究主要集中在文化基因的起源、特性、保护与开发方式等方面。进入21世纪后，对文化基因的研究也逐渐丰富起来，不仅对文化基因的解析更加深刻，也将其推向实用性研究方向，比如有些学者结合民族学、符号学等多学科，对民族文化基因进行解码并依托大数据信息技术构建基因图谱；还有学者结合空间环境，进行文化景观基因的研究等。但综合来讲，我国对于文化基因的研究还处于初级阶段，相关文献研究数量仍偏少。

对某种地域文化基因的解析第一步是进行分类，现在学界有两种较为主流的分类原则，如图3-1文化基因分类。

一是以文化物质形态的维度划分为物质文化基因与非物质文化基因（精神文化、制度文化）、有形文化基因与无形文化基因、历史文化基因与自然文化基因等。但其中物质与非物质文化基因的分类方式较为普遍。物质文化是一个民族在社会历史发展过程中所创造和积累起来的一切实体存在，包括了衣食住行等方方面面，它不仅直接关系到人

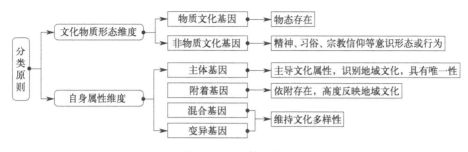

图 3-1　文化基因分类

类自身生产与发展，也影响着民族传统文化的延续和传承；非物质文化，则是除了物态形式的文化表征以外的其他文化形式，包括精神文化、制度文化等生产生活中所获得的思想意识、价值取向、行为准则等方面，其中以精神文化为基础而形成的非物质文化是民族最根本、最富特色的文化基因之一。二是从自身属性维度来划分，可分为主体基因、附着基因、混合基因、变异基因等。其中主体基因从生物遗传学角度来看是指控制生物属性、性状，以及表征的主导性基因；而从文化传承来看，主体基因是地域文化基因谱系中的母体，占据最显著地位，并对该地域文化外在表征起着重要主导与绝对统领作用。倘若主体基因弱化或丢失，区域特色、精神内涵也将无所适从，因此主体基因具有地域文化唯一性。附着基因是主体基因的外延，能够较好表现地域文化特点的基因符号，紧密依附于主体基因上，是基因谱系图中重要的组成部分，在一定程度上起着强化主体基因的作用。混合基因是在文化动态发展过程中逐步形成的文化基因形式，是由多个文化基因相互融合而成的基因类型，虽然混合基因并非属于某个地域所特有的，但其能够反映特定历史阶段的重要文化内容与信息。它的存在有效保证了文化的多元性。变异基因在生物遗传学领域的解析是指改变组合方式、排列顺序后打破原有基因结构、外形的相对稳定性，对其产生或好或坏的影响的一种遗传形式，所以它具有两面性；而文化基因的变异是在人类文明进步中为适应不同时期而产生了一系列不同的文化形态，可以说变异是文化传承与进化的动力来源。

结合以上文化分类原则的对比与综合利用，基于巴蜀文化的特殊性以及典型文化资源的独特属性，将巴蜀文化基因谱系划分为物质文化基因、非物质文化基因、传统村落文化基因以及农耕文化基因这四大类别，如图3-2 巴蜀文化资源分类。

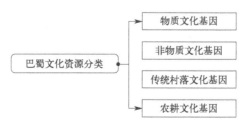

图 3-2　巴蜀文化资源分类

第一节 物质文化基因谱系

物质文化是为了满足人类生存发展需要而创作的物态对象，它是社会文明的基础，更是文化最为直观的载体。"巴蜀"地处我国西部腹地，幅员辽阔、历史悠久、文化灿烂，拥有丰富多样的物质和非物质文化遗产资源。其中丰厚的物质基础促进了物质文化的极大繁荣，这些遗产和遗迹既具有重要的历史价值，又具有极高的艺术审美价值，也具有独特的地域特色和鲜明的个性特征，并且这些在历史与现实中积淀下来的大量物质财富也使之成为中国古代物质文化宝库的重要组成部分。

一、巴地的物质文化基因谱系

根据考古资料、文献记载，以及现存的巴人遗风遗存将巴地的物质文化基因分为遗址古迹文化基因、建筑文化基因、青铜文化基因以及生产文化基因，如图3-3巴地物质文化基因谱系图。

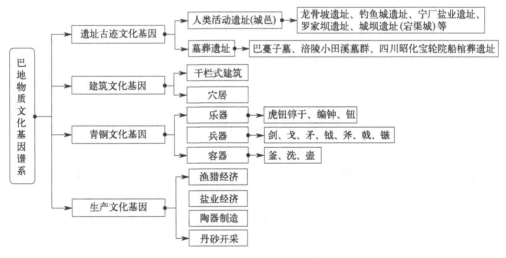

图3-3 巴地物质文化基因谱系图

1. 遗址古迹文化基因

遗址古迹是古代先民对生产生活区域中的自然环境进行利用与改造过程中留下的生活痕迹，包括居住群、村落、都城等，其蕴含的历史文化价值与现实意义都是多元且弥足珍贵的。巴地的遗址古迹可分为墓葬遗址与人类活动遗址（聚落、城邑）这两大类别，主要包括了重庆、四川、湖北、陕西等地区，如表3-1巴地遗址古迹分布。

表 3-1 巴地遗址古迹分布

省份(市)	城市	（墓葬）遗址			聚落、城邑	
		国家级文物保护单位	省级文物保护单位	其他	历史文化名镇	其他
重庆	重庆	龙骨坡遗址、钓鱼城遗址	巴蔓子墓、涪陵小田溪墓群、中坝遗址、双堰塘遗址、余家坝遗址、宁厂盐业遗址	云阳李家坝遗址、冬笋坝遗址	石柱县西沱镇、江津区中山镇、酉阳土家族苗族自治县龙潭镇、江津区塘河镇、綦江区东溪镇、巴南区丰盛镇、铜梁区安居镇、江津区白沙镇、巫溪县宁厂镇	奉节县
四川	达州	罗家坝遗址、城坝遗址（宕渠城）				
	巴中		凤凰包遗址		巴州区恩阳	
	广元		朝天峡古栈道遗址		元坝区昭化镇	宝轮镇宝轮院土司城
湖北	恩施	鱼木寨（聚落）				
	宜昌	长阳香炉石遗址				
陕西	汉中	宝山遗址				

这些墓葬遗址与人类活动遗址（聚落、城邑）文化基因是巴地历史文化的见证，蕴藏着丰富的文化内涵。遗址的土壤地层学变化可以证明远在夏商时期就已有巴人的生活痕迹，并一直延续到战国、汉代之后，巴人在历史发展过程中虽然常有迁徙，但根据遗址古迹也能考证到巴人主要的迁徙路径以及生活居住地。遗址中发掘的青铜器、陶器、玉器等文物也反映了巴人的生活痕迹，历史古迹中发现的一些建筑遗址、墓葬遗迹反映了巴人独具地域特色的悬棺葬、船棺葬等丧葬习俗，干栏式、岩居等生活居住方式，以及渔猎、盐业、丹砂等生活生产文化。如图 3-4 巴地遗址古迹文化基因谱系图。

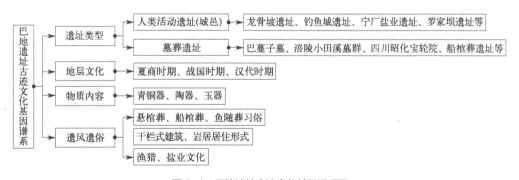

图 3-4 巴地遗址古迹文化基因谱系图

2. 建筑文化基因

巴人迁徙的文化特性让巴地建筑文化形成一种泛中心化的文化基因，根据巴人沿长江、嘉陵江迁徙的路线，不难发现重庆、达州、广安、汉宣、阆中等地都留有巴人建筑遗存，比如现今保存较好的广安石头城、罗家坝遗址、宜昌巴王宫成为巴人的建筑实例与遗存。川东地区的巴地建筑类型以干栏式建筑为主，也包括少数的穴居建筑类型，其中干栏式建筑在巴蜀地区已发展较为成熟，十二桥建筑遗址中有保存较好的商代大型宫殿式木结构建筑与小型干栏式建筑遗迹。虽然巴蜀两地的建筑有一定的相似之处，但蜀地因优越的地理优势以及外来文化的渗入，主流建筑在其并入秦以后就从干栏式建筑转化为抬梁式宫室建筑，如图3-5干栏式建筑与抬梁式宫室建筑。但巴地因为其山地地理特点却无法向抬梁式宫室建筑发展，受此影响干栏式建筑在巴地广泛存在。

图3-5　成都十二桥商代干栏式建筑（左）、汉代画像砖中的抬梁式宫室建筑（右）

（来源：刘敦桢《中国住宅概说》、孙大章《中国民居研究》）

古代巴人的建筑已无法确切考证，现主要以重庆、达州、广安、汉宜、阆中等巴文化范围内的建筑文化为主要研究对象。巴地位于四川盆地东南部，地形崎岖，山高坡陡，以山地、丘陵为主，其气候与同样流行干栏式建筑的东南亚地区极为相似，常年温暖潮湿，日照少，且多雨多雾，巴渝地区的重庆也因此被称为"雾都"。这些自然地理环境因素影响着巴地人民在建筑发展上的选择，而干栏式"架空、吊脚、挑檐"等建筑构造形式，正是巴人为适应当地的气候环境与地理空间而设计的，也因此形成了巴人迥然相异的建筑文化。根据干栏式建筑建造的空间形态可分为水平式与垂直式，其中最具巴地特色的当属垂直式，因为巴地地形崎岖且山地高差较大而出现了此种建筑形态。复杂且破碎的建筑基地造就了起、承、转、接等多变的建筑方式，相比平原地区的水平式建筑形态布局更加自由；不同的高度产生了不同的生活台面空间，但这种垂直重叠分台的形式完美地消解了较大的高差，很好地适应了巴地的山地地形。干栏式建筑以木构体系为主，根据其建造类型又可划分为全干栏式与半干栏式，早期是以全干栏式建筑为主，而后期为适应不同地形而逐步发展为半干栏式，同时针对不同坡度还可采取分台式与靠崖式的建造方式。干栏式建筑的构筑技术以穿斗式构架为主，竖向构件包括柱、檩，起到一个承重的作用，横向的构件称之为穿枋，不仅有拉结联系的功能更有承担受弯的作用；纵向的构件有梁枋、檩条等，主要起到联系拉结和固定屋架的作用。而榫卯是构件之间的连接方式，榫卯作为中国传统建筑的特色之一，有效防止木质构件间的松动，能够起到很好的固定作用。干栏式建筑材料以砖木混合、石木混合、土木混合三种为主，其中以木穿斗构架、砖墙、砖柱为主的砖木混合材料是巴人使用较多的。干栏式建筑根据气候地形而筑造，为了适应巴地湿润潮湿、夏长酷热、降水较多的气候特点，其建筑与地面脱离，全干栏或半干栏下面的架空区域，创造更多生活空间的同时也利于通风避潮，有些区域的建筑修建成环抱的形式更是有利于阻挡雨水的进入。并且在巴地传统民居建筑中还有挑檐、挑廊的结构，有防雨的效果，在夏天也能有效减小室内受热面积，起到遮阳避暑的作用。

穴居或称为"岩居"，属于人类远古时期的居住形式之一，在我国有南方山地地区以山洞为主的"岩穴居"以及北方黄土高原地区的"土岩居"。位于西南山地区域的巴族先民也与岩居有着深刻的联系，最早关于巴人先祖廪君的记载有"出于武落钟离山赤、黑二穴"。据一些史料的考证：自巴人祖先开始就有岩居的生活方式，这种建筑形式从巴人祖先到如今巴人后裔——土家族，经历千年的演变仍保留着一些岩居生活的习俗。因此土家族人也被称为"峒蛮"，其中峒指的就是山地洞，也由此有了"蛮不入境，汉不入峒"的民间说法。但随着我国的改革开放与社会发展，西南地区的岩居建筑逐渐式微，现如今只有湖北省利川市长坪船头寨的最后一座岩居，这里的岩居建筑都是结合天然的山地地形，在此基础上进行外屋的搭建，因此这些岩居从外看为屋，但内部实则为岩洞。早期的岩洞屋是直接在天然洞穴上搭建篱笆为边界，合理利用岩洞的特点，减少了人工的消耗；到后期随着人类文明的进步以及社会的发展，岩居的建造也逐渐得到完善，采取一些木材、石板等现代建筑材料，对岩洞进行改造。岩居大多靠山，而靠山的岩壁也自然成为房屋背后的墙壁，内凹的岩穴也省去了屋顶的建造，天然岩石、山洞建造的岩居房遮风挡雨，冬暖夏凉。居于岩洞不仅体现出巴人与自然和谐相处的民族自然观与价值观，也从某种程度上反映出巴人对山神、大石的原始崇拜信仰，如图3-6岩居建筑。

图3-6　岩居建筑（自摄于湖北省恩施州高坪地区）

巴族人民在特定的区域建造房屋顺应了地理与环境，形成了独具特色的干栏式建筑与穴居建筑文化基因，如图3-7巴地建筑文化基因谱系图，在建筑的空间形态、构架、材质与功能等方面跟随地形，就地搭建，并与当地的自然环境得到良好的融合，充满浓郁的巴地风土气息。

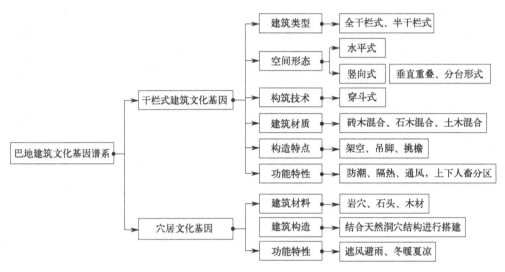

图3-7 巴地建筑文化基因谱系图

3. 青铜文化基因

我国青铜文化经历了15个世纪，至今已有2000年的历史，而巴地进入青铜时代较晚，在商代中晚期才出现青铜文明，滞后主要由两方面所致，一是因为巴人赖以生存的地理环境，巴族先民长期生活于山区，稳定的生活环境也阻碍了与外来文化的交流，使其文化发展程度远远落后于平原地区。二是因为巴人以渔猎为生，这让巴人的生产方式与农业部落产生了差距，因此，围绕单一生活方式设计的青铜器类型与形制也在很长一段时间内保持统一。西周王朝以后，巴人加强了对外交流，逐步受到中原文化、蜀文化、楚文化等先进文化的影响，让巴人的生产生活、经济文化发生转型，并在春秋晚期迎来了巴地青铜时代的巅峰。具体来讲，巴地最早的一些青铜器是出土于清江流域香炉石遗址的一些从属于日常生活用具的铜器小件，比如青铜鱼钩、铜锥、铜环等，其时代大约在商代中晚期。战国时期，陆续出土了众多青铜器，以及一些范模、铸范等遗物，特别是晚期巴文化最具代表性的青铜器"虎钮錞于"，采用合范铸造法，体型比例均匀，表面有云雷纹和旋涡纹的精美纹饰，上方虎头以错银云纹装饰，整体错综复杂、精雕细刻。这些足以证明巴地的青铜文化在这一时期得到了较好的发展，工艺技术也发展成熟，让青铜工艺顺势发展为巴地独具地方特色的手工艺之一。

巴地出土的青铜器众多，形制与类型繁琐，其中兵器、容器，以及乐器这三种形制带有明显的巴地文化特征，如表3-2巴地青铜器类型，其余大多数青铜器物都是在外来文化的基础上改造而成，并未有太大的创新。

表 3-2　巴地青铜器类型

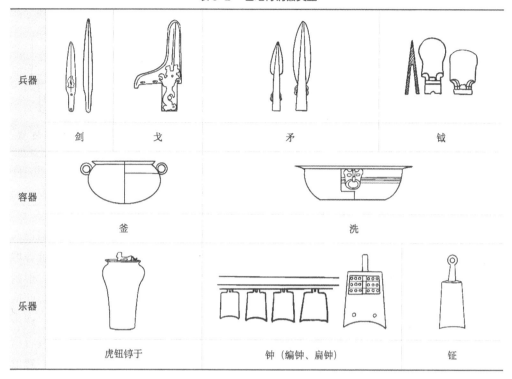

（1）兵器

巴人有崇武的民族风俗，巴地出土的青铜兵器数量多、类型丰富、特点突出。兵器主要由短兵器剑、铍、斧，长兵器戈、矛、戟，及远程兵器镞等组成。其中青铜斧、青铜戟的出土数量较少，在巴地遗址中出土较多的是青铜兵器"镞"，但这些兵器的形制与蜀地、中原地区等区域相差不大，形制与纹饰上有特色的主要是剑、戈、矛、铍这四大类。巴人的铜剑数量较多，在重庆涪陵小田溪巴王墓就出土了12件青铜剑，云阳李家坝东周巴人墓地出土了柳叶剑32件，冬笋坝和昭化宝轮院船棺葬遗址出土了众多形制相似的巴剑。据考证，巴地出土的青铜剑是由中原地区的剑形改良而来，其形似柳叶，剑刃平直，剑身有中脊，两旁斜仄，被称为"柳叶形剑"，是巴人的代表性兵器之一。按剑的形制可分为柳叶短剑和柳叶长剑；而按剑的时期以及分布区域来看，也可分为早期、中期与晚期三个阶段的不同类型。总体而言，巴人的铜剑在历史沿革中不断演变，形制上，从早期的10～20厘米的短剑，发展到中后期30～40厘米的长剑，最长更是达到66厘米；纹饰上，从素面逐渐到复杂的纹饰，比如虎纹、兽面纹、蜷曲纹等形象逼真、刻画精美的纹饰。"戈"属于格斗长兵器，结合木柄成为钩杀兵器，也称为勾兵。巴地也出土了大量战国时期的虎纹戈，涪陵小田溪巴王墓出土铜戈8件，云阳李家坝东周巴人墓地出土铜戈6件，巴人船棺葬遗址等地也出土若干铜戈，共计30余件虎纹铜戈。根据其类型与形制学者杨勇将其分为甲类、乙类、丙类、丁类、戊类、巳类六大类别，如表3-3虎纹戈形制类别。

表 3-3　虎纹戈形制类别（来源：杨勇《论巴蜀文化虎纹戈的类型和族属》）

甲类	乙类	丙类	丁类	戊类	巳类
直援，上刃较平直，锋部一般较圆润，中胡，长方形内，内上多圆形穿	直援，援本两侧外延成双翼，长方形内，内上多菱形穿	长条三角援，无胡，长方形内，内上水滴形穿	援部微曲，锋部较尖锐，中胡，阑较明显，内上长条形穿	直援，中胡，援本上侧外延似短胡，长方形内，内上多圆形穿，整个戈身呈不对称"十"字形	援身较宽，近梯形，无胡，长方形内，内上圆形穿

关于巴地铜矛的出土情况包括：涪陵小田溪巴王墓出土5件，云阳李家坝东周巴人墓地出土31件，冬笋坝、万州中坝子、巴东西瀼口、秭归兵书宝剑峡悬棺葬遗址等地均有发现。巴地出土的矛，根据骹长可分为长骹矛与短骹矛，两种形态差距不大，形制上在整个战国至汉初时期都未有大的改变，基本保持着矛脊部突出，矛叶锋利，尖叶形的形制。主要产生变化的仍然是纹饰，巴地铜矛从最初的素面、鸟纹或螳螂纹饰，逐步演变为巴族特有的虎纹、手心纹等巴蜀特有符号。"钺"属于斧类兵器，较为大型者称为"钺"，小型者称为"戚"，其特征为圆刃，体厚，横截面呈阔叶形，中腰收缩，腰以上形成肩，有平肩和钩状肩，形体有较大的、中等和较小这三大类别。巴族青铜钺是巴族地区青铜器中的特征性器物之一，该兵器有厚且重的形制特点，缺乏灵活性，实用性不强，巴族铜钺多作为祭祀的法器或陪葬冥器，或是作为征伐权力的象征性兵器，较少作为战争兵器。

（2）容器

巴地出土的青铜器以"釜、洗"为典型代表，且数量较多。"釜"在巴地是先民生活用具中最为重要的煮器，体型较大，圆底大口，与中原地区的鼎形成对比，也成为巴人最具代表性的容器形制。早期的釜是陶制的，随着青铜文化的渗入，铜制的釜也开始盛行。早期的陶釜形制多样，并不规范，材质也较为粗糙，纹饰比较原始，以实用为主；中期随着工艺技术的发展，形制逐渐规范，铜釜身上出现了一些绳纹等防滑纹样，还出现了既有装饰功能又带实际功能的双耳造型；随着冶炼技术的成熟，材质铁的流行，铜釜也逐渐演变为铁釜，成为现代锅的原型。"洗"常用作日常盥洗用具、容器等，最早出现于战国晚期，在汉代流行。不少出土于巴地的铜洗底部、内里还绘有双鱼纹饰，铸有吉祥语、纪念铭等。

（3）乐器

善歌善舞的巴人，让乐器在巴地出土的青铜器中也占有一席之地，不同于多出土于墓葬遗址的兵器与容器，乐器极少出现于墓葬中，巴地的窖藏遗址中出土较多。

这些乐器以虎钮錞于、编钟、钲等军乐器为代表，一定程度上反映了巴人善舞尚武的民族风俗。最为典型，且最具巴人特色的当属"虎钮錞于"青铜打击乐器，该乐器形态呈椭圆筒形，凸肩，似上大下小的圆台形，足口平直，盘面侈口，中央立虎钮。錞于乐器的演奏形式有两种，第一种是用绳子系在虎钮之上将其悬挂使用，演奏时用槌子敲打錞于的肩部，即可发出铿锵顿挫的震响，这种方式较为普遍且多用于军事战争之中；第二种是娱乐性演奏形式，只需将錞于持抱或悬挂，直接用手拍打，清响良久，多用于为歌舞伴奏。錞于在巴族先民的生活中有着多种用途，最为重要的是用于军事，在战争中通过不同的击錞方式来表示不同指令，以实现在战争中指挥战阵的作用；也用于祭祀礼事之中，巫风浓郁的巴地，虎钮錞于也成为重要的祭祀礼器之一。特别是巴人将人面刻于錞于上方的平盘，凸显出巴地"人首献于虎"的民族信仰，巴人在继承錞于原有的纹饰基础之上，还将巴族特有的"人祭"传统延伸至此。它还用于宫廷宴会的娱乐，汉以后，巴人生活已远离了战争，往日的军用乐器也逐渐转移到巴族先民的日常生活中，錞于也广泛应用于各种宫廷宴会、集会活动的娱乐之中。除了錞于，钟也是巴人生活中常见的金属撞击乐器，钟的形制可分为编钟和扁钟。编钟是组合型乐器，其数量多，体型庄重，工艺制作成本高，多被上层统治阶级使用，而巴地出现编钟多是受西周文化、秦楚文化影响。扁钟则为独立单件的乐器，并不能单独成乐，主要作为节奏响器，配合錞于、钲等乐器使用。因为巴地出土的扁钟较其他地区数量众多，也被称为"巴钟"。钲也称为"丁宁"，属于打击乐器的一种，其形如小钟，钲体与扁钟的形态相似，一端有长柄，可执柄敲击。铜钲演奏功能较为单调，主要是发单音，其功能或与錞于相似，用于祭祀的情况较多。巴地钲的形制与江浙地区的句鑃相似，因此也有学者认为受长江流域音乐文化的影响，虽其音色、工艺不如句鑃，但巴地铜钲上出现的虎纹也体现出巴族先民根据自身民族、信仰等方面的地域特点，有目的性地吸收或改造外来文化的特性。

通过对巴地较为重要的青铜器类型进行分析后不难发现其中蕴藏着属于青铜文化特有的技艺文化、功能文化以及独具巴地特色的装饰文化基因，如图3-8巴地青铜文化基因谱系图。巴地的青铜艺术反映了巴地巫风浓郁，巴人的尚武精神以及白虎崇拜的民族特性。因为生活在原始自然的山区，巴人不讲究形制、纹饰的精美，更加注重青铜器的实用功能，体现出巴人文化性格中"蛮"的特质。

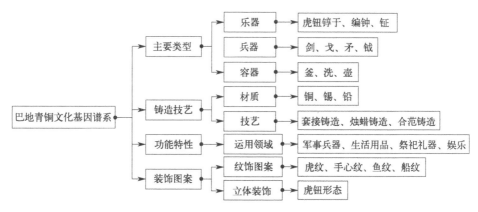

图3-8 巴地青铜文化基因谱系图

4. 生产文化基因

巴地的生产文化基因以渔猎经济为主，其次巴地盐业、制陶业以及丹砂也是巴人的代表性生产文化基因。

我国渔猎历史悠久，三峡地区最早的新石器时代城背溪文化遗址的发现可以证明，渔猎资源在当时已经被当地先民利用，而位于三峡地区以及附近地带的巴族先民更是以渔猎为生，很多考古资料都有巴人渔猎的遗存。巫山大溪遗址中就发现了大量由鱼骨、蚌壳制成的装饰遗物；墓葬中还有鱼、龟等生物陪葬。夏商周时期，在三峡地区、清江流域的巴地也发现了大量渔猎遗存，比如鱼骨，以及骨制的骨锥、骨针、骨刀等生产工具与生活用具。而战国至两汉时期的巴人受移民迁徙以及中原等外来文化的影响，其社会经济类型发生了一些转变，从渔猎经济逐渐走向农业经济，但其渔猎经济在很长一段时间内仍然占据了巴人社会生活的主流地位。这一时期不仅出土了一些与渔猎相关的遗物，也发现了众多刻有鱼纹、船纹等纹饰图案的青铜器，这些刻有鱼纹的生活用品不仅代表了巴人经济生产的一种方式，更表明渔猎文化从意识形态上对巴人的生活产生了不可磨灭的影响。同时，流行于战国时期的船棺葬等，反映出沿水而居的巴人生前以渔为生，以船为家，死后也以船棺为葬具，并以鱼随葬的习俗。三峡地区新石器时代、夏商周时期的遗址考古发掘中与渔业相关的遗存足以证明，在该地区长期存在的渔猎社会经济形态，出现这种现象的原因与巴地独特的自然环境密切相关。

巴地除了丰富的渔猎资源外，盐业也是巴地生产业的重要门类之一，在巴人祖先廪君时代就已有因"此地广大，鱼盐所出"而向盐水部落扩张的史料记载，更有巴族"因盐而生，因盐而衰"的说法。巴族所处的三峡地区蕴藏着十分丰富的盐业资源，根据《水经注·江水》的记载，在四川盆地东部地区的沿江一带有众多盐泉、盐石，如今经过现代地质勘探也证实三峡地区的盐矿总量可达2860亿吨，四川盆地以及附近地区也分布了20余个盐盆。在重庆忠县中坝遗址中发现的大量遗物、遗迹与盐业有着密切的联系，比如一些制盐卤水水槽的痕迹、煮盐的盐灶，以及陶角底杯、敞口深腹形制的尖底缸等制盐工具，都展现出古代巴人的制盐工艺。巴人盐业经济的表征还涉及巴盐古道、庙宇、会馆，民间习俗上也能寻得一些遗存。巴盐古道是巴蜀地区盐业经济发展过程中盐的对外运输与贸易的重要通道，而为了更好地组织大量涌入的盐贩商人，或方便盐商们在贩盐道路上歇脚休息、进行交易，巴盐古道上的城镇中不断出现了各类会馆、庙宇建筑。比如位于重庆酉阳的龚滩西秦会馆，就是由陕西商人修建，成为陕西行脚商人聚集、议事、祭祀甚至听戏之所。除此之外，很多民间习俗也因盐而生，比如巴人后裔——土家族的民间习俗"烧黑神"、重庆云安地区的"龙君节"、巫溪地区的"绞篊节"等习俗都蕴藏着巴人祈求火神保佑熬煮盐水顺利，祈求龙王保佑盐业生产顺利，期盼改善与提高盐业生产等与盐业相关的民族信仰。

制陶是早期巴人为制造生活用具而兴起的手工业之一，根据考古发现在三峡地区出土了大量的陶器用具如圜底罐、圜底釜、圜底盘、曲腹杯、钵器盖等陶器。可以看出与平原地区的三足器、鼎等形制不同，巴人的陶器以圜底器为主，以及部分的平底器、尖底器等,"多圜底器少三足器"是三峡地区巴人制陶文化的显著特征,可以说圜底器一直受到巴人的青睐,并贯穿了巴人生活的始终。陶器的类型以釜、罐、钵、盘等为主,其中作为生活炊器、容器,且以"釜""罐"为特征的器型出土数量最多,在整个陶器器类中占据很大比例,特别是"釜",釜文化在巴文化遗址中从古至今延续下来,从早期的陶釜,到战国发展成为铜釜,至今在巴人后裔土家族也流行着铁釜器皿,也因此成为巴文化的一种传统性、代表性的器类。陶器制作的材质主要以夹砂灰褐陶为主,重庆地区出土的陶器中夹砂红陶材质的陶器也较多,陶器早期以素面为主,后期带有一些绳纹、波浪纹、麦穗纹、三角纹等简单纹饰图案。陶器以生活用具为主,但巴人也将陶器作为祭祀礼器,在很多出土的巴人墓葬中能够发现用陶器器皿作为随葬品,表现出巴人的原始信仰以及"事死如生"的人生观念。

巴人的生产文化基因在渔猎经济、盐业经济,以及制陶、丹砂方面都有一定成就,并表现出巴地自成一格的地域文化基因,如图3-9巴地生产文化基因谱系图。可以说,巴人以其独特的生产方式和生活方式创造了丰富多彩的物质文化遗产,在如今也具有较高的学术价值与社会价值,对研究中华民族的发展史、社会史和民族史等都有重要的意义。

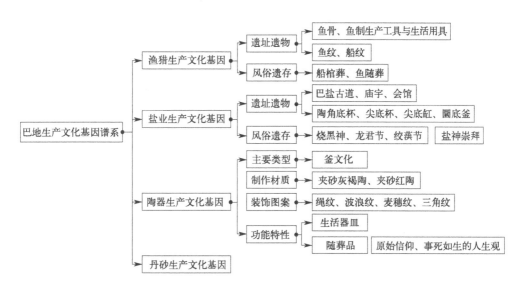

图3-9 巴地生产文化基因谱系图

二、蜀地的物质文化基因谱系

蜀地的物质文化遗产众多,例如各类城市、陵墓、祭祀、建筑遗址,其中就包括"沉睡数千年,一醒惊天下"的三星堆文化,还有以寺庙、宫观、摩崖石刻、文化遗址、园林墓葬画像砖为主的历史古迹,以及从古至今的井盐、纺织、漆器、竹编等生产技艺,如图3-10蜀地物质文化基因谱系图。

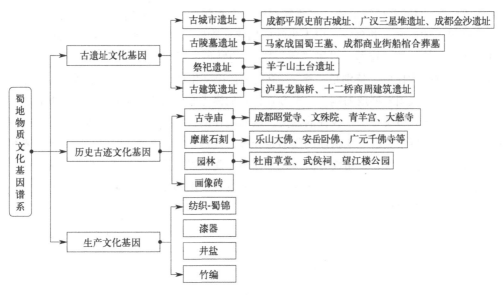

图 3-10 蜀地物质文化基因谱系图

1. 古遗址文化基因

遗址是古代蜀人生活生产活动中遗留下的一系列改造自然的痕迹，由于四川地区得天独厚的自然条件，深受先民青睐，也因此留存许多古遗址。根据统计，四川地区的古遗址数量超过 200 处（如表 3-4 四川地区部分重要古遗址统计），其中三星堆、金沙、羊子山土台、十二桥商周建筑等大型遗址，被国家授予"重点"头衔，公众认同率较高，成为四川地区最具代表性的古遗址，所以在蜀地古遗址文化基因谱系的梳理中也对这些最具代表性的遗址进行深入分析与研究。

表 3-4　四川地区部分重要古遗址统计（来源：唐毅《四川地区重要古遗址的分类》）

序号	年代	名称	分布	类型
1	五代	王建墓	四川成都	陵墓
2	清代	燊海井	四川自贡	生活
3	商	三星堆遗址	四川广汉	城市
4	隋	邛窑遗址	四川什邡	生活
5	宋	僰人悬棺葬墓	四川珙县	陵墓
6	西汉	郪江崖墓	四川三台县	陵墓
7	明	蜀王陵	四川成都	陵墓
8	明	龙脑桥	四川泸县	古建筑
9	明	真武山古建筑	四川宜宾	古建筑
10	明	泸州大曲老窖池	四川泸州	生活
11	新石器时代	罗家坝巴人遗址	四川宣汉	城市
12	新石器时代	成都史前平原遗址	四川成都周边	城市
13	商	十二桥遗址	四川成都	古建筑
14	东周	成都古蜀船棺合葬墓	四川成都	陵墓
15	明	松潘古城墙遗址	四川松潘县	古建筑
16	明	水井街酒坊遗址	四川成都	生活
17	新石器时代	营盘山遗址	四川阿坝	城市
18	周	金沙遗址	四川成都	城市

续表

序号	年代	名称	分布	类型
19	战国至清	剑门蜀道遗址	四川广元	古建筑
20	新石器时代	中子铺遗址	四川广元	生活
21	新石器时代	高山古城遗址	四川大邑	城市
22	汉晋	绵竹古城遗址	四川绵竹	城市

蜀地古城市遗址中最具代表性的当属广汉三星堆遗址、金沙十二桥遗址，除此之外，成都史前平原城址群在考古学上也有很大的价值。发现于1995～1996年间的成都史前平原城址群所代表的文化早于三星堆文化，是四川成都地区最早的史前文化。对其进行的考古发掘与研究的情况可划分为三个阶段，包括1980～1995年的酝酿起步阶段，1995～2005年的发展与成效阶段，以及2005年至今的深化与突破阶段。成都史前平原城址群包括了宝墩遗址、郫都区古城遗址、都江堰芒城遗址、温江鱼凫村遗址、双和古城遗址、紫竹古城遗址、盐店古城遗址、高山古城遗址8个大大小小相继开发出的遗址。这些遗址虽然时代早晚略有差别，但其表现出的文化风貌较为相似，它们互有一组贯穿始终且独具特征的器物群，比如各类石器、陶器等，所以属于同一考古文化遗产。其中以新津宝墩文化遗址最为突出，因其位于中心位置，拥有较大的规模与丰富的文化内涵，许多学者也将这一古城址群称为"宝墩文化"遗址。这一时期的蜀人居住在有方形的地面和木骨泥墙的小型房屋建筑中，使用打磨的石器工具，从各类手工小平底陶器和圈足陶器等生活用品，可以看出这一时期的蜀人有着安定的农业生活。

三星堆遗址在1929年被首次发现于四川省广汉市城西的鸭子河畔，20世纪80年代成为三星堆遗址发掘的鼎盛时期，出土了青铜器、象牙、金器、玉器、石器、陶器等大量文物，取得了惊人的考古成果。三星堆遗址获得全国乃至世界极高的评价，主要在于其反映了高度发达的青铜冶铸技术、造型艺术，和玉器加工技术等成熟的手工业生产技术；并且三星堆遗址中有一定规模的政治中心性质的古城、较为完善的宗教礼仪祭祀制度，以及自然水系与人工水系相结合的水利技术等社会文化。但三星堆遗址最为典型的物质文化之一——青铜文化一直占据三星堆遗址的主导地位，因其反映了极高的青铜铸造技术与极其强烈的地域文化特色，让其成为古蜀青铜文化最为灿烂的篇章。技术上，三星堆的青铜器铸造技术有两个工艺的特点，一是与中原地区青铜器的合金比例不同，主要采用铜、锡、铅合金材料，二是采用铜液浇铸工艺，以及各种焊铆法、补热法、分铸法、浑铸法等多种技艺手法。除了成熟的技术，其青铜器造型也别具匠心，各类神树、人立像、面具、龙形器、太阳轮等种类繁多的青铜文物大致可分为人物类、动植物类以及其他类型，它们有的淳朴古拙，有的诡异神秘，具有强烈的震撼力与感染力。形态各异的人物造型或站立、或跪坐等，人物面部或写实或夸张，粗眉大眼、鼻梁高挺、嘴角下勾、方颐大耳，被认为是古蜀先民形象的写实刻画。其中造型最奇特、最怪诞的还属享有"千里眼、顺风耳"之称的青铜纵目面具，超现实的表达，以及面目威武、神情威严的造型使得古蜀青铜文化透露着神秘与庄严的气息。动植物类型中较为典型的是出土于三星堆二号祭祀坑的神树，由底座、树身、龙三大部分组成，采用了分段铸造，以及套铸、铆铸、嵌铸等多种工艺共同完成。对于其内涵与功能学界有多种解释，有学者认为神树上各种装饰性的龙、鸟造型，是古蜀人民氏族的标志，是一棵图腾树；也有学者认为从高大的体型以及出土的区域来看，被认为是祭祀礼仪过程中用于通天的神物，是古蜀先民心中的"登天之梯"，表达出古代蜀人的通天观念。除此之外还有大量鸟类造型，从中体现出古代蜀人对太阳神鸟的崇拜，各类权杖青铜器是古蜀人权力的象征。这些品类丰富、造型生动、工艺精良的面具、立像、神树等青铜器，因其与众不同的造型、神秘的色彩，令人震撼与敬畏，体现出古蜀先民的独特社会意识与宗教礼制。三星堆遗址出土的青铜器不仅造型生动，其纹饰更是别具一格，纹饰类型主要包括兽面纹、动物纹、几何纹等，因与蜀地的崇拜的信仰相关，青铜器中的鸟纹、太阳纹、眼睛纹等最具特色。蜀人对万物中的鸟、太阳、树等自然物有着天然的崇拜，崇尚万物有灵，而这种意识形态的观念也表现在了青铜器的纹饰上。

金沙遗址作为三星堆遗址文化的延续，出土文物中的三星堆元素也比比皆是。根据考古学家的大规模发掘，出土了丰富的文物，包括各类金器、玉器、青铜器、石器等，还有大量象牙、野猪獠牙、鹿角，数以百万的陶器、陶片等。其中以金器最为突出，其数量和种类是先秦时期中国出土金器最多的遗址。主要有金杖、金面罩、金冠带、金虎形饰、金鱼形饰、蛙形金器等。其中含金量最高的金器当属2001年出土的太阳神鸟金饰，器身极薄，内层为等距的十二条弧形芒饰，外层是四只等距分布的神鸟图案，线条简约流畅，充满强烈动感。形似太阳的旋涡图案，以及展翅飞翔的神鸟，集中体现了古蜀先民崇日、崇鸟的民族信仰。金沙遗址的青铜器造型风格与三星堆遗址出土的器物非常相似，一些鱼鸟、人头图案与三星堆出土的金杖纹饰完全相同，专家猜测为同一氏族中带象征性意义的图案，也由此反映出金沙文化与三星堆文化间的内在联系。金沙文化与三星堆文化是古蜀国两种重要的文化，有学者认为金沙文化，是三星堆文化内部的分裂，或因战争，让人们来到距离三星堆30千米的金沙地区重新建立国家政权，也因此保留着以前的一些祭祀习俗与图腾崇拜等。

古陵墓遗址是古人因厚葬观念而修建的一些陵墓的所在地，四川地区也分布着众多陵墓遗址，上至帝王下至普通平民都受到传统观念的影响而修建陵墓，较为著名的有东周船棺合葬墓、战国蜀王墓、五代王建墓等。成都商业街船棺合葬墓于2000年被发现，整个船棺墓面积约620平方米，这里出土的各种木棺葬具数量之多，体量之大，是晚期蜀文化中最大规模的船棺合葬墓。这些葬具由棺盖和棺身两部分组成，用楠木制作，墓中还出土了各种漆器、铜器、陶器，以及竹木器等随葬品。其中漆器最为显著，随葬器物中有大量精美的漆木器，如耳杯、盘、盒、簋、案、梳子等，可见那时人们的生活很讲究，也反映出当时古蜀地区漆木器制作技艺相当发达。考古人员在发掘船棺内部时还发现了很多陶瓮，里面留存了与生活有关的物品和食物，如植物的种子、果核、鹿肉等。里面的果核为桃子的果核，鹿肉的出现与金沙遗址内发现的鹿群生活遗迹契合，能充分反映出古蜀人在稻作耕种、食物索取方面的生活状态。商业街船葬所提供的实物资料，为研究古蜀人早期的社会制度、重大历史事件等提供了佐证。比如其墓葬所在位置，为了解战国时期成都城的具体方位提供了重要的线索。同时，墓葬中出土的丰富文物相比于同时期的诸多遗址实属罕见，它独特的墓葬形制、规整布局、随葬器物，以及器物上的彩绘或符号，也显示出当时古蜀国自成一套的宗教墓葬礼仪等，为四川古代巴蜀文化的研究增添了许多崭新的内容。

除此之外，发掘于成都新都的马家公社地区的蜀王墓，是战国时期的遗存，距今已有2000多年的历史。该墓呈"甲"字形，面积约150平方米，根据资料推测为开明王朝时期的蜀王墓。里面的葬具也多为船棺，并在此出土了长6.1米，宽约1米的最大的船棺墓葬，此墓中挖掘出不少商周及战国时期的陶器、青铜器、漆器等宫廷用品。这些陵墓古文化遗存在中国古代社会中有着重要地位，它们反映了当时人们对生命与死亡的态度和情感，同时还代表了时代发展的方向及思想内容，体现出蜀地先民们崇尚自然、重视人的价值以及追求完美的精神，这对于研究中华优秀传统文化具有一定的意义。

蜀地的祭祀遗址除了三星堆遗址、金沙遗址外，还有建于商代至战国之间，废弃于战国晚期至秦的羊子山土台遗址等，该遗址距离金沙遗址不远，有着相当的规模与等级，考古学家推测羊子山土台当属东周时期原高台建筑流行的背景下，由金沙地区的先民建造的。整个土台为平地建起的正方形，呈现出三级台阶状，但因年代久远多有损坏，但根据每级台阶的高度以及相关资料考证，有学者认为其原本应为五级台阶。并在台身上发现了大批战国以前的墓葬，台址上出土了一些陶片、石壁残块、石凿、残石斧、兽骨、兽齿，以及树枝印痕、灰烬等遗物。关于羊子山的性质学者各有所见，孙华认为是古蜀先民用于观望、集会、或祭典之所；林向则认为可能是祭坛，带有宗教的性质；杨有润认为是灵台。无论是何种性质，根据出土的文物以及建造的形制来看，当时的古蜀国手工业生产较为繁荣，社会信仰与宗教礼制也日趋成熟。

古建筑遗址是历史发展中人类文明发展的重要见证之一，既可供人们居住、使用，也带有一定的观赏与审美艺术价值，被蜀地文化晕染的古建筑也展现出独特的地域文化内涵。蜀地出土的古建筑遗址众多，其中以泸县龙脑桥建筑以及十二桥商周建筑遗址最为著名。泸县龙脑桥距今已有2100余年历史，是四川罕见的大型石雕龙桥，其造型雄伟，雕刻精细，极具地方特色。泸县的桥数量繁多，巅峰时期达429座，现如今保存下的约140多座，桥的建造样式多以平梁式石板桥为主，桥上石雕多为圆雕。其中位于卢锡安大田乡九曲河上的龙脑桥最为典型，上面除了雕有龙，还雕有麒麟、青狮、白象等灵兽共8座石雕，其造型精美、比例均匀，蕴含着重要的文化与艺术价值。

而十二桥商周建筑遗址出土了保存较为完整的商代大型宫殿式木结构建筑以及一些小型干栏式木结构建筑群。以十二桥遗址为中心散开的金沙村、黄忠村、抚琴小区、新一村等地方都发现与之相似的文化遗存，十多个建筑遗址组成十二桥建筑遗址群。除了建筑遗址的发现，还出土了大量的陶器、石器、骨器、卜甲等生活生产文物，而出土的生活用具、农耕用品等也足以证明这是一处重要的蜀人生活遗址。其中小平底陶器、鸟头柄勺等具有浓厚的巴蜀风格，因此也将这种表现出典型地域特征的陶器群，且有别于其他考古类型的文化，称为"十二桥文化"。

在这些遍布四川各地的城市、陵墓、祭祀、建筑等古遗址文化中可以窥见当时古蜀人民的生活生产、民族风俗习惯中独具地域特色的文化基因，对这些文化基因进行深入分析与提取，形成了蜀地古遗址文化基因谱系图，如图3-11蜀地古遗址文化基因谱系图。

图 3-11 蜀地古遗址文化基因谱系图

2. 历史古迹文化基因

四川地区的古迹文化主要包括历代寺庙、石刻、园林等内容。这些古迹中，虽然在不同时期被破坏或严重损毁，但这些古迹既是物质载体，同样也是精神的代表，从这些历史古迹中可窥探古人的建筑技术与艺术手法。

四川地区不仅是道教的起源地，此地还盛行着佛教等宗教信仰，随之建起的寺庙也数不胜数。其中成都昭觉寺、文殊院都是四川地区的佛教活动场所，昭觉寺素有"第一禅林"的称谓，坐北朝南，为典型的十方丛林的建筑格局。文殊院中的佛教建筑也是四川代表特色之一，整体建筑面积约 11600 余平方米，建造布局为中轴对称，包括天王殿、三大士殿、大雄宝殿、说法堂、藏经楼，及两厢对峙的三重檐式钟鼓楼。青羊宫是道教宫观，被称为"川西第一道观"，其建筑有着精巧的工艺，比如双重飞檐建筑、黄色琉璃瓦漆大门、八卦亭、金龙抱柱、铜羊等都是其典型特色。成都大慈寺也是历史悠久，文化深厚，世传为"震旦第一丛林"，是法师玄奘受具足戒之处。其中最具特色的是寺中的名画与铜像，据记载该寺壁上有各种如来佛像 1215 幅，天王、明王、大神将像 262 幅，佛经变像 114 幅。

除了古寺庙等历史古迹以外，还有各种摩崖石刻，这种摩崖石刻最早是古代印度以石窟石刻的形式表现，后来传入四川地区。随着佛教的流传，四川地区摩崖石刻的风格不仅吸收各地石刻的优秀之处，还逐渐形成独具蜀地特色的石刻文化。蜀地的石刻具有分布广、规模宏大的特点，巴蜀地区的摩崖造像涉及的县多达50余个，"大佛"约10处，比如乐山大佛、荣县大佛、安岳大佛等，整体来看四川有许多巨大的摩崖造像，并且多因窟建寺，雄伟壮观。

蜀地因其独特的自然环境条件，以及人文气息，形成了具有地域代表性的巴蜀园林形式，现如今蜀地人保存着不少古代园林，后期也修建了许多现代园林，最为著名的古代园林包括三国的武侯祠，唐代的杜甫草堂以及明代的望江楼公园等历史古迹。

武侯祠实际为君臣合祀的庙宇——由刘备的惠陵、汉昭烈庙、诸葛亮的祠堂、三义庙四部分组成。此外，在武侯祠中的两尊塑像刘备、关羽都是以皇帝的装束造型进行建造，虽然关羽并未真正称帝，但后期被封为"关帝""真君""武安王"等，因此在后期的清代重建武侯祠时破例为关羽塑像穿上了帝王的"黄袍"装束，形成了一庙两帝并坐的局面。武侯祠中这些看似不合礼制的现象，却是蜀地民族文化与风俗的体现，而背后还蕴藏着博大精深的三国文化。

杜甫草堂是唐代诗人杜甫在蜀地躲避战乱时的旧居，称为"草堂"。由于历史久远多有损坏，历代官员也多次对其进行了修葺、扩建，并奠定了今天杜甫草堂的园林布局基础。在南北向的主轴线上布置了三座建筑："大廨""诗史堂""工部祠"，其间以回廊连接，点缀竹林、花坛、古树等植物，清幽古朴、别具一格。整个园林除了一些山、水、植物与建筑等要素，各种书画墨迹都在杜甫草堂中的楹联、匾额、题刻、碑记等地方，让园林处处蕴含古典雅致的历史文人气息。

成都望江楼是一个名人纪念园林，为纪念女诗人薛涛而兴建，整个园林也围绕着诗人的诗意人生、傲骨品性而建造。但关于望江楼的发展历程最早可追溯至明代时期，受蜀地人民敬仰先贤的人文传统影响，从最早的回澜塔，到嘉庆后逐渐增加的各类建造，光绪年间也多次增修相关景致，新中国成立后在郊外第一公园的基础上扩建并改为"望江楼公园"。整个公园分为开放区与文物保护区，其中薛涛井与薛涛墓，以及薛涛所爱的竹林都是围绕诗人而建造的，更有吟诗楼、濯锦楼、浣笺亭、崇丽阁等建筑，从侧面表现诗人的生活与性情，让整个望江楼公园因诗人的人生经历、文学素养等精神文化而更加富有诗意。

画像砖是流行于秦汉时期的一种建筑装饰构件，早期用于建筑装饰，到西汉中期在墓室中也有应用，东汉时期则达到了画像砖艺术的顶峰。画像砖多采用浮雕、透雕和线描等多种表现手法进行创作，题材广泛，内容丰富，反映了当时蜀地人民的生活与生产活动。在四川地区出土或留存的画像砖其题材可分为四种内容，第一种是与生产生活相关的农业、手工业、商业等主题。比如播种、收割等农业场景，酿酒、凿井等手工业场景，或是市井中的商业场景。第二种是表现当时社会生活、政治制度的内容。比如赶集、杂技表演、学者讲道授经等内容的画像砖。第三种是在墓室中出土，主要表现墓主身份、经历，或是享乐生活等场景的画像砖。比如墓主人骑行、挥剑的场景，或是宴饮、庖厨、乐舞的场景，这些不仅反映了墓主人生前的生活，也体现了蜀地的民俗风情等文化内容。第四种是表现一些神话传说、宗教信仰，或是迷信思想的画像砖。比如以伏羲、女娲、日月星辰、仙人骑鹿等为主题的画像砖。这些画面生动形象，包含了当时蜀地人民的社会生活与生产的各个方面，也展现了现实社会生活的面貌，以及人民的精神信仰，具有极高的历史研究价值，以及艺术审美价值。

四川作为一个文物大省，遍布着各种历史文化，比如带有历史文化基因的古寺庙、摩崖石刻、园林，以及画像砖等物质文化资源，如图 3-12 蜀地历史古迹文化基因谱系图。这些物质文化资源反映了蜀地的文明发展与城市兴衰，同时也反映了蜀人的生活习性、民族信仰等，对这些资源的梳理也有助于我们了解四川的历史文化发展史与地域文化特色等内容。

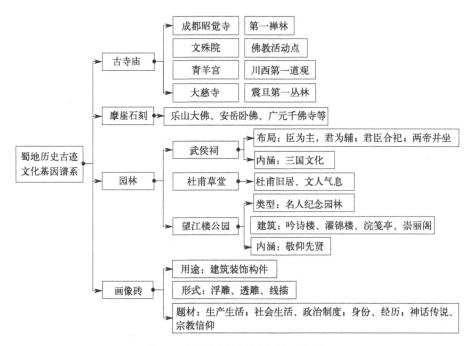

图 3-12　蜀地历史古迹文化基因谱系图

3. 生产文化基因

古蜀先民以成都平原为生产基础，进行农业、手工业的开发，优越的地理环境以及大规模水利的兴修，让蜀国的农业经济得到了长足发展，随之桑、漆、麻、纻等手工业原材料也大量生产，为蜀地的纺织、漆器等手工业的发展奠定了基础。同时沃野千里、物阜民丰的蜀地在盐业、竹编等方面也有所发展。

蜀地的纺织起源甚早，源于新石器时代的"蚕丛古国"。据记载古蜀时期的蜀山氏、蚕丛氏等先民部落就是以养蚕著称；直到黄帝时期从属西陵氏的嫘祖"王凤"，开始驯养家蚕、抽丝编绢；以及后来出土的青铜器、玉蚕、桐树叶片、刺绣、丝织物品等历代文物也从各个方面佐证了四川地区栽桑养蚕、纺织技艺的历史久远。先秦时期的蜀国纺织业主要有织锦与织布两个门类，蜀锦、蜀绣两种手工业技艺也同源桑蚕，各持其技。最为卓越的便是蜀锦，四川成都也是以"锦"为名，被称作"锦官城""锦城"，除此之外成都地区更有"锦江""锦里""锦绣路"等因锦而生的河流、建筑或街道。蜀锦则是蜀地生产的丝织提花织锦，其原材料的特性、属性等内容决定了蜀锦的加工制造方法与流程，制作工艺可粗略划分为丝织准备、丝织织造、绞丝练染、纹制四大工艺流程，并且每个流程中还包含着几十项小工艺与各类注意事项，以此才能完成一匹蜀锦。除了基础的操作流程复杂，蜀锦还有着丰富的特殊工艺，比如晕裥艺术、染色技艺、牵经工艺等。从蜀锦起源，流传至今，跨越3000多年的历史长河，仍然在中国传统文化的星河里熠熠生辉。蜀锦织造是古蜀先民留存在世的一项地方性手工业技艺，精湛的技艺、优美的图案、绚丽的色彩展现着古老民族的传统风格以及历史文化底蕴。

蜀地漆器在中国传统文化中具有很高的工艺美术价值，是著名的工艺品之一。漆器的主要原材料是漆树，李时珍在《本草纲目》中描述漆树"高二三丈余，皮白，叶似椿，花似槐，其子似牛李子，木心黄，六月、七月刻取滋汁"。漆树的汁液可用于美饰、粘接，可利用其耐用的特性制作漆器，其果实可榨油，可以做果脯，甚至可作药用；从其树身提取的蜡，还可用于点灯；树干还可作为木材做棺材等。四川地区的漆器在战国、汉代时期发展繁荣，作为中国商贸中心之一的成都在这一时期其漆器手工业得到了相应发展，汉武帝时期还在蜀地设立专门的管理机构监管漆器的生产。特别是在"贵生死"的厚葬传统信仰的影响下，质量上乘、保存度高的漆器成为秦汉时期的贵族们最为珍贵的随葬品，以此凸显墓主人尊贵的身份地位。四川地区的汉墓中也出土了大量的漆器，并保存较好，这都与漆器的特殊属性有关。四川出土的汉代漆器主要以饮食用器、生活用器和礼器这三种器型为主。其中饮食用器的漆器种类最为丰富，包括杯、樽、卮、盘、鼎、壶、盂等器型；而生活用器，以各种梳妆用具为主，包括奁、洗、几、案等器型，展现了贵族先民的精致生活；礼仪用器主要是祭祀礼仪、丧葬礼仪、婚嫁礼仪、朝聘或征伐礼仪用器等。其中祭祀礼仪用器的漆器种类包括鼎、瓴、簋、豆等；丧葬礼仪用器出土数量较多，以棺、椁、椁室等为主，而且漆器制成的木质棺材保存时间长，随葬的一些并无实际用处的漆器冥具，多为模仿车、船、工具、兵器、仓、井、房屋、庭院的形式，以此表明墓葬主人身份。四川漆器的色彩以红黑为主，黑中透红，光可鉴人，虽也有黄色、褐色、蓝色等色彩的点缀，但红黑色在蜀地漆器中一直居于主流地位，黑色器身，并以红色绘制太阳纹、云气纹、鸟兽纹、弦纹、几何纹、铭文等纹饰，表现出殷实厚重、明朗大气的汉代审美风尚。除了红黑配色，不少漆器也以金属色或黄色进行点缀，让器身色泽亮丽，更显高贵。蜀地的漆器是大漆和器具的结合，集工艺、器型、色彩、纹样等于一体，既有审美价值，又有实用价值，更从中体现出民族造物文化，传达出其具有时代性的审美理念与风尚。

盐业在蜀地也有近千年历史，位于四川地区的自贡更是因盐而生，因盐而盛，被称为"千年盐都"。在近千年传承的过程中，蜀地人民不仅钻研制盐方式，也在凿井方面发挥着蜀地的民间智慧，特别是自贡井盐凿井技艺被评选为国家非物质文化遗产，蜀人根据技艺流程、实际情况、技术需求等创造出大量的创新凿井工具。比如，在凿井过程中，由于井口只有碗口大小，人是下不去的，为处理一些井下事故：井打斜、井塌方、小工具小石子落入井中等修井或打捞问题，盐工们也创造出一系列的解决办法与解决工具。打捞工具包括小提须、虎尾、穿鱼刀、鱼尾锉、提须刀、偏尖、独角棒等，如图 3-13 井盐修治、打捞工具。比如"偏尖"，在《四川盐法志》中凿井及修治井工具图提到"偏尖者，末锐而扁，上峭厉又如钩，以形似名炼钢为之，其柄扁而长可四尺，把手具中束四竹片，柄有暗槽，槽中嵌一刃，刃尖外出，在竹之下，偏尖之上，以取坠井之铁锉长条"。偏尖是专门用来打捞落进井里的长条物，比如打井的小钻头等。而这些凿井工具的材质大多都是竹子，主要有两方面原因，一是四川位于中国西南部地区，四川盆地是种植竹子得天独厚的优质地形，竹林主要分布在川南地区，即泸州、自贡、宜宾一带，蜀地的盐工们制作工具大多就地取材来节省人力、提高工效。二是竹子独特的优点，即坚硬挺拔，同时竹子的主要成分为纤维素，材质密度较大，可以耐普通的酸和碱。由于卤水具有腐蚀性，正好竹子耐腐蚀性的特性更加适合各类凿井工具的制作。

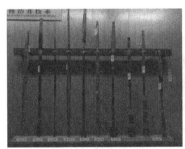

图 3-13　井盐修治、打捞工具（自摄于自贡市盐业历史博物馆）

　　蜀人在历史的进程里不断地发展与完善其制盐工艺的各项技术，制作与凿井相关的工具，遵循就地取材、因地制宜、通用性强等原则，蜀地盐工们也不断"开拓创新"各类修治工具。可以说，蜀地的井盐生产活动饱含着蜀人对自然资源和地理环境的独特领悟，一系列凿井技艺与工具反映了蜀人如何合理利用自然的智慧，虽然现在的制盐工艺和工具早已被机械取代，但其中的"就地取材""因地制宜""开拓创新"等原则也是最初古代蜀人的智慧，对其进行研究与分析是发扬传统造物智慧、保护中华传统科技文明的重要途径之一。

　　四川地区的竹编发展丰富，最为著名的包括刘氏竹编、青神竹编、瓷胎竹编等。竹编在四川历史悠久，最早可追溯至新石器时代，蜀地先民居于盛产竹资源的四川盆地，在几千年之前就已经开始因地制宜，使用竹子制作各种生活用具。蜀地东部、西部平原地区，气候条件适宜，土壤湿润肥沃，为竹子的大规模生长提供了良好的自然环境。竹资源的丰富以及竹子坚韧、可塑性强、易编的特性，深受古蜀手工艺人的青睐，从最初使用竹子制作一些日常生活器具，战国时期开始转向更加复杂的工艺品；注重装饰性、审美性，到今日四川地区除了一些竹编日用品的生产，也有大量兼顾艺术性与实用性的竹编手工艺品。传统的竹编工艺也有其制作的方法与流程，主要包括：选竹、去节、刮青、削平、分块、分层、三防处理、分丝、染色、编织这十大工序。选竹就需要考虑竹子的品种，需要选取具有丰富纤维，坚韧不易断等适合编织的竹子；同时不同时期的竹子也适合不同产品的编织，嫩竹非常柔软适合制作一些精致小巧的产品，成长了2～3年的竹子更加坚韧，适合制作一些大件的生活用具。去节、刮青、削平、分块、分层、分丝等步骤是对选好的竹子进行处理，去除竹子的结节，刮去竹子表皮的青绿部分，露出的竹筒将其削平后再分块分层，分好后用一些药水进行蒸煮，以达到增白脱脂的作用，更有利于长期保存。最后再根据需要对其进行分丝、染色处理，然后就可用于编织。这个过程虽繁琐复杂，但其也满足古蜀先民，以及今日四川人民生产生活的需求，因此在历史长河中留存下来，成为蜀地独具地方特色的手工业产品之一。

蜀地的手工业生产历史悠久，产品精美、技艺精湛、品种丰富，是四川物质文化基因中重要的一脉，如图3-14蜀地生产文化基因谱系图。纺织、漆器、井盐、竹编等生产文化基因与传统古蜀先民的农耕文明紧密相连，在蜀人生活与社会发展过程中起着举足轻重的作用，具有浓郁的地方特色和鲜明的地域特征，为现代人留下了宝贵的物质文化遗产。

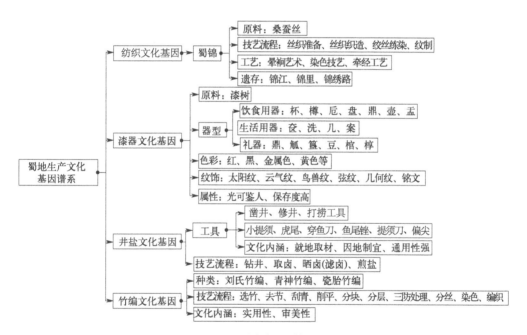

图3-14 蜀地生产文化基因谱系图

第二节 非物质文化基因谱系

非物质文化是相较于物质文化而提出的，物质文化是客观存在对象所展现出的文化,而非物质文化则展现精神文化、制度文化等意识形态上的文化内涵。从微观角度来看,非物质文化是人们在长期生产生活中形成的各种习惯和行为方式,或是在社会发展过程中产生的观念、思想和信仰以及由此衍生出来的民族精神气质、价值观念、行为规范、审美情趣、思维方式等内容。从宏观角度来看,所有被各社区群体,有时为个人视为其文化遗产组成部分的各种社会实践、观念表达、表现形式、知识技能,及相关的工具、实物、手工艺品和文化场所等所构成的文化都可称为非物质文化,也就是任何一种具有特定功能和意义,能够世代相传的"非物质"文化现象,比如宗教、文学、戏曲、技艺等所展现出的文化都可称为非物质文化。

巴蜀地区地处中国西南腹地,被长江养育,拥有瑰丽险峻的巴蜀风光,多年来吸收东西民族之长,孕育出博大奇绝的巴蜀文化,可以说巴蜀地区的非物质文化丰富多样,且具有多样形态、多种属性、多重价值。绮丽炫彩的巫术、悬棺葬、巴渝舞,盛极一时的川剧、川菜、川酒等风俗习惯都是人类历史文明的成果,虽然不同时期或地区的人们对事物的认识有差异,也出现了许多相互矛盾或对立的现象,但对于一些具有普遍意义的东西,其背后则蕴藏着深刻的民族文化内涵,比如巴蜀地区的船棺丧葬习俗、巫术等的兴盛,都与巴蜀地区的民族精神、信仰有着密切联系。

一、巴地的非物质文化基因谱系

巴地位于汉江上游与长江三峡之间的地区,巴族先民在祖先的带领下繁衍生息,曾因历史缘由多次迁徙游走,最后受战乱影响而汇入中原。巴族先民留下了多姿多彩的神话传说、民间习俗、符号图腾、乐舞戏曲等非物质文化,将这些巴地非物质文化遗产划分为原始信仰文化基因、民俗文化基因以及文学艺术文化基因三大类别,如图3-15 巴地非物质文化基因谱系。

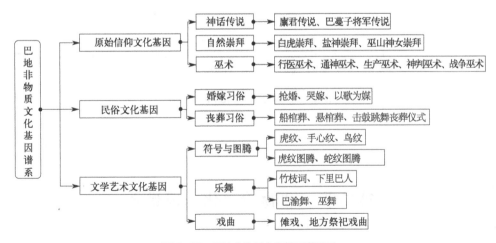

图3-15 巴地非物质文化基因谱系图

1. 原始信仰文化基因

原始信仰文化基因是巴人意识形态上的精神文化，通过不同的表现形式存在于巴族先民的生产生活之中，可以是脍炙人口的神话传说，可以是人心向往的自然崇拜，可以是神秘奇诡的巫术，也可以是众人朝拜的宗教等，虽然信仰的表现形式有所差异，但其中所蕴藏的民族精神与文化内涵却有着共同之处。

巴地的神话传说以先祖廪君传说和巴蔓子将军传说为主，廪君和巴蔓子都是巴族人民心中勇武、爱民的代表人物。廪君传说与巴族部落的起源有着密切的联系，相传，住在钟离山上的五兄弟为立君之事进行比拼，以石洞投剑、土船制作为竞争内容。最后因务相臂力过人，剑法精准而投中，并且造船水平高，在水面浮行直至对岸，大家皆因其能力而信服，奉其为巴族首领"廪君"，如图3-16廪君投剑制船壁画。廪君继位后有着远大的志向，为带领族人走向富强昌盛之路，他到地处长江三峡地区清江的盐阳宝地大战盐水女神，放弃儿女情长，只为人民夺得渔盐之利，实现巴族的富强与繁荣。巴族廪君死后化为白虎，后人皆以虎为尊。关于巴族廪君的传说与记载，并不是完全的实录记载，更多是巴族先民对这位首领的神化，但其中也不乏巴族先民的早期历史事件以及民族信仰。比如巴人的部落迁徙、因盐而兴的民族事件等；同时传说故事中的内容还展现出巴人对祖先、洞穴、白虎的崇拜等民族信仰，并延续至今。廪君传说的故事赞美了廪君超凡的智慧与出类拔萃的劳动能力，既能在竞技中投剑独中，也能造船不沉；廪君与盐水女神的故事情节则依托了真实历史背景，突出了廪君锐意进取、勇于开拓的精神，颇有王者风范；最后廪君死后化为白虎的故事更是对祖先的神话化，世人以血为祭，使廪君成为护佑人民的神灵，表现出巴人的祖先崇拜与白虎崇拜。

图 3-16 **廪君投剑制船壁画**（自摄于湖北恩施廪君殿）

除了巴族廪君的传说之外，还有一位民族英雄受巴人的钦佩，那就是巴蔓子将军。巴蔓子将军在巴人心中是善良、爱国、忠义与诚信的代名词，他是古代巴国的英雄，也是巴国唯一留名青史的英雄人物。关于该传说的历史考证,最早记载的古籍资料是东晋常璩所撰的《华阳国志》,其中记录了巴蔓子将军忠信爱国,为国请师于楚和以身酬楚的事迹。在《明一统志》中也有记载,相传在周安王时期,巴国有内乱,巴蔓子作为巴国将帅以巴国三座城池为筹码向楚国求兵镇压内乱,楚王应允便救巴国于水火之中,使巴国回归安宁。事成之后,楚王派人前来取城图,巴蔓子曰:"藉楚之灵,克弭祸难。诚许楚王城,将吾头往谢之,城不可得也。"于是巴蔓子便拔剑自刎,以应谢意,楚王听后也深被巴蔓子忠信爱国的精神所感动,将其头颅葬于楚国,而身体则被葬于巴国,现今重庆市的渝中区仍然保留着巴蔓子将军的墓碑。随着民间传说的不断变化,巴蔓子将军的形象从民族英雄逐渐被推向神坛,不断衍生出各种"神女择婿""斩蛇精""惩恶道""赈济灾民"等与之相关的民间故事,使巴蔓子将军成为百姓的守护神。

巴人在与自然深度接触的过程中,对于无法控制与理解的自然物带有强烈的敬畏与崇拜之情,比如威武雄壮的老虎,游刃有余的巨蟒,神秘宏伟的大山,以及蕴藏无尽宝藏的盐泉等都是巴族先民崇拜的对象,通过对这些自然物的崇拜,祈求拥有神灵的保护。所以在原始社会里巴族先民会将这些信仰图腾化、神化,充当民族的保护神:将与自己族群生存密切相关的动物、植物或其他自然物图腾化,作为本族区别于其他族群的标志性象征,也因此形成了原始时期的图腾崇拜;也有的将这些自然物进行神化,各种山神、盐神传说都反映了巴人对自然物的崇拜。

巴人最为显著的白虎崇拜在其后代土家族的生活中也有迹可循,从土家族广为流传的虎奶养育族人祖先、白虎结合生育女神繁衍土家族人等传说故事可以看出土家族人自认为是虎的后裔,并将其尊为本族祖先。像这样以虎为尊的观念不仅在人们口口相传的神话故事中有所体现,还展现在土家族人的生活习俗中。比如生育时,不用剪刀而用白线结扎婴儿的脐带,在土家族人的眼中白线是虎的胡须,用白线结扎以求得白虎祖先对其子孙的护佑;还有小孩穿戴虎头帽、虎头鞋的习俗,将这些"噬食鬼魅"的老虎装饰在服饰上,表达土家族人以先祖白虎辟邪、保护健康的美好愿望。不仅如此,在土家族人的婚嫁、丧葬、祭祀礼仪中也存在着不少白虎的身影,更有将白虎形象用到造物之中,各类建筑、家具、装饰上也常见白虎的存在。可以说作为巴人后裔的土家族人,以虎为尊、以虎为祥瑞,并企图求得白虎祖先护佑的现象,存在于土家族世世代代的生活中,经久不衰。

盐神崇拜与巴地多盐泉有着密切关系,对于盐泉的发现也有大量的历史记载,但多是动物引领人类发现,巴人先民为感念其帮助人类找到盐泉,将它们称为盐源灵兽。而巴地关于盐神的传说最为有名的当属与巴族廪君有着爱恨情仇的盐水女神,这一时期的民族信仰从自然崇拜过渡到祖先英雄崇拜,盐水女神成为巴人盐神崇拜中最为重要的神祇之一。盐水女神传说故事的内涵并不是巴人廪君与神女的爱情故事,而是借两人的爱恨情仇表达对巴族廪君的赞美,他为族人的生存与发展而做出的贡献,巴人也为感念盐水女神用悲伤的结局换来巴族人的繁荣而传扬着她的故事。此外,起源于三峡地区的另一个神女传说——巫山神女传说其内涵因水而生、因水而兴,与水文化联系紧密。有巫山神女助大禹治水的神话传说,也有专为人间祭祀祈雨的巫山神女,还有挽救峡江干早，以泪化雨的巫山神女，都是巴人心中永远的保护神。从巴族的历史发展过程来看，盐水女神与巫山神女传说故事属于同源异流，并根据各自区域文化融入当地特色，都反映了古代峡江巴地长期存在的母系社会，是区别于其他地区以男性人物为中心的英雄神话。

巴人居住在长江三峡流域的巫峡，重峦叠嶂的山峰令人产生无尽遐想，自古带有神秘色彩的风格也有着浓厚的人文特色，是巫术传说的起源地。巫术的兴起与古代四川盆地东部以及长江三峡巴地的濮系巴人有关，是濮系巴人的一种文化风俗。"巫"是古代巫师祭祀、驱鬼逐疫等活动的总称，包括巴人的原始宗教、中古神话时代到近代科学文化等诸多方面的内容，至今还能看到众多古代巴人留下的神秘图腾、祭祀用品、石刻、壁画等。在巫峡地区众多宗教文化遗存和民俗活动当中，许多关于巫蛊之说、巫神崇拜以及巫师祭祀等内容都与这一区域有关。在古代人们对这种现象也表现出了一定的兴趣，于是就出现了各种以巫术为手段来驱鬼避邪，以求平安幸福的说法和习俗，包括行医巫术、通神巫术、生产巫术，后期也发展到神判巫术、战争巫术等，社会上多个行业都有巫术的身影。战国时期巴地的巫风对楚文化产生了深刻影响，一直持续演变到近代，这种源于巴地的古老巫术不断流传、蔓延，以致在中国传统文化中形成了惹人注意的巫文化圈。

神话传说、自然崇拜、巫术等民族原始信仰蕴藏着浓厚的地域民族文化基因，如图3-17巴地原始信仰文化基因谱系图。可以说这些文化基因在巴族先民的心中烙下深刻的印记，并在几千年的历史进程中代代相传，至今影响着世人的社会生活以及精神信仰。

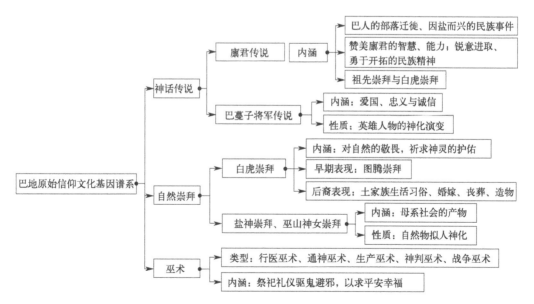

图3-17　巴地原始信仰文化基因谱系图

2. 民俗文化基因

巴地早期因堵塞的交通、偏远的位置与中原地区甚少有文化的交流，很长时间内没有受到中原文化的影响，也因此形成独特的风俗习惯，这些风俗保留了很多先民的生活习惯，区别于其他文化最为显著的就是巴人的婚嫁习俗与丧葬习俗。

古代巴人婚俗的考证资料有限，但从巴人后裔土家族人的婚俗制度中仍能窥探巴人的婚俗制度。以土家族婚俗制度为例，可以分为恋爱、提亲、认亲、拜年、备妆、插花披红告祖礼、花圆酒、开脸、哭嫁、迎亲、拜堂、烧裤子、入洞房、闹洞房、出拜、圆席、回门、谢媒等步骤。其中以哭嫁最具巴人特色，哭嫁是在出嫁当天，用痛哭的方式表达出对父母的不舍，对婚后生活的恐惧与紧张，对婚前自由生活的惋惜，以及对自身命运的控诉等。土家族的哭嫁内容最为丰富，不仅时间相较于其他民族更长，而且还有一些特别且固定的仪式，哭中还带有唱词，虽没有伴奏，但结合哭诉时的抽泣、哼哼这种连唱带哭的形式表达新人的情感，也具有一定的文学性与艺术性。除了哭嫁，抢婚也是巴人的婚俗之一，这种允许男性直接掠夺女性作为妻子的婚嫁习俗存在于古代巴人父系氏族社会，在这一时期，女子一旦被抢，便只能随遇而安。这种抢婚的形式推动了婚姻制度从对偶婚向个体婚的转变，以及原始社会以母权为中心的家庭向以父权为中心的家庭形式的转变。但后期随着社会文明的发展，这种抢夺婚姻逐渐演变为一种婚嫁仪式中形式，通过其他仪式来实现"抢夺"而非真正的抢夺。

巴地流传的丧葬习俗有船棺墓葬、悬棺葬、崖葬。其中船棺墓葬是巴人的传统丧葬形式，最早出现于新石器时代晚期，这种丧葬习俗在我国长江流域及其以南部分的闽、赣、桂、滇、川、湘等地区都有发现，就其形制而言，有土坑墓、崖洞墓等。但在这些船棺葬中，以四川、重庆地区的船棺葬最具地域特色。1954年在四川巴县的冬笋坝遗址和昭化县宝轮院发现了巴人船棺墓葬。巴人船棺葬习俗的盛行与当地人民的生活生产有一定的关联，巴族地区依山傍水，又善渔猎，在生存与发展中"船"是巴人最为重要的工具，死后也用船棺告慰逝者。

除此之外崖葬也是巴人丧葬习俗中的独特形式，在湖北恩施地区考古学者就发现了崖葬的痕迹，被称为"仙人洞"。"仙人洞"崖葬，位于酉水河上游湘鄂交界处的来凤百福司镇卯洞斜上方。据同治时期的《来凤县志》记载："卯洞正洞，上下二洞相近。下洞河水所经，阔达如城垣。上洞青壁天梯，高数百丈。仰而望之，有门焉，木栏纵六横七，人迹所不能至也。"还有"七孔子崖葬"，在湖北利川地区的红砂岩壁上发现了七个唐宋时期人工凿成的洞穴，上面分布四个，下排三个，一共七个，所以称之为"七孔子崖葬"，如图3-18七孔子崖葬复原图。其中有五个洞室洞口规整，洞口除1个为长150厘米、高60厘米以外，其余均为长、高50～60厘米的方洞。洞口外观用石框装饰，个别洞口还刻有浮雕人像。这种在红砂岩上人工开凿洞穴的崖葬遗迹，在鄂西南的利川、建始及恩施境内均有发现，这些遗迹足以证明古代巴人的习俗对后世影响深远。

图 3-18　七孔子崖葬复原图（自摄于湖北恩施州博物馆）

巴人丧葬习俗的独特之处不仅体现在墓葬形式，在其丧葬的仪式上也有所体现。以巴人后裔土家族的一些丧葬习俗为例，土家族的丧葬仪式以"南摆手，北跳丧"来区分不同地域的风俗习惯。跳丧舞是巴人留下的风俗，还有跳丧、打绕棺、打廪等之分，其中打廪作为一种舞蹈形式，与跳丧相比更原始，主要体现在歌曲与舞蹈的动作之中。打廪所唱的歌很多还保留了西汉时期的唱词，较为罕见；同时，打廪的很多舞蹈动作都带有祭祀的象征性特征，在舞蹈中演绎了巴祖廪君当年的战斗场景，以及巴人所经历的部落迁徙等历史性场景。随着文明的发展，土家族受汉族影响，很多丧葬习俗也开始淡化，逐渐走向汉化之路，这些巴人丧葬习俗的遗存反映了巴人特定的民族文化内涵，很多跳丧的舞词中也常见"白虎"的身影，舞者弯腰、弓背、屈腿的姿态也展现了猛虎姿态，充满了极强的虎图腾崇拜色彩。在巴人心中人死后是生命的另一种存在形式，表现了无畏生死、生死轮回的观念，并认为热热闹闹的跳丧舞帮助逝者与祖先沟通，可以让逝者的灵魂去追寻祖先们聚居的地方，所以丧葬习俗中的各种仪式既是对逝者的告慰，也表达了对祖先的崇拜。可以说巴人的丧葬习俗不仅传达了巴人的宗教观念、信仰，还在一定程度上起到增强民族意识与宗族凝聚力的作用。

巴人独具特色的婚嫁习俗、丧葬习俗蕴藏着深厚的民族文化基因，与鲜明的民族性特征，如图 3-19 巴地民俗文化基因谱系图。这些具有民族特色和浓郁地方特色的民俗活动内容丰富、形式新颖独特，是研究巴民族民间社会生活的重要资料；同时，它也为人们了解少数民族地区的民俗文化提供了宝贵的史料。

3. 文学艺术文化基因

在巴地非物质文化基因中文学艺术文化基因也有着其独特的韵味，几千年前留下的符号图腾、乐舞、戏曲等文化艺术，丰富了巴族先人的社会生活，对当今巴地文化发展产生了深远的影响。

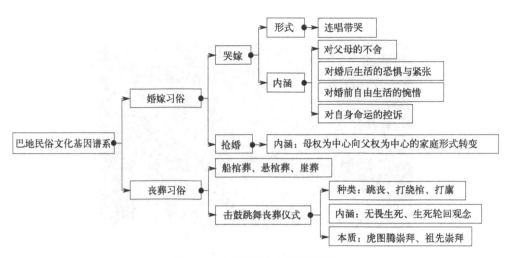

图 3-19　巴地民俗文化基因谱系图

　　远古时期巴地的符号图腾与蜀地的有着异曲同工之妙，被考古学者统称为"巴蜀图语"。考古学者在出土的青铜器上发现一些巴人的典型符号，比如虎纹、手心纹等，但因为这些图案比较复杂，更加偏向纹饰，所以早期的考古学者并未将其看作是文字；随着后期不断考古发掘，更多的图案面世，才让学者们认识到这可能是古代巴蜀人民用来记录语言意义的符号，也可能是原始的象形文字。在巴蜀文字系统中象形文字占据了绝大多数，只有少量的方块字，可以看出巴蜀文字更加注重事物的表象，所以从这个角度来看，有学者认为巴蜀图语并非巴人的文字，更有可能是带有某种宗教、巫术或图腾性质的标记。至今发现的巴蜀图语有 200 个左右，这些巴蜀图语对于研究一个完整的文字系统来说是远远不够的，那么这些巴蜀图语为什么在中国历史上昙花一现，有学者给出了两个方面的原因。一个是社会大背景下的外部原因，即秦统一巴蜀地区后，开始在该地区采取一系列统一文字的政策和措施，让巴蜀地区的原始文字受到限制，文字的创作也逐渐减少，并在汉代时期彻底泯灭。另一个是其自身不够成熟的内部原因，巴蜀图语的使用范围很小，主要在一些个别的氏族中流传，并且非常注重其神秘的属性，导致其很难在巴蜀地区广泛流传，以至于后期随着越来越复杂的交流，以及中原文化的引入，殷商时期巴蜀地区的先民就已经开始使用更加成熟的中原文字。所以，囿于内外因素的影响，巴蜀图语在几千年的历史长河中仅停留了"片刻"。

　　流传于巴地的"下里巴人"、竹枝词等是古代当地的民间音乐，并延续至今，有学者认为竹枝词就是由"下里巴人"逐渐演变而来。竹枝词是巴蜀地区代表性的歌种，也称作"竹枝曲""竹枝歌""巴渝曲"等。关于竹枝词的起源地各学者有不同的看法，有巴渝说、蜀地说、湘楚说等，至今也未下定论，但无论何种起源说，该歌种与巴人有着密切的联系。早期的竹枝词是一种民间文化，多在祭祀迎神的巫术或宗教仪式活动中吟唱，言辞也颇具地域特色，很多词也是靠口口相传，很少有文字的记载，这一时期的被称为"民歌竹枝词"。而后受到诗人刘禹锡的推崇，将其进行改造，开启了新诗风，所以之后就被称为"文人竹枝词"。流行于巴地的民间竹枝词，或是后来历代文人的竹枝词,都深刻反映了当时巴蜀地区的社会生活、风土人情,具有丰富的社会文化与独特的艺术价值。

骁勇善战的巴人不仅善"武"还喜"舞",为后世留下了独具地域特色的巴人乐舞文化。舞蹈中最为显著的是阆中渝水地区賨人的"巴渝舞",早期的巴渝舞有巫舞的性质,因为在巴人的发展历史进程中,巴人的生存环境较为险恶,巴人先民也总是身处水陆艰难、山有猛兽的险境,这让巴人形成了骁勇的性格,同时山高谷深、云雾绵绵的环境也激起了巴人的自然崇拜,孕育了巫术。在这个时期,古代巴人为了祈求自然之神庇佑族人繁衍生存,战胜凶恶的猛兽与险恶的环境,就会采取各种巫术仪式,而巫舞也在这样的文化背景下孕育而生。巴渝舞中也表现出捕鱼、狩猎或者采摘等生活情景,这种带有现实生活的巫术舞蹈活动,在某种意义上其实是巴人试图通过各种巫术仪式与神灵实现交流、取悦神灵,以此向自然祈求获得更多猎物,满足巴族先人们的生存生活需要。所以早期的"巴渝舞"主要是为满足一些物质需求而设计的舞蹈仪式,随着巴人活动范围的扩大,也开始为了战争而舞,但无论目的是何,其本质并无差别,都是一种通过向神灵祈祷而跃动的巫术祈祷形式。后期巴渝舞得到汉高祖的推崇,让巴渝舞从最初的原始狩猎巫舞转变成了宫廷式的武舞,往昔充满乡间山野的生活气息以及虔诚神圣的氛围早已消失殆尽,这个时期的巴渝舞已然成为宫廷贵族歌功颂德、娱乐消遣的载体。独具民族特色的巴渝舞文化不仅表现了巴人的宗教仪式,也能深刻体会到古代巴人面对恶劣自然环境和外来的战争侵略,毫不屈服,有着强烈的生存意识,并在历史发展中凝聚为巴人骁勇善战、英勇奋斗、团结向上的民族性格。

关于"傩",源于上古时期先民逐疫的祭祀礼仪,是指戴着面具进行的一系列祭祀仪式。而傩戏是一种利用各种面具扮演不同角色(图3-20 傩戏面具),并进行道白、歌舞等,融合鬼神巫术的神秘祭祀仪式和民间戏剧形式,可以说是民间祭祀与戏剧的结合体。从这种在巴地盛行的以民间歌舞为基础,通过特定仪式进行通神酬神、祭祖等的艺术形式,也可以看出当时与大自然抗争、与猛兽搏斗的先民们,为获得更多的生存资料而做出的努力,这种形式也展现出巴人对祖先、对鬼神的崇拜。随着人类文明的发展,傩戏也从早期的"娱神"性质开始转变为"娱人",比如现在的巴人后裔土家族所继续流传下来的"傩堂戏"就逐渐发展为一种集宗教、娱乐为一体的戏剧形式。

巴地的文学艺术文化基因中无论是符号图腾、乐舞,还是戏剧,都展现了古代巴人的民族风气与精神信仰,如图3-21 巴地文学艺术文化基因谱系图。特别是受到浓厚巫术文化的影响,巴地的音乐、舞蹈或戏剧都来源于早期巫术仪式,其内容也多是以祭祀为核心展开,巴人在祭祀活动中以"神"作为主体,以祈求上天保佑来求得平安健康等,体现着巴人对原始宗教崇拜和对自然神灵的敬畏之情。这些带有强烈神秘色彩的祭礼习俗也反映出巴族先民对神秘而又神奇的宇宙世界的一种向往之情,巴人们还将这些具有浓郁民族风情的民俗视为自己的生活方式,并把其融入日常生活中去,这些巫术因素使得巴地传统艺术具有浓郁的原始神秘色彩和神秘内涵,最终形成了独具个性的民俗文化体系。

图 3-20　傩戏面具（自摄于湖北省恩施州博物馆）

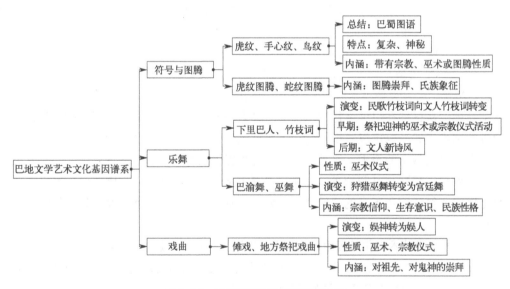

图 3-21　巴地文学艺术文化基因谱系图

二、蜀地的非物质文化基因谱系

蜀地非物质文化基因包括原始信仰文化基因、民俗文化基因以及文学艺术文化基因三大类，如图 3-22 蜀地非物质文化基因谱系图。

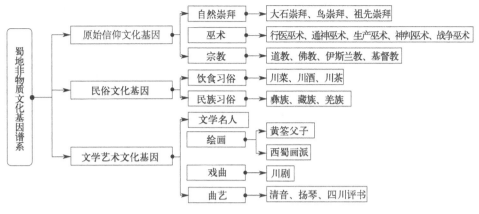

图 3-22　蜀地非物质文化基因谱系图

1. 原始信仰文化基因

从震惊世界的三星堆遗址就可以看出古蜀人祭祀的频繁，祭祀礼器的多样，可以体现出祭祀在古蜀人民的生活中占据了重要的位置。这些祭祀来源于古蜀人民的原始信仰，包括了自然崇拜、巫术以及后期的宗教信仰等。自然崇拜就是对自然物的敬畏或神化，古蜀人民的自然崇拜主要有大石崇拜、鸟崇拜，以及祖先崇拜，这些对自然的不同崇拜不是割裂的，而是有联系的，从早期的自然物如石头、鸟类的崇拜，而后又持续发展变为对特定物体的崇拜，并在这一时期形成一种图腾崇拜，比如古蜀人民对鸟图腾、鱼图腾的崇拜，这些具有特定象征意义的图腾被古蜀人民应用在各种祭祀礼器中，形成了一种图腾观念。除此之外，无论是自然崇拜还是图腾崇拜都蕴含着古蜀先民对祖先崇拜的因素，比如三星堆遗址出土的各种纵目面具等都是基于对远古祖先形象崇拜的一种表现。

蜀地最为显著的自然崇拜当属"大石崇拜"，大石崇拜通过古蜀先民的一些崇拜仪式体现出来，从文化深层次上来看，大石崇拜这一原始信仰可追溯到古蜀先民的"石神观念"。关于"石神观念"产生的原因，何星亮在《中国自然神话与自然崇拜》中提到：其一，人类先民的生产与生活与石器息息相关，石器不仅能作为狩猎、切割、砍树等生产生活的劳动工具，更是一种重要的武器；其二，石头能够摩擦起火的功能被发现时古蜀人民还不能直接解释其原因，也由此认为石头具有某种神秘力量；其三，古人对于天降陨石、风蚀地貌、石林等自然现象无法进行合理解释，因此认为石头属于天外之物，是神石，具有神性。而蜀地的"大石崇拜"还体现在古蜀先民认为石头是生命之源，据载，古蜀人认为他们的祖先即蜀王蚕丛出自"石室"，死后还做石棺石椁；禹的母亲生禹也是因见到陨石而感孕生禹。这些石生人神与人化为石的神话故事，体现出古蜀人认为个体生命的起源与轮回都与石头有着不可分割的关系，可以说古蜀人将石头作为人类生命的诞生地与归宿点。石头在古蜀人的心中还有驱邪避魔的作用，是保护神，比如李冰在都江堰治水成功后"作五枚石犀"镇压"水精"。以上种种，都表现出了古蜀先民的石神观念与大石崇拜。

除了大石崇拜，古蜀人的图腾崇拜之鸟崇拜也是一大地域特色。图腾崇拜在古代有着极为重要的文化功能，不仅可以作为区分群体的标志性对象，更是维系每个民族内部的精神支柱与心灵纽带。有学者认为图腾有三种含义，包括血缘亲属、祖先以及保护神，而所谓古蜀大地的图腾崇拜之鸟崇拜就是古蜀人将鸟作为他们的亲属、祖先与保护神的一种民族观念。这种鸟崇拜现象是与先民们对物的属性的认识及动物本身具有某种象征意义紧密相关的。从某种意义上讲，古蜀人的鸟崇拜意识主要来源于他们对于自然界万物以及人类社会的敬畏之情。以三星堆文化为代表的鱼凫、杜宇王朝时期，鸟崇拜最为明显，也发展到了较为成熟的阶段，因为这一时期鸟崇拜从最初的亲属崇拜、祖先崇拜、保护神的崇拜发展成神化国家权力的象征物，而统治者以这种民族共同意识加强了对古蜀人民的精神统治。这一时期，古蜀人不仅在祭祀活动中大量使用鸟图腾符号，而且还将其应用于生产生活之中，作为一种特殊的民族信仰，"鸟神"也成了古蜀国重要的国家象征之一。他们认为鸟具有神奇的力量，上通天下着地，一方面，鸟作为人神交流的中介，正如三星堆文物中具有祭祀礼仪功能的青铜神树、神殿、礼器上出现的鸟纹、鸟形无一不具有神圣的意义，甚至可能带有与神对话的性质；另一方面鸟也是古蜀人的保护神，为其排忧解难，代表着吉祥和谐与安宁，最具代表性的传说则是杜宇化为鸟，鸟成为蜀人农业上的保护神。

大石崇拜、鸟崇拜神话虽然属于自然神话类别，但其中也蕴含社会属性，主要在于这些自然崇拜的源头大多都与古蜀人的祖先有着密切联系，因此从中展现出祖先崇拜的意识也不为过。古蜀人的祖先崇拜可以说是一直存在，也可以说，祖先崇拜是古蜀人其他一切神话崇拜的根源所在。只是经历了一个较为悠久的历史过程，从寄存于自然崇拜、图腾崇拜中的祖先崇拜，不断发展到直接具体的人的祖先崇拜，祖先的形象越来越具体和清晰，也从中感受到古蜀人的原始信仰与文明的不断发展、进步。

古蜀地区的巫术与巴地的一脉相承，包括行医巫术、通神巫术、生产巫术、神判巫术以及战争巫术，此外，也有学者认为古蜀地区还流行着一种名为"萨满术"的巫术形式。这类巫师会通过使用酒精麻醉自己，使其进入一种眩晕恍惚的精神状态，以此达到与神明跨界交流的目的。这些无论是占卜还是仪式性的巫术形式，都与古蜀先民的原始思维一脉相连。在当时的社会，古蜀先民的知识积累有限，面对不可预测的自然灾害或万千变化会感受到对其生存发展的威胁，在找不到真实原因的情况下，他们就会认为是另一个神灵世界掌控他们一切的生死祸福，于是逐渐对其产生了敬畏与崇拜之情。在这种思维观念下，促使古蜀先民想方设法，最终发展成使用巫术这一形式来与神明沟通，并希望从神明之处得到生存与发展的启示，获得战胜自然、解除灾害、祛除病害的能力，从而实现平安吉祥的美好生活。

蜀地的宗教信仰以道教最为突出。道教最主要的发起者是东汉道教天师张陵，也称张道陵，现今位于都江堰青城山的"故常道观"据传是张陵的结庐传道之处，也被称为"天师洞"。张陵在鹤鸣山创立了"五斗米道"，信徒大增，他矜贫救厄，以符水咒法、医药治人；又组织众人开山修路，发展生产，设立"义仓"，倡导互助互济，因此受到教民拥护与支持，逐步成为一方之主。道教也从此在巴蜀地区逐渐兴盛并不断向外传播，影响了大众生活的方方面面，成为华夏文明画卷中重要的一笔。

原始信仰文化基因中包含着深厚的文化意义，如图3-23蜀地原始信仰文化基因谱系图，从自然崇拜、巫术到宗教的产生可以感受到古蜀先民从狩猎文明向农耕文明的发展，这些意识形态上的产物是古蜀先民重视农业生产与群体利益的精神体现。

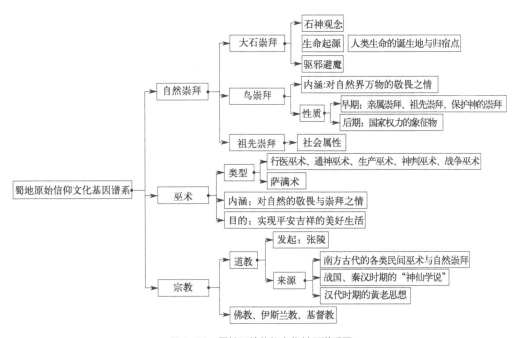

图 3-23　蜀地原始信仰文化基因谱系图

2. 民俗文化基因

蜀地在古代就被称为"天府之国"，主要原因是该地物产丰富、沃野千里、地灵人杰，且道路艰险，较少受到战乱影响，社会环境相对稳定，历代的宴饮之风也颇为流行，刺激了蜀地饮食文化的发展与繁荣。所以四川饮食文化有着悠久的历史与丰富的内涵，享有盛名已有1000多年，四川人将吃和生存、发展、享受融为一体，不仅在味觉上满足食客，更是为其注入了文化、科学与艺术。川菜讲究饮食享受，饮酒注重酒中趣，饮茶体会茶中性。

川菜起源于古代巴蜀地区，在蜀国就有"尚滋味、好辛香"的饮食风尚，在宋代川菜也可见于典籍，被称为"蜀味"，而后在清代时期通过文化大交流、大融合发展成熟，并形成独具蜀地特色的川菜菜系。川菜不仅色香味俱全，还咸甜酸辣麻诸味兼备，这得益于蜀地品质优良的调味料和引入的各类香料，川菜讲究味的多重组合，追求味的巧妙变化，有着极为丰富的味型与菜品，并且还能适用于不同的社会生活场景，包括高级宴席、普通宴席、大众便餐、家常风味，以及各类小吃等。川菜除了在烹饪上注重技巧，在味觉上考虑辛香，很多菜品还讲究一个文化内涵，比如著名的回锅肉的来源就与早期四川人民"打牙祭"的生活写照息息相关，除此之外麻婆豆腐、水煮牛肉、宫保鸡丁等菜品的诞生与流传都有着悠久的文化历史内涵，是古代四川人民生活生产的反映，可以说食客们吃的不仅是川菜，还是四川丰富的社会历史文化。

蜀地的饮酒历史最早从新石器时代就有所体现，在成都出土的大量新石器时代的陶制酒器、青铜酒器就足以证明。随着人类文明的进步，川酒经过历朝历代发展，创造了数不胜数的名酒。从三星堆遗址出土的"束颈"瓶形杯就可以看出古蜀先民所饮的是清酒，甚至比同时期中原地区的"汁滓相将"这类连糟饮用的酒更加先进；战国时期更是出土了各类漆制酒器；秦汉时期的川酒酿造有了更大的进步，这一时期的很多诗歌、画像砖都描绘了蜀人制酒、饮酒的场景，更有"蒸馏酒"的问世；唐代的川酒发展空前，且趋于成熟，味浓、味熟的川味美酒吸引了无数名人雅士入蜀，并在此留下了众多吟唱川酒美味的诗篇，成为当今蜀地丰富的非物质文化遗产；明代时期除了成都名酒林立，泸州、宜宾等地也出现了各类名酒品牌，比如泸州老窖、五粮液等都在这一时期开始出现；直至今日，四川地区的酒业更是发展迅猛，在中国酒业占据了重要的地位。川酒历久不衰的原因有多个方面：天时方面，四川雨水充足、气候湿润，很适合酿酒，酒糟易于发酵，酒味也更加醇厚；地利方面，蜀地土壤肥沃，有着发达的农耕文化，这些丰富的农业原料为川酒的酿造提供了充足且优质的物质基础；人和方面，蜀地先民勤劳、睿智，为了酿造出高品质的川酒，历代先民倾注了无数汗水与心血，不断探索改进酿酒技术。这些天时、地利、人和的因素让川酒在历朝历代中不断焕发出勃勃生机与活力，其中的川酒文化也流传至今。川酒文化作为一种复杂的文化，除了在酿造技艺中有所体现，在蜀地的诸多礼仪、饮酒场所或各大节日中也有所体现，共同构成蜀地丰富多彩的川酒文化。川酒存在于蜀地的祭祀、婚嫁、丧葬、结盟、饯别、接风、节日习俗等诸多习俗中，蜀地各民族也有各自的饮酒礼仪。比如，在各大传统节日中，蜀人通过饮酒来庆贺，在端午节喝雄黄酒，在重阳节喝菊花酒，在这些节日中饮酒被赋予了不同文化内涵，寄托了人们美好的愿望。再比如，各民族中不同的饮酒习俗，彝族的"转转酒"、傈僳族的"合杯酒"、土家族的"砸酒"等民族饮酒习俗，构成了蜀地灿烂的饮酒文化。

川茶是我国最早的茶叶，秦以后饮茶习俗才逐步传入我国其他地区。茶由早期四川地区的巴族先民发现，起初作为药用，而后将其用作食物，并在此基础上发展了饮茶，直到先秦时期川茶的生产地区从东部的巴族逐步扩展到西部的蜀国，并在两汉时期进一步增多，唐代至五国时期，四川已然成为中国茶叶的主要生产地区，各种名茶享誉全国。由饮茶、品茗而形成了一系列茶文化，各地也有不同的饮茶习俗，蜀地的茶馆形式、饮茶配置与器具，以及与之形成的茶馆文化也有所不同。其一是茶馆形式方面，与其他"茶楼""茶亭"称谓不同，蜀地的饮茶之地多唤作"茶馆"，四川茶客数量庞大随之茶馆设置也遍布各地，特别是四川成都的茶馆最具代表性。成都地区在清末时期茶馆就数不胜数，据载城中就达到454家，到了现代茶馆更是逐年增加，大街小巷、城市公园、名胜景点等区域都有茶馆的身影。其二是饮茶配置与器具方面，茶馆内桌椅的设置，如"矮桌竹椅"与其他的地区的"高桌长凳"截然不同，矮桌及膝高，竹椅半仰，茶客便可舒服地入座，半坐半躺，慢慢品味，怡然自得。还有，蜀地茶馆的"盖碗"茶具也有一定讲究，三件套的盖碗茶具包含茶船、茶碗与茶盖。茶船托茶碗，便于端放，不仅防烫隔热，还可以避免茶水滴落；茶碗形态上大下小，开口便于品茗，下小也在冲泡时利于茶叶的翻卷；茶盖则除了有防尘保温的功能，更是可以用于轻拂茶面，既调匀茶味也能在入口时阻挡茶叶入口。茶馆内通常还有跑堂的掺茶堂倌为茶客不断掺茶添水，这群人在旧时也被称为"茶博士"，他们掺茶动作利落，滴水不洒，技术超群，成为一项民间绝活。其三则是在茶馆文化上，蜀地饮茶并非只是为了解渴品茗，茶馆不仅是喝茶的地方，更是一个休息场所、社交场所、娱乐场所等，是一个多功能的复合型场所。四川人民在这里喝茶聊天、下棋听书，观赏各类曲艺戏剧的娱乐表演，各类卖烟卖糖、看相算命、洗脸采耳的人也在此谋生，由此也形成了带有地方风情与蜀中特色的茶馆文化。

四川作为一个多民族聚居的地区，十多个少数民族在此繁衍生息，包括四川地区最具特色的彝族、藏族、羌族等，共同创造了灿烂的民族风情与习俗。

彝族被认为是古蜀族的后裔，有着深远的历史文化背景，古蜀时期杜宇部落的一支迁徙到凉山后，并称为彝族中黑彝的先民。早期的彝族处于奴隶社会，以家族为主要组织形式，并以五个等级区分贵贱，或黑骨头、白骨头之分。黑骨头是黑彝，主要在第一、第二等级；白骨头是白彝，主要处于第三、第四、第五等级，每个等级代表着不同的社会身份，一二等级是统治阶级或贵族，其余皆是奴隶，并无百姓。彝族村落多位于山间地势险要、易守难攻的地方，以防外来氏族的入侵。彝族先民的生活器皿、家具等多为木质，不仅是因为自然原料的充分，在某种程度上也是为了便于部落迁徙移动。木质器具的制作工艺也得到了很好的发展，特别是漆器艺术，不仅工艺精美，红黑黄三色的纹饰图案等都有着强烈的地域文化特色。彝族最大的民俗节日是源于唐朝的火把节，在这一天，彝族人民会手持火把在田间、住宅地区绕行，是远古彝族先民向神灵祈求丰收的一种仪式。

藏族先民因为战争因素，进入了川西北地区，并在后来的民族发展中融入了川西北藏族聚居区。藏族最大的民族特色就是有着极高的民族信仰，四川地区的藏区几乎全民信奉佛教，早期是以当地藏族的一种古老原始宗教"本教"为主，而佛教的传入，让本教开始式微，之后的藏族宗教信仰则以佛教为主。除了在宗教信仰方面，藏族人民的艺术与风俗也各有特色，艺术方面藏族有精美的壁画、唐嘎以及酥油花艺术。壁画和卷轴画是藏族人民的主要绘画形式，其中壁画不仅是一种绘画艺术形式，在藏族更是记录历史的载体；而藏族的唐嘎即"唐卡"，它和很多幡幔装饰物挂在房屋的梁栋或墙壁上，是一种装饰性艺术品，更有宣传佛教教义，渲染屋内佛教气氛的作用。风俗方面，藏族人民善歌善舞，四川藏区盛行锅庄舞，是一种歌舞结合的大众化集体舞蹈，人们常常围着火塘，载歌载舞，还有弦子、踢踏舞、热巴舞等，都是深受藏族人民喜爱的舞蹈形式。

羌族与氐族同源，也有着数千年历史，羌族较为特色的信仰是"白石崇拜"与"羊图腾崇拜"，受白石崇拜的影响，羌族人民将各路太阳神、山神、火神等神灵以白石为载体,将代表天神的白石置于屋顶,将代表其他不同神灵的白石放在山上、地里或庙里等。或受羌族白石崇拜的影响,其独具特色的传统居住形式——碉楼,便是完全由石头砌成,如图 3-24 羌族碉楼,虽是以碎石为主要原料,但能做到表面光滑,不留缝隙,还能抵挡地震不倒塌,可见其精湛的建筑技艺。

图 3-24　羌族碉楼(自摄于桃坪羌寨)

羊图腾崇拜是指羊被羌族人视为与其有亲属关系或其他特色关系的图腾,羌族的很多婚嫁、丧葬、生养都有羊的参与,包括居住建筑、家具、装饰等也有羊的身影。可以说在羌族的生活中采用多种方式表达对羊的崇拜。羌族的白石崇拜和羊图腾崇拜其本质都是一种原始的拜物教,即万物有灵论,但在明朝以后由于社会发展,受汉文化的影响,羌族中也出现了佛教和道教。羌族的民族节日习俗受汉族影响较大,已融入了很多汉族习俗。有其自身特色的节庆活动当属"成人礼",成人礼是羌族男性成年之际举行的一场仪式,会盛请亲族参与,还有巫师施法,希望获得始祖庇护,平安健康。成人礼之后便可进行婚配,参与成年人的其他社会活动。

各有特色的蜀地民俗文化基因蕴藏着独特的地域文化内涵与民族精神,是中国传统民间艺术中独具特色、富有生命力的一部分,如图 3-25 蜀地民俗文化基因谱系图。

3. 文学艺术文化基因

文化艺术基因包括文学、绘画、戏曲,以及四川地区的说唱艺术,这些丰富多彩且不同形式的文学艺术反映了蜀地人民的社会生活,带有深厚文化底蕴的文学艺术显示出蜀地先民的独特优点与特长,成为民族文化的重要载体。

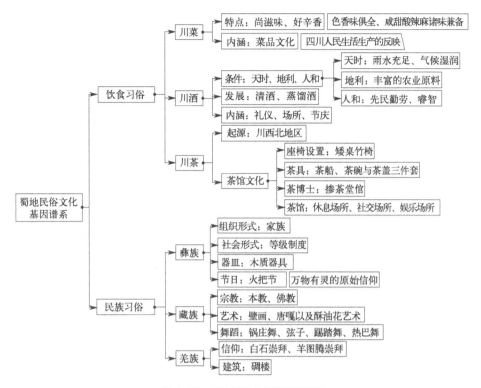

图 3-25 蜀地民俗文化基因谱系图

文学方面，蜀地自古人才辈出，比如赋之圣者司马相如、扬雄，地方志首创者常璩，诗人李白、苏轼、陈子昂、雍陶，巾帼英雄浣花夫人，赤胆忠心的魏了翁，等等，都是受蜀地文化影响诞生的杰出人才。蜀地的地理、经济、政治、宗教因素熏染蜀地文人，形成了独具特色的文人风气。首先，艰险的蜀道让蜀人在一个相对封闭的地理环境生存与发展，这样的环境不仅利于蜀地文人不会过多受政治限制，有较为自由的创作空间，还养成了辛勤、努力开拓的民族精神，同时影响着蜀地文人追求创新、追求开放的精神；其次，蜀地文明靠江而生，江河汇纳百川的气势感染着蜀地文人开放包容、豁达开朗的心性；再次，在农业经济方面，蜀地作为一个农业发达的地区，农耕文明深入蜀人内心，这种相较于畜牧业更为稳定的生活让蜀人注重传统文化的传承，精神文明的丰富使文学创作沉思翰藻、沈博绝丽；并且，由于历史政治因素，大批外来文人纷纷入蜀，带来了各地丰富的文化特色，蜀地文人兼收并蓄、融会贯通，蜀地逐步形成开放包容的文人风尚；最后，蜀地宗教信仰的兴盛，道教、佛教的流传也在一定程度上促进了文学艺术的多维度发展。

四川作为历史文化名地，不仅在文学方面有治世安邦的人才、影响力巨大的文人，更养育了许多著名的艺术家，比如绘画方面，唐代的王宰、左全、钟师绍，五代唐时的李夫人等，但对后世影响最大的绘画艺术大师当属黄筌父子。黄筌与其子都在翰林图画院任职，作品多以珍禽异兽为主要题材，画法精细，以轻色渲染而成，他们精细的画法成为宫廷画法的标准，被称为"院体"，在我国绘画艺术史上，占据了重要的地位，与江南地区的徐熙共称为"黄徐"。唐宋时期是蜀地绘画史最为辉煌的时代。在唐朝之前蜀地画家并不出众，但由于唐宋时期的经济繁荣为文化交流与融合提供了条件，社会政治稳定为蜀地绘画的兴盛创造了条件，并且安史之乱以来，不少文人墨客、绘画艺术家都纷纷入蜀避乱，为蜀地带来了大量人才与各地的绘画技巧；因此在中唐时期，蜀地已聚集了大批高水平画家，并推动蜀地绘画高速发展、成果累累。如此，蜀地本地画家加之后来流入蜀地的画家，比如著名花鸟大师黄筌，佛教画师赵公祐、赵温奇、赵德齐，山水画师吴道子，墨竹大师文同等绘画大家，在安定富庶的成都平原形成了一个数量庞大、流派众多、环境较好的绘画创作群体，被统称为"西蜀画派"。这一画派人才辈出、出类拔萃、佳作纷呈，让蜀地的绘画造诣远高于全国画坛，并对后世绘画发展产生了极大影响。

川剧是中国戏曲与巴蜀文化融合发展的产物，是经由蜀文化渲染，并结合多方声腔逐步发展形成的地方戏曲剧种。川剧不仅在四川地区流行，清代以后还发展到贵州、云南、湖南、湖北等我国西南地区。关于川剧的记载最早可以在《三国志》中的一段故事中窥见雏形，唐代杜甫曾有"锦城丝管日纷纷，半入江风半入云"的描述，可以证明当时蜀地戏曲音乐有比较高的水平；明代因蜀王对川剧的爱好，在其倡导下川剧也加快了发展速度，不仅扩大了演出范围，也成为蜀地人民喜闻乐见的戏曲形式。早期的川剧主要出现在节日庆典、宗教盛典，或是有钱人家的红白喜事、祝寿宴等民间活动中，以定价包戏的方式演出，演员可获得相应的报酬。这种方式是专业剧场形成之前演员的主要经济来源。清代，随着川剧逐渐走进剧场，就出现了依靠剧场卖票演出的运营模式，比如成都地区的"三庆会"剧场就是较早的演出主场。实际上，还有一些小规模的川剧戏班子，仍然保留着以往流动演出的形式。川剧的发展与蜀地的民俗有着密切的联系，主要表现在三个方面，其一，蜀地的民俗文化影响着川剧的发展，两者处于一个相互依存的关系。川剧的形成在巴蜀大地得到快速、广泛的发展离不开巴蜀社会的民俗文化背景，比如码头文化、会馆文化、庙会文化等，川剧依存于这些民俗活动而不断发展，反过来各地的民俗活动也促进了川剧的传播，影响了川剧的表演内容与习俗。其二，川剧是对蜀地社会民俗、风情的一种艺术性表达。川剧的很多剧目、内容题材承载了各种民俗，经过加工提炼的生活习俗更为典型，是对民众社会生活的艺术化，体现了民众的意愿，突出了民间智慧。其三，随着川剧发展中出现的行业规范与祭祀习俗，在历史进程中也衍生为一种特殊的民俗风情。川剧行业发展成熟后也开始出现一些祖先规则、内部结构或运行机制；并且受时代背景的影响，也有一些供奉与禁忌习俗的出现，川剧与传统的儒学、道家思想或民间的信仰、巫术仪式、祭祀活动等结合，也有着自己行业的祭祀习俗，比如对"戏神"的供奉与崇拜，人们在此寄予了戏班未来平安顺遂的美好愿望。"亦庄亦谐，雅俗并存"不仅是川剧最大的特色，也是川剧有着历久不衰生命力的原因所在。川剧的声腔既有四川本地的民间曲调，也结合各省其他剧种的声腔，经过长时间的融会贯通，逐渐形成了昆、高、胡、弹、灯五种声腔。

四川曲艺历史悠久，种类众多，内容丰富，包括清音、扬琴、评书等多种形式，并且很多与四川方言融合，演出的场所也多在茶坊酒馆，具有强烈的民间乡土气息。清音是"行腔"的曲艺，在清代由民间的歌曲小调发展而来，有时伴有月琴，所以也被称为"唱小曲""唱月琴"等。清音的曲目丰富，既有分角色的戏剧故事，也有精练简短的民歌小段，乡土风味和生活气息浓郁。"扬琴"是由于演唱时带有扬琴伴奏而得名，扬琴音律协调，声调铿锵，雅俗共赏，由生旦净丑末五个行当以边演唱边演奏的形式进行表演。评书，与前面的曲艺有所不同，是属于"不行腔"的曲艺，在明代传入四川地区，说书人用生动的四川方言结合面部表情，讲述故事，以达到吸引听众的一种表演艺术，其表演风格朴实、幽默、风趣，独具艺术魅力，深受广大人民群众的喜爱。

蜀地的文学艺术担任着记述民族历史与风俗的重任，是民族文化与精神的重要载体，形式丰富的文学艺术代代相传，成为蜀地民族文化基因的传承媒介，如图 3-26 蜀地文学艺术文化基因谱系图。

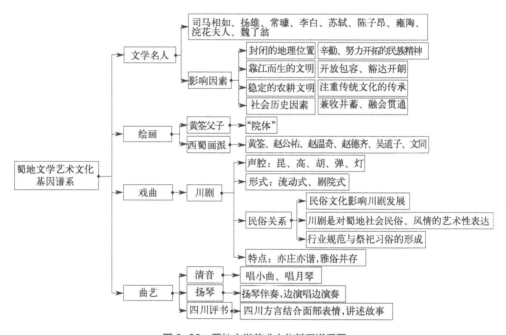

图 3-26　蜀地文学艺术文化基因谱系图

第三节　传统村落文化基因谱系

传统村落是相较于城市与普通村落的特殊群体，在我国有着庞大的数量，遍布于广袤的中华大地之上，承载着不同时期、地域、民族的历史信息，是中华上下五千年文明发展进程中遗留下的重要文化基因之一。伴随着社会的发展，传统村落不仅具有民族文化的延续性，还融合了社会发展的时代性。

虽说传统村落作为中国这片土地上最原始、最悠久的一种民间生活组织形式，不仅留存着宝贵的历史建筑文化、空间肌理文化、精神文化等各类文化遗产，也记载了农业文明的发展史，有着深厚的文化内涵与时代意义，被称为农村历史文化的活化石。随着社会进程的不断发展，特别是城镇化、工业化的推进，和现代科技化、信息化的强烈冲击，传统村落的文化也逐渐式微。传统文化基因的流失受到国家的高度重视，特别是近年来，在国家大力实行乡村振兴战略的背景下，传统村落的开发与保护掀起了新一轮热潮。从2012年至2019年国家通过系统地调查与整理对传统村落进行了抢救式的保护工作，针对传统村落文化活化发展所处的现实困境，并结合新时代社会发展需求，采取了一系列的实际措施，以完善村落文化建档和保护管理机制为首，在这期间梳理了6819个传统村落并分批次列入《中国传统村落名录》，见表3-5，2012～2019年《中国传统村落名录》数量表。

表3-5 2012～2019年《中国传统村落名录》数量表

批次	第一批	第二批	第三批	第四批	第五批	合计
数量/个	646	915	994	1598	2666	6819

因此在乡村振兴的社会大背景下建立巴蜀地区传统文化基因谱系也是对传统村落文化的活态保护，可促进巴蜀地区地域文化的多元发展。

村落作为中国古代社会的最基本、最稳定的社会单位，也是巴蜀地区的基本聚落单位，一方水土养一方人，传统村落铸就了巴蜀地区独具特色的村落文化，承载着古代巴蜀地区农耕文明的核心文化，有着原生性、稳定性、内凝性、血缘性、相对独立性和多元性特点。传统村落由早期的原始聚落发展而来，是集居住、生产、生活、信仰于一体的聚落共同体。战国时期的村落与城市有着密切的关系，共同构成社会共同体，不仅是空间上的大小级关系，也是政治上统治与被统治的关系。随着社会进程的发展，战国以后村落的功能得到不断完善，内部结构也不断变化呈现出多元性的特点。村落的居民有着共同的社会活动，比如农业生产上的互帮互助、祭祀活动中的共同参与，以及一些嫁娶、丧葬的互助共济，这些频繁的集体性社会、信仰、经济活动，使村落成为一个统一的整体。传统村落除了在地缘上表现出统一整体，其实也包含着一定的血缘关系。在古代，传统村落的家庭血缘关系组成了村落的宗族关系，让传统村落成为以血缘为主、地缘为辅的组织单位。这些关于传统村落的文化在千年农耕文明中不断形成，体现出巴蜀地区古代先民的民族特性与地域特色。

巴蜀地区位于四川盆地及其周边，地形地貌复杂多样，以山地丘陵为主，留存着大量文化类型多样的传统村落遗址，其中重庆有110个村落、四川有333个村落被列入《国家传统村落保护名录》，见表3-6巴蜀地区传统村落分布统计表。

表 3-6　巴蜀地区传统村落分布统计表

省份 \ 批次	第一批	第二批	第三批	第四批	第五批	合计
重庆市	14	2	47	11	36	110
四川省	20	42	22	141	108	333

巴蜀地区的村落空间总体分布情况与西南其他地区相对集中、重叠、相邻的空间分布有所不同，整体的分布呈现出分散、不相邻的特点，而出现这样的情况是由于巴蜀地区，特别是重庆地区的特殊地貌以及各种移民文化的影响。所以总结来说，巴蜀地区传统村落文化的形成主要受到自然环境与人文环境两大方面的影响。

自然环境中的地貌、水文、气候特点成为传统村落形成的重要因素，对传统村落的空间分布、建造格局以及各种生态关系起着重要的作用。地貌方面，巴蜀地区位于我国大陆地势三大阶梯的一、二级阶梯，整个地势西高东低，衔接青藏高原与长江中下游平原，成为高原与平原之间的过渡带，有着形式多样、错综复杂的地形地貌。西部为高原、高山，海拔多在 3000 米以上，东部为盆地、丘陵，海拔多在 200～500 米之间，整个地区的高差显著。地形地貌对传统村落的选址、空间形态、村组团关系有着较大的影响，复杂多样的地势，让传统村落也无法集中分布，较为分散。但这些复杂的地形也为传统村落的形成与传承提供了安全的屏障，比如蜀道的艰险、重庆的山城都受到地形限制，交通并不发达，减少了巴蜀地区先民与外界的交流，也较少受到城市化影响，使以传统农业生产为主的村落在封闭环境中能够较为完整地保留下来，并延续至今。

水文方面，巴蜀地区水系发达，单单是四川地区境内就有大小河流 1400 条，号称"千河之省"，重庆地区同样河流纵横交织，其中有 42 条河的流域面积大于 1000 平方千米。巴蜀地区的河流江水主要从属于长江流域，有 3% 的流域面积从属于黄河流域，其余 97% 的流域面积均属长江流域，流域面积达 55 万平方千米，包括了金沙江、岷江、大渡河、沱江、嘉陵江、涪江、乌江等重要江河。河流是传统村落居民生存生活的重要资源，村落的建设常常会"观山水、察水流"，所以河流的走向与分布也决定着传统村落的空间布局、单元大小等内容。巴蜀地区的大多传统村落都会靠近水源，为了耕地、出行的便利会选择"亲水"，但也考虑到水流的涨潮、防止洪水的危害而选择"疏水"，亲水疏水之间的平衡点，往往就是传统村落的最佳选址地点。不同大小的河流也承载着不同功能，较为大型的河流是巴蜀地区重要的交通要道，所以在大型河流旁的村落也成为贸易集中点，为了方便贸易交流，村落通常会沿河流呈带状分布。而小型的河流水系主要起到农业灌溉的作用，巴蜀地区的先民为了实现对小型水系的最大化利用，村落的建设围绕沿岸土地进行组团式分布，沿岸充沛的水资源，也利于巴蜀先民的生活与农业生产。

气候方面，巴蜀地区地处中纬度、亚热带地区，整个区域除了受地势影响西北部是高寒的高原山地气候区，其余都是温暖湿润的季风气候区。西南山地为亚热带半湿润气候区，全年气温较高，东部盆地、山地地区为温润的亚热带季风气候区，雨量充沛，故夏季湿热、冬季阴冷。巴蜀地区冬季阴冷，特别是重庆地区受山地影响还多雾，日照时间少，因此人们在选择村落地址时也会考虑阴坡、阳坡的不同，为最大程度地享受日照，多选择阳坡。同时针对巴蜀雨多气湿的特点，有些地区的村落为适应气候将楚地一带的干栏式建筑引入形成上下两层通风、防潮的干栏式传统村落建筑形式。除此之外成都地区的传统村落为适应多雨气候建造了檐廊形态的建筑，如图3-27带柱檐廊建筑。檐廊不仅有遮雨避晒、引流雨水的功能，在村落关系的发展中檐廊还是进行日常户外活动、邻里交流的场所。

图3-27　带柱檐廊建筑（自摄于自贡市）

自然环境决定了巴蜀地区传统村落的基本属性，而人文环境却对传统村落的形成、演变以及特征凝结产生了深远的影响。人文环境主要包括政区沿革、移民活动、民族分布以及人文意识等方面。

政区沿革方面，是指巴蜀地区经济结构、社会制度、国家政策等政治制度环境对传统村落发展的影响，不同时期不同类型的政治环境孕育出的村落文化成为巴蜀地区社会生活与经济发展的见证者。秦灭巴蜀后，为统一巴蜀，设立巴郡、蜀郡为地方行政区。三国时期蜀地又被刘备占据，史称"蜀汉"；两晋南北朝时期巴蜀地区的行政建制也随着朝代的更换而不断发生变革，巴蜀地区的县逐步增加；唐代又有剑南三川之分；清代更是对四川、云南、贵州的三省边界进行了调整，基本确立了四川南部的省边界；新中国时期又将巴蜀地区划分为川西、川东、川南、川北四个区域，而后在1997年将四川划分为如今的重庆和四川两个部分。古代巴蜀的建制沿革变化与划分多以山川河流为界，加之以往交通的不便以及受到政治的限制更容易形成相对稳定的文化区域，影响着该区域传统村落文化的形成与发展。

移民活动方面，巴蜀地区位于长江与黄河之间，东部盆地群山环绕，资源丰富，虽然交通堵塞，但也形成了天然的安防屏障，是历史上流民避难、民族迁徙的重要迁入地。最初秦灭巴蜀，在巴蜀地区设立巴郡、蜀郡，这期间有大量中原流民罪犯被遣送至此，更有贵族、商人入巴蜀，为巴蜀地区带来了中原文化；还有蜀汉、南北朝时期十万僚人入蜀、唐宋时期中原移民再入巴,以及明清时期大规模的湖广填四川等移民活动对巴蜀地区的生活习俗、民族风情、社会发展产生了巨大的影响。各地移民将其原生文化带入巴蜀地区,促进了民族文化的交流,也使巴蜀地区传统村落形成了区域性文化景观,比如湖广文化、客家文化中的穿斗构架与围楼建筑形式也存在于巴蜀地区传统村落中。

民族分布方面,巴蜀地区是多民族聚居区,拥有的少数民族多达 55 种,包括彝族、藏族、羌族、苗族、回族、蒙古族、土家族、傈僳族、满族、纳西族等。不同民族的地理分布也对巴蜀地区传统村落文化产生了不同程度的影响,彝族的漆器、羌族的碉楼、苗族的吊脚楼、土家族的土司城等少数民族特色文化在发展过程中与巴蜀本土文化不断融合,共同构成了巴蜀地区的传统村落文化。

人文意识方面,对巴蜀地区传统村落文化区的空间形态、景观特质、区域认同有着重要影响。比如巴蜀地区的码头文化、宗族礼制等方面的人文意识。其一,码头文化是围绕水运,以河岸货运为中心的文化类型,巴蜀地区发达的水系网络,也促进了码头文化的繁荣。受码头文化影响最突出的是传统村落会呈现条带状的空间分布形式,许多建筑临江方便贸易交流,比如重庆地区的江津区宝珠村东海沱传统村落。其二,宗族礼制是传统村落的核心精神之一,宗族组织下的管理与制度也影响着传统村落文化的发展与延续,因为宗族内的血缘关系、婚姻关系等社会关系决定着传统村落的形态和组团关系。根据血缘、地缘以及利益社会关系的不同,宗族组织形式可大致分为继承式宗族、依附式宗族、合同式宗族。继承式宗族关系影响下的传统村落会呈现散点型分布、整体组团形式较为自由的特点。而后在社会发展、商业繁荣、宗族兴盛思维背景下逐渐出现依附式宗族,受此类宗族组织形式影响的传统村落地区,整体凝聚性高,较多地呈现出集中式团块形分布。再后来土地私有化的普及、人口数量的增长使村落组织关系也逐渐形成了以利益关系为纽带的合同式宗族,此时的传统村落分布表现出组团形的布局特点。

巴蜀地区的传统村落作为古代巴蜀先民的寓居之所,有着其独特的属性特征,其形成与发展也受到地形地貌、水文、气候、政区沿革、移民活动、民族分布、人文意识等自然环境与人文环境的影响,让其成为巴蜀地区民族乡土文化最直接的载体。这些历史悠久的传统村落大多因地制宜、依山就势,其建筑与自然巧妙融合,展现着多姿多彩的民俗风情,如图 3-28 巴蜀地区传统村落基因谱系图。

地处巴蜀文化核心区域的川西地区,传统的"林盘"村落文化资源非常具有典型性。作为传统的民居生态聚落——林盘,依自然条件而建。这也符合战国时期管子提出的"人与天调,然后天地之美生"的理念,是典型的"天人合一"哲学思想在传统村落建造中的延展。川西"林盘"为历史记忆场所,建立在所处地域自然环境和社会存在的固有差异之中,川西"林盘"传统村落的地域特征有客观必然性。地域文化正是川西"林盘"传统村落文化的源泉,能够很好地反映川西"林盘"传统村落的价值和内涵。地域文化和川西"林盘"传统村落本身就是共生共存的关系,两者相互依存,相互影响,忠于地域文化特色的川西"林盘"传统村落文化,在历史文化传承中不断得到美化和塑造,显示出无穷的历史文化魅力。对川西"林盘"传统村落文化来讲,环境即是自然环境和人文环境的共同体。自然环境包括地形地貌、空间布局等;人文环境包括地域文化。相对来讲,川西"林盘"传统村落文化中的人文环境便是蜀文化的大环境,既有古蜀文化的历史厚重又有当代蜀文化的时代气息。由此可见，川西"林盘"的传统村落文化改造不管在内涵还是外延上都具有丰富的人文环境。

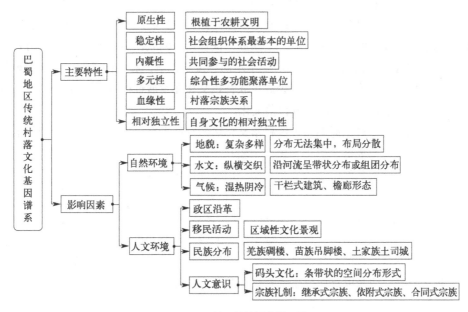

图 3-28　巴蜀地区传统村落基因谱系图

一、川西"林盘"传统村落文化现状分析及制约因素

纵观历史，川西地区的盆地地形地貌特点注定了其文化发展的相对滞后。从考古史中我们不难发现，蜀文化出现过断层。依据设计界提出"世界是平的"这个观点，全球化的设计发展格局即已成形。川西"林盘"景观设计，传统历史文化形式的古镇景观，整体表现出在功能及现代生活中不适应的局面。川西"林盘"景观的重新设计要么是传统景观一成不变；要么是变得面目全非。生搬硬套，照葫芦画瓢，强行将现代几何形态与传统元素生硬结合，明显"作秀"的形式，使得川西"林盘"景观自身就毫无生气，更谈不上激发人们的兴趣。如此的设计，川西"林盘"景观脱离了文化底蕴，成为不伦不类的巨大的环境"装饰品"。我们看到一些为保护川西"林盘"景观的设计赛事中，相当多的参赛者提取并运用典型的景观元素来设计，但最终效果却差强人意。

以川西"林盘"文化资源为例，源远流长的川西"林盘"人文、自然、生产生活景观中蕴含着极其淳朴的民俗民风，先民留下的是珍贵的文化资源。然而在商品经济大行其道的氛围中，看看那些经历沧桑岁月磨难遗留下的痕迹，已被世俗的"快餐"商业模式改变，有的为官者只在乎短期的政绩效果，有的为商者只看到立竿见影的巨大财富。以保护之名对川西"林盘"进行修复，大兴土木的结果只是弃历史于不顾的伪商业改造，余下的是因复制而造成的严重视觉污染。

此外，经济等因素的制约，加之开发模式手段单一，川西"林盘"景观的改造往往是曲高和寡的局面。特别是"农家乐"在川西"林盘"中遍地开花的情况让人啼笑皆非。现代化的川西"林盘"景观设计要求以观者为中心，以观者需求为重点，川西"林盘"景观中传统的生产生活方式一直都以各种形式存在并保留至今，从表象看来，现代生活方式的改变好像已抛弃了固有的传统概念，人们的生活模式也发生了前所未有的变化，新思维、新空间、新形式层出不穷，但细细梳理之后便会发现其中依然有传统文化内涵，其物化展示的仅是这种新模式的时尚外衣而已。随着国家政策的提出，城镇化的各种形式和探讨呼声增强，在此趋势下，成都市近郊古镇景观保护与修复水平的提升显得迫在眉睫。

通过对川西"林盘"的实地走访和调研分析发现造成川西"林盘"景观现状的因素主要有三个方面：缺乏相应的理论指导，意识形态的目光短浅，设计经验不足。

景观设计的理论指导很多，乡村景观设计的理论指导和成功案例也很多，但关于川西"林盘"景观设计的理论却屈指可数。关于"林盘"景观设计的资料不多，特别是理论指导方面的资料几乎没有。也许相关景观设计的理论指导大可运用到川西"林盘"景观的设计中，实则不然。川西"林盘"景观有其特殊性，不同于一般的城市景观设计。川西"林盘"景观所要表达的文化内涵，是个抽象的概念。这种抽象不好好把握容易造成川西"林盘"景观设计目标定位的偏差，若以商业模式中的建筑为主，就弱化了川西"林盘"的其他景观。正是由于这种偏差，设计中对区域文化挖掘不准或深度不够，造成了浅层次地使用文化符号，甚至出现滥用的情况。这些问题的出现都是由于缺乏相应的理论指导。

意识形态的目光短浅。目前，我国专门的川西"林盘"景观设计从业人员很少，从事川西"林盘"景观设计工作的人员大多是风景园林规划师、城乡景观规划师等。同为景观设计，大体内容和手段相同，但具体的针对点和景观设计是有所不同的。川西"林盘"景观的设计对从业人员的要求更高，不仅要深度了解当地的历史文化还要全方位考虑和调研当地各种与景观设计相关的要素，既要现代又要传统，这本身就有很大的难度，对分寸和度的把控尤为关键。另外，急切的功利心态也是造成川西"林盘"景观设计作品缺乏长久生气的原因。实际上我们经常看到大量的川西"林盘"景观拆了又建，建了又拆。来来回回的拆建浪费了大量的人力、物力和财力，更是对历史文明的不尊重，其中，我们更为痛惜的是这样的拆建工作损坏了很多的历史人文景观。它们都是不可再生的，十足让人惋惜。

最后是设计经验的不足。一方面，川西"林盘"景观改造中重建的情况多，但保护和创造性改造的情况不多。仅靠书本或别人的案例，是不能形成有效的经验的。另一方面，新技术、新科技的不断发展，为川西"林盘"景观改造带来了更多样的技术手段和实现方法。但在川西"林盘"景观中引入新技术、新材料目前仍是探索阶段。川西"林盘"景观的改造所要花费的资金相对来讲是巨大的，尤其是川西"林盘"景观中传统建筑的修缮工作，投入成本高昂并且工作时间相对较长。川西"林盘"景观设计经验不足，整体改造水平有待提高，但保护、传承和发扬传统文化是我们义不容辞的责任，即便是困难重重，我们都要坚持并很好地做下去。

二、川西"林盘"传统村落文化资源分析

1. 川西"林盘"传统村落的自然文化特征

川西"林盘"的自然景观是其形成的基础。其自然景观中的山水地理条件优越,"山主贵,水主财"的民间信仰在这种自然景观中体现得淋漓尽致。以点及面进行分析,川西"林盘"景观的自然景观特征如下。

① 川西地区有相当丰富的历史文化资源。川西民居特色明显、传统民居建筑形式自成一家。川西"林盘"景观主要体现为川西民居。因历史原因,区域文化的包容性极强,当代川西民居中也融入了其他地区的民居特色,如云南民居、江苏民居等,同时还结合了唐风建筑等中国传统的建筑精髓。可以说是融合了各大精华,"取其精髓,去其糟粕",将各种元素在保留川西传统特色的基础上巧妙结合,创造性地发展。朴实的外观,实用性强的内部,是当地川西民居的直观表现。结合现代生活的需要,民居内部采用极具现代化的智能配套设施,使人们的生活品质更高、生活更加舒适。

② 布局上体现了"围合"的观念。"林盘"聚落正是围合的典型物质载体,"林盘"聚落既增强了社会凝聚力,又增进了家庭的亲和力。

③ 川西"林盘"自然景观中的水系布置脉脉相通而无丝毫泛滥。川西"林盘"景观的水系没有大江大河的气魄,而是因势利导,形成小池小塘、婉转溪流。并且,将水与周围环境相融合:水中有景,景中有水。水在环境中自然穿插、渗透,没有刻意的人工痕迹;利用现代手段改造后的堤、岛划分景观区域,形成多重的空间层次感。建筑物或点缀于水边,或伫立在水中,形成自然的环抱。

2. 川西"林盘"传统村落的人文文化特征

川西"林盘"的人文景观应该包含民族与民俗特征、文化景观等。"林盘"的存在价值是以其完整的文化形态而出现的,这一文化形态,不仅包括古建筑物、古朴的环境以及众多文物遗存这些凝固的、静止的事物,而且还包括世代生活在这些老房子里的川西人传统的生活状态,即他们传统的生活方式、生产方式和文化方式。近几年,政府和社会人士对川西"林盘"人文景观的保护力度加大,并形成以旅游为主导的经济体系。

① 民族与民俗特征。受移民文化的影响,川西地区有不同的民族和民俗特征,每个民族都有凸显本民族文化风貌的"林盘"文化,汉族聚居的"林盘"也各具特色,在川西地区悠久的文化和良好的生态环境中所产生的灵巧、奇异的特色建筑和多姿多彩的民风民俗,既加深了不同文化间的相互理解,又极大地丰富了"天府之国"的历史文化内涵。由于地貌特征、气候、地理条件等相差并不太大,川西境内各地民俗风情的差别也不大。有些地方有他们独特的地方性节日与庆典。洛带地区有客家民俗特色的火龙节:当地客家人的传统习俗是过水龙节、火龙节。特有的民风民俗是洛带客家人有别于其他移民的重要标志,如图3-29所示。又如位于成都市近郊郫都区境内的三道堰地区,也有端午节赛龙舟和抢鸭子的传统,如图3-30所示。

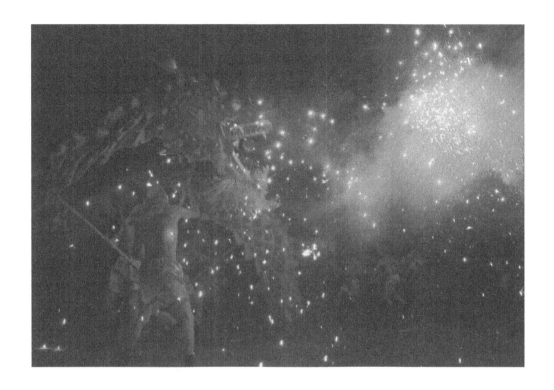

图 3-29　洛带传统的节日

图 3-30 传统的赛龙舟

② 文化景观。"林盘"之所以吸引人,就在于它保留了古老的传统文化,这种传统文化同时还具有特别的地区特色。川西地区,文化历史悠久,历史上两次大规模的移民活动使得川西地区的本土文化渗入了大量的外来元素,形成了多元文化融合的特征。川西多地的乡土聚落及其民居,吸收有利于自身发展的"移民"文化,并结合本地地形、气候等诸多特点,逐渐演变成极具自身特色的文化。川西"林盘"大多历史悠久,人文内涵丰富,有着悠久的历史沉淀和多种文化的相互交融。历经千年人文濡染,许多川西"林盘"保存有大量历史文化遗迹,且人文荟萃,留下了神奇的传说和文化古风。在众多的历史文化遗迹中,有南方丝绸之路、三国文化、湖广填四川、红军长征、抗战等诸多反映中国历史事件的遗迹及名人故地等。

3. 川西"林盘"传统村落的生活与生产文化特征

随着时代的变迁,川西"林盘"的生活与生产景观特征发生了十分明显的改变。首先是传统的"水码头""旱码头"(沿江河交通要津的称为"水码头";沿交通陆地交汇的称为"旱码头")。"林盘",因现代生活方式和交通运输方式的改变,彻底没有"水""旱"交通之分了。由于生活方式的改变,过去农耕的生产景观几乎没有了,取而代之的是大规模的经济果木和苗圃的种植。

民居建筑的形式和结构,同各地区、各民族的居住民俗密切相关,它们互相影响、互相适应,最终融为一体。因为"建筑就是凝固为物体的人生,人生在客观事物中体现得最全面、最完整、最生动具体的,莫过于建筑"。川西各地的"林盘"建筑中,古老的民居建筑(传统院落),宗教建筑(古寺庙、道观等)和公共建筑(宗祠、牌坊、桥梁、戏台、反映移民文化的会馆等)相连成片。从它们的建筑外形来看,迥异于现代民居建筑,给人以强烈的视觉冲击。我们可以从民居建筑的布局、结构、构造、天井、类型等方面来分析。

(1) 建筑布局

受经济条件的制约,贫穷人家多为纵长方形、曲尺形和面宽一二间的横长方形小住宅。这些住宅的平面布局与结构外观虽比较简陋,但手法较自由。经济条件比较好的人家多为三合院、四合院住宅,同时随各地的自然条件与风俗习惯产生不同的样式。由于受风水学说的影响,四合院住宅的平面布置,可分为大门位于中轴线上和大门位于东北角或东、南、西、北的不同形式,大门位于中轴线上是较多的。建筑史家们大都认为,四合院应是由三合院扩增而成,也就是说,三合院的历史早于四合院。在川西各地,三合院住宅远远多于四合院住宅,除了经济原因之外,可能三合院比四合院布局更灵活自由,更简洁实用。在川西地区随处可见的三合院民居是由横长方形住宅的两端向前增扩而围成,平面布局恰似凹形。但它可以有很多灵活的变体,"或以一个横三合院与一个纵三合院相配合,或前后两个三合院的面阔一大一小重叠如凸形,或以两个方向相反的三合院拼为 H 形,或在三合院周围配以附属建筑物构成不对称的平面"。

(2) 建筑结构

"青瓦粉墙,青石小桥"似乎是川西"林盘"留给人们的最佳整体印象,如图 3-31 所示。川西"林盘"建筑受其他民族建筑元素影响比较大,影响特别重要的一次发生在明末清初,"湖广填四川"带来的移民文化使得中原的建筑结构特征与川西地区的木构建筑相结合,引发了民居在建筑空间结构形式上的演变,形成了多元文化融合的特征。

① 在结构上以穿斗结构取代了川西民居原有的抬梁式,建筑理论家们认为:中国传统民居的结构特征是结构梁柱支撑体系,川西民居以穿斗构架,挑廊、挑檐、挑楼的木结构技术为特征。在穿斗的具体做法上,川西民居有丰富多样的创作:有单挑出檐的硬挑,有加撑拱的斜挑。撑拱的做法有双挑出檐、软挑加半墩式等。檐端做法有挑坊式的出檐,有三挑出檐的吊墩式等,可谓别出心裁,艺高胆大。

图 3-31 建筑结构

② 引入了南方民居中常见的建筑元素，如封火墙。川西传统民居很少连成一片，所以，川西地区最初的建筑中并没有封火墙。明末清初"湖广填四川"移民之后，各地移民进入四川，将徽式和潮汕建筑中特有的封火墙引入了川西，实践证明这种建筑形式在川西地区是适用的，所以，现在我们可以在很多"林盘"看到封火墙的身影。

③ 川西民居原有的干栏式建筑逐渐演变成了合院式的建筑平面布局。除了移民文化对川西"林盘"建筑的影响以外，部分"林盘"还具有少数民族风情和异国风情。

（3）建筑构造

建筑构造，包括装饰和天井。装饰是民居建筑构成的要素，在一定程度上反映了建筑物的性质和地位，以及人们的精神追求和物质生活。川西地区建筑装饰在装饰材料与表现形式和技艺上有其自身特色。首先在建筑装饰材料上，川西"林盘"建筑常采用木雕、砖雕、石雕、彩绘等材料来装饰居室，精巧实用，做工考究。如郫都区境内的古城和三道堰地区的古民居建筑，各种窗花、雕饰数量多。这些精美的雕刻和绘画，内容丰富，表达的寓意多样，有喜庆、吉祥、富丽的，也有褒扬节孝、劝世正俗的，地方风格明显，民俗情趣盎然，还有浓厚的传统文化色彩，极具观赏和审美价值。其次在表现形式和技艺上具有自身的质朴特色。川西"林盘"建筑的各个部件或装饰构件丰富多样，如山墙、屋脊、挑檐、挂落、雀替、驼峰、柱础、门窗等，多由精致美观的木雕、石雕、砖雕、泥塑、彩绘或陶瓷饰物制成，其中所反映的内容或传统典故，是移民礼教和本土文化的生动展示。尤其突出的是丰富多样的木雕装饰艺术，川西民居的木雕主要集中在门、窗、家具以及雀替上。雕花细腻，造型多变，在对称的格局上寻找局部的变化。在内容上，多以植物、花卉为主，还有如意纹等。石雕大都以中国传统的吉祥图案为对象，柱础上的石雕古朴笨拙，给人以厚重感，栏杆上的雕花细腻精致，层次丰富，线条流畅，疏密适中，动物活灵活现，形象生动，植物特征鲜明，具有很好的概括性。柱础与栏杆似乎是不起眼的建筑元素，而恰恰是它们身上的雕饰反倒叫人感受到建筑师的精细和房主人生活品位的高雅。其中，龙凤、牡丹、麒麟、云气纹都是常见的题材，不管是石雕还是木雕都源于人们祈福消灾、趋吉避凶的朴素思想，反映着人们的精神追求和物质生活。

天井在《辞海》中解释为"四围或三面房屋和围墙中间的空地",这种解释主要是从天井平面组成来分析。天井有井的内涵,是一个无具象界面的类井状泛指空间,采用便于人们近距离观赏的尺度,形状并没有明显的规定,大如院落,小如窥天;形状上多为方形。从构造角度来看,天井上檐由屋顶四向的屋檐或墙壁组合构成,下底铺地面积大于井口,有凿内池、留沟防、设路径、安石碑、置盆栽种种异制。"天井"井底自室内地坪下沉为方池或方槽,方池的直接作用是接住落地的雨水,天井比室内略低,铺设石板,做内排水,其实也就是各家各户排水的地方,天井四面屋檐相连,雨水落到檐下排水沟或者经过石板中的排水孔进入地下,称"四水归池"。也有的天井的檐缘是相对独立的,并不与主体建筑相接。因此川西民居一般是内敞外封,四面是封闭的建筑、围墙,天井与院子联系四面的空间,在满足基本的通风、采光、排水的同时,其间可种植花木,模仿自然,力求以小见大,适于近距离观赏,满足人们亲近自然的需求。特别是天井有一年四季的变化,形态万千,晴天有明媚阳光洒入,雨季有绵绵细雨飘下,特别是天井下的方池盛接落雨,使人坐在屋内心在室外,如图 3-32 所示。

图 3-32 天井

（4）古井、古树景观

古井是村落的重要组成部分，一般位于封闭或半封闭的村落空间入口处，大多是两山夹溪的位置。古井具有浓厚的风水色彩，传统风水文化认为"水本财"，"水口者，一方众水总出处"，因此"水出处不可散漫无关锁"，为了留住"财气"和"富气"，保佑全村兴旺，大多人为地在古井增设"关锁"、桥并辅以树、亭、堤、塘等。于是古井建筑与周围绿水青山融为一体，形成古井园林。川西"林盘"的古井园林不同于苏州园林等江南园林，后者多处市井，不易获得开阔的视野和借景条件。川西"林盘"的古井园林造景遵照"虽为人作宛如天开"的原则，多建于古井，能借鉴真山真水，充分发挥山水的感染力，因地制宜，巧于因借，与山水、田野、村舍融为一体，自成天然之趣，不烦人事之工。历经数百年，川西"林盘"仍有不少古井园林得以幸存。古树古木和有特色的建筑是一个"林盘"自然历史和文化文明史的缩影，是一个"林盘"生态环境与人文环境变迁的见证，一座"林盘"在建设中应使其原先的自然历史得到延续，文化得到发展，这才是完整的建设，从生态上来说种树对空气的改善，对水土的保护显然与种草不可相比。此外树所拥有的生长年龄也使树与人有一种亲和的感觉。一棵老树、一棵古树给予人的不仅有生理的、生态的享受，而且还有文化的享受。十年树木，百年树人，这样的古训将中国人与树的物我对应关系作了很好的总结。树作为一种自然物由于它所保留的时间记忆使它与人有一种特殊的关系。人可能因为树的年龄联想到自己的人生，想到树作为历史见证者的功能，人也可能因为树与某个历史人物的关系产生对人、对事、对时代的缅怀，如图3-33所示。

图3-33 三道堰古镇的古树

第四节 农耕文化基因谱系

中国自古以来是一个农业大国，在数千年的农耕实践中，成就了辉煌的农耕文化。农耕文化决定了我们民族的文化特征，是区别于游牧文化的一大特点。农耕文明是中华优秀传统文化的重要组成部分，体现了我国自古以来刀耕火种、男耕女织的生产生活特征，对人类的发展影响很大，也是我国农业最宝贵的财富。各地区在不同的地理位置、人文风景、民俗民艺的影响下，形成了不同的农耕特点。如巴蜀地区的农耕文化也有着自己独特的文化魅力，位于西南地区的巴蜀以水稻种植为主，得益于独特的山地与平原地势，众多物产丰富了人们的生产生活。如盐业、酿酒业、织造业等，还包括干栏式建筑、川西"林盘"等独特的居住方式。随着社会的发展，农耕文明在我们的生活中逐渐淡化，现代生活中，机械化便利了我们的生产生活，使得人们忽视了赖以生存的农耕文明。

俗话说，一分耕耘，一分收获。农耕文明教会我们的不仅仅是生存生活的技能，更使我们具备了勤俭勤劳、遵守天时地利的优良品质。因此，无论在何时何地，我们都需要遵守与把握农耕文化的精髓。重视与挖掘传统农耕文化是当下的重要任务之一，我们需要在日常的生活和学习中去了解农耕文化，把握农耕文化和发展农耕文化，做到真正的理解与传承。

一、巴地的农耕文化基因谱系

据考古资料、文献记载以及实地调研发现，巴地因独特的地理位置，物产十分丰富，且农耕文化历史悠久，具有一定的研究价值。现将巴地农耕文化基因划分为山水文化、物产文化、饮食文化、人居文化四个部分，如图3-34巴地农耕文化基因谱系图。

1. 山水文化基因

山指的是三峡与巫山，水指的是嘉陵江。巫山是东方人类的发祥地之一，是巴地农耕文明的重要起源地。巫山有着"渝东北门户"的称号，是游览长江三峡的必经之地。元稹曾用"曾经沧海难为水，除却巫山不是云"来赞扬长江三峡巫山的雄伟壮阔。

巴地的山有着"幽深秀丽擅奇天下，峡深谷长迂回曲折"的称号，代表文化有开埠文化、安坪文化、大溪文化等。由于巴地独特的地理位置，使得巴地还有众多别称，如坝、坪、坡、垭、坎、塝、岩、石、坑、洞、岗、梁、盖等，可以看出巴地的地理位置险峻，多以石洞与山坡的形式存在，巴地的房屋修建区域以山城为主，少有平原。

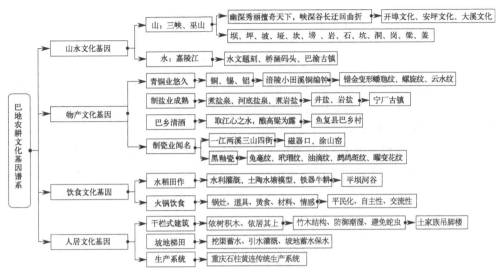

图 3-34 巴地农耕文化基因谱系图

巴地的水文化历史悠久，有水文题刻、桥涵码头、巴渝古镇等文化遗址。自古以来，巴地的水由嘉陵江和长江交汇而成，因地处两江相汇，水域通达，有天然的港口。有港口的发展，自然也使得重庆成为水运往来的重要场所之一。其中，龚滩古镇位于酉阳西部阿蓬江与乌江交汇处，是"因水而生"的代名词。龚滩古镇背山面水，聚族而居，因水而建的古桥别具风格。此外，因水而生的巴地，民俗民风中充满对水的崇拜与敬仰之情。如巴地的著名古镇龚滩古镇附近便建有川主庙、禹王宫、三教寺、董家祠堂等宗祠，是祈愿风调雨顺的重要精神寄托场所。如图 3-35 巴地山水文化基因谱系图。

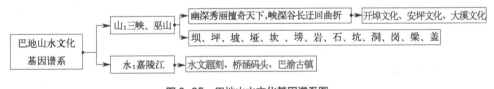

图 3-35 巴地山水文化基因谱系图

2. 物产文化基因

商周时期，蜀地的青铜时代已经进入了黄金阶段，然而巴地的青铜发展却较为落后，因此，考古学家把这一时期作为巴地的早期青铜文化。青铜的历史悠久，主要用铜、锡、铝等材料制作，如巴地涪陵小田溪的铜编钟，上有错金变形蟠螭纹、螺旋纹、云水纹等花纹。此外，巴地最为出名的青铜器便是三羊铜尊，这个三羊铜尊出土于重庆巫山，器身以云雷纹为地，上饰夔纹和饕餮纹等，有驱鬼征巫的功能，这件文物也记录了巴地青铜发展最为辉煌的时期。

巴地制盐业成熟，主要包括井盐和岩盐两类。在丰富的物产资源中，盐是十分重要的物资,巴地也有古老而丰富的盐文化。因此,巴地至今也流传着盐水女神与巴国廪君凄美的爱情神话故事。巴地有着悠久的制盐传统,通过提炼山上与地下水中的盐水制盐,主要包括煮盐泉和河底盐泉。其中煮盐泉来源于巴国东部巫溪宝山中的自然盐泉,而河底盐泉是对地底下的淡盐水进行提炼。

其中,宁厂古镇是重庆市首批"历史文化名镇",是巴地盐业发展的重要场所,有流淌了数千年的盐泉,被称为"上古盐都,巫巴故乡"。宁厂古镇是我国历史上的早期制盐地,孕育着巴地独特的农耕文化。

巴乡清酒是独特的巴酒文化,有"取江心之水,酿高粱为露"的称号,著名制酒地较多,如鱼复县巴乡村等。巴人拥有高超的酿酒技艺,最早主要采用黍、稷等原材料进行酿造,核心特点讲究的是"冽",更加突出从浓香到清香的一方水土文化。后来,白沙烧酒逐渐发展起来,更加突出了巴乡酒的清冽与曲米春的绵甜。盛宏之曾说道:"南乡峡西八十里,有巴乡村,善酿酒,故俗称巴乡酒。"可见巴地独特的巴国风俗与巴酒的酿造文明。长江水系联系着巴地的酒业和瓷业,彰显出西南地区独特的农耕文化特征。

巴地制瓷业闻名天下,有"一江两溪三山四街"的称号。如磁器口、涂山窑等地。其中,磁器口最早叫"白岩场",从宋代开始就是一个重要的水运码头。但因巴地盛产瓷器,是物资中转集散口,又因"瓷"和"磁"音同,就叫成了"磁器口"。此外,在众多瓷器中,巴地的黑釉瓷最为著名,传统的黑釉瓷上雕刻有兔毫纹、玳瑁纹、油滴纹、鹧鸪斑纹、曜变花纹等图案,十分生动精美。在黄桷垭老街历史文化展厅中,生动展示了涂山窑的炼制场景。与蜀地不同的是,巴地的涂山窑以烧制黑釉执壶为主,其造型优美、修胎精良获得了大众的喜爱与认可。如图3-36巴地物产文化基因谱系图。

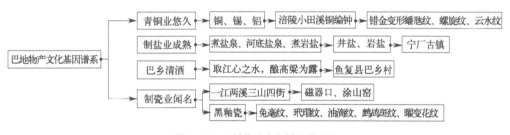

图3-36 巴地物产文化基因谱系图

3. 饮食文化基因

巴地的农业发展较早,最早在新石器时代就发现了与中原地区媲美的原始农业文化。在平坝河谷地一带,人们就开辟出了水田来种植稻谷。后来,人们又在大溪遗址发现了陶器上遗留的谷壳,足以证明巴地的农耕文化发展历史悠久,物产丰富。巴地农耕文明以水利灌溉为主,逐渐形成了采用铁器牛耕而形成的水稻田耕作文化。此外,巴地大部分以山地丘陵为主,因此会采用刀耕火种的种植形式。但也正是因为巴国的地理位置特殊，使得巴国的农业生产水平差异巨大，发展极其不平衡，较为偏远落后的地区还是以渔猎为生。

由于巴地的地理位置较为特殊，因此发展水利较为困难，所以当地的劳动人民因地制宜，创造性地发展出了土陶水塘。在这种复杂的地貌下，可以实行土陶水塘进行水田灌溉，由此反映出巴人的劳动智慧和农耕精神。

此外，火锅饮食文化与农耕文化息息相关，如锅灶、道具、烫食、材料、情感。重庆的饮食文化具有较强烈的文化传播性与地域特征。重庆饮食中最突出的就是重庆火锅了。而重庆火锅诞生的文化基因就源于巴文化，辣是重庆火锅的显著标志，这也凸显了巴国人豪气万丈的性格。巴国的饮食文化体现出了平民化、自主性、交流性的文化特征。人们通过巴地独特的饮食文化，来理解当地的文化属性与生活方式，渐渐理解具有鲜明特征的巴文化。如图3-37巴地饮食文化基因谱系图。

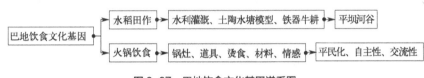

图 3-37　巴地饮食文化基因谱系图

4. 人居文化基因

干栏式建筑是巴地独特的居住文化，有着"依树积木、依居其上"的居住特征。干栏式民居吊脚楼，既可防水防潮又可充分利用空间。吊脚楼主要采用竹木结构，楼上住人，楼下架空，是为了防御潮湿、避免蛇虫的危害而修建。建筑上的窗棂雕刻蝙蝠、铜钱、花卉等纹样，这样的居住风格寓意着顺利、平安，体现了巴地儿女的农耕智慧。

重庆是著名的山城，独特的地形地貌孕育出了众多的梯田景观。其中著名的坡地梯田有江津七彩梯田、綦江白云梯田、万州大石板千层梯田、酉阳花田梯田等。这些坡地梯田有着挖渠蓄水、引水灌溉、坡地蓄水保水的功能。这些梯田因山地的变化而变化，具有高高低低、大小不一的形态。

巴地先民依山而居，成就了美丽的劳作场景。这些梯田承载的不仅仅是人类与农耕之间的关系，更表现了人与自然和谐相处的美好愿景。此外，巴地农耕生产系统最为著名的是重庆石柱黄连传统生产系统，体现了巴地独特的人居环境。如图3-38巴地人居文化基因谱系图。

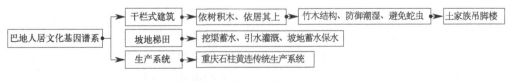

图 3-38　巴地人居文化基因谱系图

二、蜀地的农耕文化基因谱系

据考古资料、文献记载以及实地调研发现，蜀地独特的农耕文化丰富，历史悠久，具有一定的研究价值。现将蜀地农耕文化基因划分为水利文化基因、物产文化基因、饮食文化基因、人居文化基因四个部分，如图3-39蜀地农耕文化基因谱系图。

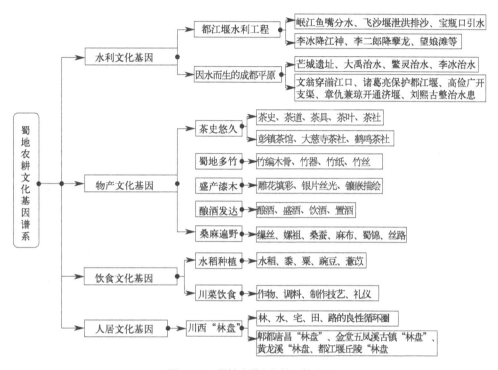

图3-39 蜀地农耕文化基因谱系图

1.水利文化基因

创建于2000多年前的都江堰水利工程，不仅是中国水利工程中的科技奇迹，也是世界水利工程中的一颗璀璨明珠。都江堰灌溉系统是中华文明史上与长城同等重要的重大工程，它充分利用自然资源造福人类，使洪水变成当地人民的福音，从而实现人、土地和水之间的和谐共生。

蜀地的农耕文明因水开始，也由治水而兴盛。都江堰水利灌溉工程由李冰父子在公元前256年至公元前251年的战国末期建造，并于2001年被列入世界文化遗产名录。四川之所以被誉为"富饶之国"，都江堰水利工程功不可没。灌溉工程建成前，成都平原西部容易发生洪涝灾害，而成都平原东部的人们则因干旱和歉收而面临饥饿的威胁。从芒城遗址到大禹治水以及鳖灵治水，再到李冰治水，都江堰治水历史悠久、功劳巨大。特别是李冰带领人们建设都江堰灌溉工程，他们将水从西部转移到东部，利用水利工程原理利用水。因此，都江堰灌溉工程彻底改变了四川的农耕风貌，成就了天府之国的蜀地。

都江堰由岷江鱼嘴分水工程、飞沙堰泄洪排沙工程、宝瓶口引水工程组成，鱼嘴是一条分水堤坝，旨在将岷江分为两部分。西部被称为外江，用于排出洪水；东部被称为内江，用于灌溉。飞沙堰是一个泄洪工程，是保护成都平原免受洪水侵袭的关键。它主要用作洪水排放，清淤和调节水流。当水流超过宝瓶口上限时，多余的水就会从飞沙堰溢出。宝瓶口是一个分流项目，起控制阀的作用，它可以自动控制内江的水流。宝瓶口的自然风光令人惊叹，是古代著名的景点。都江堰水利工程的治水历史悠久，从文翁穿湔江口，到诸葛亮保护都江堰，再到高俭广开支渠，以及章仇兼琼开通济堰和刘熙古整治水患等，都江堰水利工程的修建在前人历史的岁月中得以完善，促使成都平原成为美丽富饶之地，并留下了李冰降江神、李二郎降孽龙、望娘滩等众多神话传说。

修建都江堰水利工程的同时，还成就了二王庙、福隆寺、玉雷山、安澜索桥等重要文化场所的发展，二王庙位于岷江右岸的山坡上，二王指的是李冰和他的儿子，因此二王庙也是用来纪念李冰父子的场所。福隆寺位于立堆公园内，以纪念天师道教领袖范昌升。玉雷山坐落在二王庙的东侧，高大茂盛的古树覆盖了整个山脉，风景独特。安澜索桥位于玉嘴，横跨外江和内江，被誉为中国古代五大桥梁之一，是都江堰最典型的风景。

得益于都江堰水利工程，蜀地泽国变为了"天府之国"，形成了独特的自流灌溉系统，成为中国著名的农业经济区域。自流灌溉系统使得蜀地的人们减少了劳动量与劳动成本，外地人常常感到羡慕，并提出了"农事之不劳苦"等言语。通过查阅文献得知，曾有学者对民国时期各地区佃农的生产资料支出进行统计，如表3-7。通过数据得知，四川成都地区的支出不是最高的，而田场收入最高，可知四川成都地区的灌溉劳动效益高于其他地区，人们生活较为富足、舒适，劳动压力较小。

表3-7 民国时期各地区佃农生产资料支出统计

地区	时期	田场收入/元	生产资料支出/元	生活资料支出/元	剩余劳动/元	剩余劳动力/%
四川成都	1926年	554.2	80.1	138.4	335.7	242.6
广西玉林	1933年	270.1	66.9	183.9	19.3	10.5
江苏吴县	1933年	241.0	81.6	168.2	-8.6	无
浙江武义	1934年	136.0	23.2	96.7	14.1	16.6
河北北塘	1934年	90.0	30.0	35.0	25.0	71.4

资料来源：《中国通史》（近代后编·上册）。

以都江堰为代表的水利工程使蜀地的农耕条件得到了极大改善，成功成为全国的重要粮仓。秦汉时期，蜀地的黍稷、粳稻等农作物的生长较为茂盛，农作物种植产量较高，并且使用铁制农具来对水田进行精耕细作，使蜀地的农耕由原来的粗放型转变为精耕型，产量更是达到了同时期北方种植产量的十倍之多。除了必要的谷物粮食以外，还有荠菜、茄子、冬笋等蔬菜；姜、花椒、附子、栀子等调味作物也有着丰富的产量。这一时期,人们还开始了人工养鱼,蜀地是全国最早实现稻田养鱼的地区,这得益于都江堰水利工程的修建,便利了蜀地区域的农耕发展,丰富的物产资源成就了"天府之国"的称号,为我国农业发展做出了突出的贡献。如图 3-40 蜀地水利文化基因谱系图。

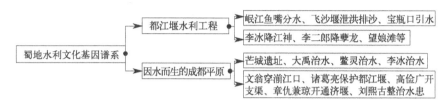

图 3-40 蜀地水利文化基因谱系图

2. 物产文化基因

得益于都江堰水利工程的修建,蜀地物产资源丰富,盛产茶、竹、漆木、酒、桑、麻等。在农耕社会,这些富饶的物资给蜀人的生活带来了便利,同时这些优质物产还远销各地,成就了远近闻名的"蜀锦""漆器""瓷胎竹编"等,这些都是蜀地农耕文明给我们留下的宝贵财富。

蜀地茶市悠久,包括茶史、茶道、茶具、茶叶、茶社等众多文化形式,拥有烹茶尽具、武阳买茶、盖碗茶等文化故事。据统计,蜀地长期以来拥有中国最多、最全面的茶馆,以各种规模、多样的设计和布局、热情周到的服务、精致的中国茶具而闻名,还有源自四川传统文化和民俗文化艺术的各种有趣的娱乐活动。蜀地茶馆是中国茶文化的瑰宝,也是当地人日常生活中最重要的部分。蜀地茶馆服务的形式越来越多样化,茶爱好者齐聚一堂,在饮茶时欣赏川剧、中国扬琴、木偶戏、杂技或传统叙事形式的精彩表演。此外,人们还可以尝试一种特殊而有效的方法来清理耳朵。

蜀人喜饮茶,最早是扬雄在《方言》中提到蜀地西南人称茶为"蔎"。据考证,蜀人将茶叶作为一种药物原材料来制作饮品。汉代,古蜀地区饮茶是将茶与花椒泡在一起,蜀地气候湿热,这样独特的饮茶方式,可以起到祛湿的作用。不仅如此,西汉时期,成都附近的集市上就出现了茶叶的买卖,在此之后,茶香翻越蜀地,成为农业文化中的重要一部分。2017 年,蒙顶山茶被认定为第七批中国重要农业文化遗产,四川名山蒙顶山是最早的人工种植茶叶的地方,采取了"茶+贵木""茶+果"等种植模式,实现了养分的循环与利用。

茶文化不仅仅体现在炮制过程,还体现在饮茶场合。最早的饮茶只出现在富裕人家中,而现在,饮茶成了家家户户日常的行为活动。蜀地有名的茶馆有彭镇茶馆、大慈寺茶社、鹤鸣茶社、顺兴老茶馆、悦来茶馆、老宅院等。其中,鹤鸣茶社位于人民公园内,是一家河畔户外茶馆,也是成都最受欢迎的茶馆之一;顺兴老茶馆是川剧最好的一家，提供精致的成都小吃；老宅院在宽窄巷子的主干道旁，是一个宁静的世外桃源。这座拥有200年历史的简陋茶馆，没有任何华而不实的东西，只有茶。无论何种茶社、茶馆形式，蜀地人喝茶追求的是一种舒适、有味的生活姿态。如图3-41 鹤鸣茶社。

图3-41　鹤鸣茶社

蜀地多竹，拥有竹编木骨、竹器、竹纸、竹丝等文化。《汉书·地理志》称赞蜀地"土地肥美，有江水沃野、山林、竹木、疏食、果实之饶"。熊猫的主食是竹子，蜀地不仅以国宝大熊猫闻名，蜀地人民更爱竹，竹文化在蜀人心中根深蒂固。由于蜀地竹子较多，人们也常用竹子作为生产生活的原材料，编织簸箕、背篓、扇子等工具。因此，对于蜀地人民来说，竹子是美德的象征，反映了人们在蜀地生活生存的情感。

蜀人种植和使用竹子的历史悠久，与蜀人的生活息息相关。早在三星堆时期，蜀人采用竹子作为木骨来修建房屋，确保房屋的稳定，解决了居住的问题。在商代，竹子就已经用于古代蜀人日常生活的各个方面。还被当作食品，用于制衣、建房、运输等，还可用来制作乐器甚至武器。在东汉发明纸张之前，竹条一直是最重要的书写媒介，更广泛地用于其他材料。其中，中国最早的书是用竹条做成的。此外，成都平原还有蜀地独有的"林盘"文化，蜀人享受着"一半翠竹一半田"的诗意家园。因此，竹子在蜀人的日常生活中发挥了重要作用，有助于保存历史和中国传统文化。

蜀地最有名的竹编文化为崇州道明竹编和眉山青神竹编。2008年，青神竹编已被列入国家级非遗项目名录。青神竹编是流传在四川省眉山市青神县的一种古老民间工艺,用人工将粗细不同的竹片、篾条编织成各种生产生活用品。青神竹编历史悠久、工艺精湛、传承有序,将艺术性、观赏性与实用性融于一体,以其新、奇、特、绝的神韵而艺甲天下,与丝绸、蜀绣并称四川旅游商品"蜀中三宝"(图 3-42)。

图 3-42　青神竹编

蜀地盛产漆木,成都漆艺是汉族最早的漆艺形式之一,是四川省成都市的传统手工艺,也是国家级非物质文化遗产之一。《山海经》中多次提到蜀人喜在山上种植漆树的故事,如《山海经·西山经》中说道"号山,其木多漆棕",以及王祯在《农书》中写道"梁、蜀者为胜",说明蜀地不但漆木多,且质量好,获得大家的认可与喜爱。

成都生漆有着非常悠久的历史,最早可以追溯至3000多年前的古蜀时期。成都漆艺,工艺众多,做工细腻,生产耗时长,被誉为"雕镂知器,百伎千工"。拥有雕花填彩、银片丝光、镶嵌描绘的独特制作技艺。漆器上用色彩绘制蟠螭纹、龙纹、禽、兽、神仙等图案,十分精美。

成都漆器的发展历史悠久,品质精良,至今仍属于五大名贵的漆器品种之一。"漆从西蜀来",最早是在三星堆中发现了布满花纹的雕花木漆器,足以证明三星堆时期漆器的发展已经趋于成熟。西汉时期,南方共有两个地方建立了漆器制造机构,分别在成都与广汉,都处于蜀地。可见蜀地的漆器地位较高。

随着漆器工艺的不断发展与完善,经历过多次技艺创新,四川境内的成都、郫都区和广汉市城北所产漆器已经形成自己的风格,自成一体,是具有浓郁蜀地艺术特色的民族瑰宝。由于成都漆器技艺高超,使得成都漆器的销量较高,成为较为高档的消费品,常作为国家级礼品进行赠送,也使得成都漆艺被誉为"东方艺术瑰宝",如图 3-43 成都漆器。

图 3-43　成都漆器

蜀地酿酒业发达，包括酿酒、盛酒、饮酒、置酒等各方面。酿酒是在粮食富裕的情况下进行制造的，用黍、稻、稷等粮食作物。从蜀地善用粮食酿酒可以看出，蜀地农业发展情况较好，物质充裕，资产丰富，为酿酒提供了丰富的资源，使得人们生活较为舒适惬意。

蜀地酿酒的历史悠久，酿酒画像砖（图 3-44）是东汉时期的文物，于 1979 年出土于四川省成都市新都区新龙乡，为国家一级文物，馆藏于四川博物院。画面右上端为歇山式房顶，房前垒土为炉，炉下放置三个酒瓮，炉的后侧有一酿酒的大釜，一人立于釜前，衣袖高挽，左手靠于釜边，右手在釜内操作，右侧一挽髻女子在指挥，屋外一人作观望状。从文物可以看出，古蜀时期的酿酒业发展较为成熟。

图 3-44　酿酒画像砖

隋唐时期，蜀地的经济发展促进了酿酒业的发展，主要表现在产量大、品质好、名酒多三个方面。首先，产量大从诗句"地富鱼为米，山芳桂是樵"可以得知，蜀地将酒与鱼米相提并论，说明蜀地的酒是很多的。其次，酒的品质好，这也是蜀酒的特点之一。众多古代著名诗人都写诗赞扬蜀酒的美味，如岑参的"成都春酒香，且用俸钱沽"，以及雍陶的"自到成都烧酒熟，不思身更入长安"等。最后，成都的名酒多，时至今日还保留的特色酒业包括水井坊、泸州老窖、绵竹剑南春、郫筒酒、乳酒等。其中的"剑南之烧春"被列入了美酒之列，也留下了许多传奇的神话故事。

蜀人自古以来就善用农作物来满足人们的衣食住行需求，蜀地盛产桑、麻等织物，蜀人便在实践劳动中掌握了养蚕织衣的技艺，并出现了与缫丝、嫘祖相关的神话故事，以及一些崇拜信仰和祭祀习俗。其中"马头娘"作为"蚕神"被蜀人供奉在庙中，以祈求蚕茧年年丰收。从德阳与成都出土的众多画像砖上可以知道，蚕丝业已经出现了"桑园"的织造规模，可见蜀地织造业发展逐渐成熟完善。

此外，由于织造业的快速发展，也延伸发展出了许多民俗节日与织造技艺，如盐亭桑蚕文化、蜀锦织绣、冉义织锦机、桑蚕丝织技艺等，都是中华文化中的宝贵财富。两汉时期，蜀地的织造技艺逐渐发展成熟，出现了"机械化"的特征（图3-45），各种织布机与织锦机，以及复杂的提花机，款式花样逐渐丰富，生产效率也逐渐提高，蜀锦也由此而来。时至今日，蜀锦的织造技艺依旧引领全国，具有重要的文化意义。

图3-45 蜀锦织绣机械

蜀锦不仅受到国人的喜爱，也逐渐远销国外，最早是张骞对蜀锦的传播，蜀地与印度存在着往来，逐渐形成了丝绸之路。成都作为南方丝绸之路的起点与参与者，茶叶、蜀锦、漆器等物品的销量在一定程度上证明了蜀地物产的价值。蜀地物产文化基因谱系图如图 3-46 所示。

图 3-46　蜀地物产文化基因谱系图

3. 饮食文化基因

蜀地属于南方，因此主要的粮食作物为水稻、黍、粟、豌豆、薏苡等。而新津宝墩古城遗址、金沙遗址、三星堆遗址等地方都记录了蜀地农作物的发展历程。其中新津的宝墩遗址考古发现了成都平原最早的水稻田，依据这个水稻田可以确定，在 4500 年前成都地区就已经开始出现了水稻这一农作物。

新津是宝墩古城遗址中最大的史前遗址，也是人类最大规模的生活地点之一。通过考古发现，宝墩遗址出现了水稻、黍、粟等其他植物的遗存，可以得知，从蜀地的宝墩时期开始，蜀人饮食就以水稻谷物为主，并进行生产生活。这一发现为蜀地农耕文化研究提供了珍贵的信息。之后在金沙遗址和三星堆遗址也发现了大量的农耕器具与农作物，确定了蜀地精耕细作的农耕文化。此外，蜀地的水稻种植是劳动密集型的，从种植到收获所需的时间大约是小麦的两倍。由于大多数水稻生长在灌溉土地上，因此稻农必须共同努力，来建造与维护堤坝和运河。

除了水稻种植以外，蜀地的饮食文化基因还有独特的川菜，包括作物、调料、制作技艺、饮食礼仪等。自 2000 多年前都江堰水利工程的修建以后，蜀地就成了富甲天下的天府之国。蜀地有发达的传统农业，因此为川菜的发展奠定了丰富的物质基础。

川菜的起源历史悠久，在汉晋时期古典川菜就已成型，以"尚滋味""好辛香"为特点。考虑到蜀地独特的地理位置与湿热的气候，川菜中的饮食调料就变得更加独特，主要包括辣椒、花椒以及常见的调味品，如豆瓣酱、酱油、醋等。其中较为出名的非物质文化遗产有自贡井盐（图 3-47）、郫县豆瓣酱（图 3-48）。盐是人们饮食生活中必不可少的调料之一，而自贡的燊海井则是独特的自然环境提供的物质资源。井盐的发展也演变出了泡菜等饮食文化，丰富了人们的饮食生活。郫县豆瓣酱则是采用辣椒为原材料进行制作的调料，是蜀地必不可少的一种饮食调料。辣椒被制作成了各种形态，有泡椒、烧椒、剁椒、干海椒，从打成面、磨成粉，到做成酱，是川菜之魂。

图 3-47 自贡井盐文物展示（自摄于自贡市盐业历史博物馆）

图 3-48 郫县豆瓣酱（自摄于郫县豆瓣博物馆）

此外，在农耕饮食方面，川菜属于地域菜系，以清、鲜、醇、浓并重，以麻、辣为特色。川菜更加注重思想意识上的儒家文化，强调了节俭节约以及"民以食为天"的农耕精神与生活理念。蜀地饮食文化基因谱系图如图 3-49 所示。

图 3-49 蜀地饮食文化基因谱系图

4. 人居文化基因

川西"林盘"又称"林盘"聚落，是蜀地民居形式之一。它是有林、水、宅、田、路的良性循环圈，强调了亲水的生态系统，体现出"天人合一""道法自然"的哲学观念。这种人居环境具有强大的适应性，是蜀地固有的居住模式。川西"林盘"是中国四川成都平原的传统农村社区。它们的特点是小规模农业，拥有长方形的田地和水、树木和竹子等自然元素，所有这些都由古老的都江堰灌溉系统支持。

都江堰灌溉系统、"林盘"家族系统以及独特的自然环境，使林盘人居区域中有许多独特的元素，其中最主要的是水元素。川西"林盘"融合了中国传统农耕文化和四川的水性文化。例如，都江堰灌溉工程与林盘系统同步发展，使集约化农业得以发展。其中，每个林盘单位居住着一个或多个以氏族或姓氏为基础的单位，这些单位以分散的方式生活。较小的林盘单位一般包含几十个家庭，而较大的单位可能包含数百个家庭。

著名的川西"林盘"包括郫都唐昌"林盘"、金堂五凤溪古镇"林盘"、黄龙溪"林盘"、都江堰丘陵"林盘"等。郫都区的唐昌镇内有多条河流交叉，使得唐昌镇的渠道交错连绵，是具有浓厚耕读气息的"林盘"古镇。黄龙溪古镇位于成都的南方，有狭窄的青石板小路和郁郁葱葱的花草，周围有阁楼、房舍以及精美的栏杆，突显出古镇的宁静与质朴。

而都江堰的丘陵"林盘"是位于都江堰地区周边的丘陵地带，地形蜿蜒崎岖、风景秀丽。人们居住在山里，而周围就是庄稼，生活娴静舒适，十分惬意。最典型的就是金堂的五凤溪古镇"林盘"，这里有儒释道三家文化，有着丰厚的文化底蕴和道宫会馆。

川西"林盘"具有独特的景观与多功能的生态系统，具有调节气候、净化空气的功能，体现了蜀人的价值观念、审美情趣和生活方式，其中最主要的是凸显和谐二字，这也是蜀人独特的生存智慧。人们在这种天人和谐的生存环境中生活，可以达到人与自然长期共存的良性互动，使得川西"林盘"延绵至今，得到大众的认可与喜爱。蜀地人居文化基因谱系图，如图3-50所示。

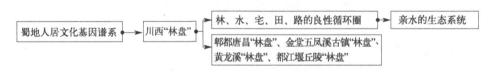

图3-50　蜀地人居文化基因谱系图

第四章
巴蜀文化资源的保护和活化

《 第一节 文化复苏：民族性保护 》

站在历史文化视野的角度，巴蜀文化资源的保护与活化，在文化的范畴中与区域本土文化存在着一种共生联系性。巴蜀文化资源的"民族性保护"是"活态"传承中派生出来的，其既有别于传统的文化类型，也有不同于现代的文化风貌。本书提出的巴蜀文化资源保护是建立在自然的合成、人性的空间、区域人文风格的塑造和文化意象细节表现的基础之上。

巴蜀文化资源是有生命的，具有"人性"含义。巴蜀文化资源作为物质实体，满足基本需求的同时也是具有人性精神的社会艺术。不同地域的巴蜀文化资源可以是地域的，但地域并非一定能代表不同的文化资源。普遍推广地域化的结果势必会出现大量临摹、仿制品。保护巴蜀文化资源在本质上不能简单理解为对一种历史记忆符号文化的利用。过去几十年，世界各地的文化资源保护措施逐步增加，渐渐转化为时代美学的现象而受到学术界的重视。不少学者从自然环境（气候、植物、地形地貌）、社会环境或地域文化环境等方面寻找突破口，进行探索性的研究，创作出了一些很有代表性的佳作。在巴蜀文化资源保护过程中，不管是从形式上还是功能上都可以采用"活态"传承的方法。这种方法的核心为：尽可能保留原有的原始风貌，进行修复；然后是本土特色化和社会发展适应性的改造。

巴蜀文化资源的民族性保护有很多种可能性，以巴蜀地区传统村落景观为例，其形式表现是对形式美的把握与追求。

点的形式——景观点。点是构成万事万物的基本单位，是一切形态的基础，背景环境的高度、坡度及其构成关系的变化也使点的特征产生不同的形态，点通过组群变化能作为独立的景点，通过排列、组合也可以起到划分空间、界定领域的作用，在川西"林盘"具有标志性的景观点规划设计中,点一般是指传统建筑及标志性构筑物如牌坊、桥、道路节点等,是人们感知和识别区域位置的主要参照物,它体现了景观的标志性、识别性、生活性和历史性。

线的形式——景观带。线有长短粗细之分,它是由点连接组合而成,是点的延伸,线在空间环境中是非常活跃的,线有直线、曲线、折线、自由线等,具有多重性格。如直线给人以静止、安定、严肃、上升、下落之感;斜线给人以不稳定、飞跃、反秩序之感等,"林盘"景观设计中的线一般指轴线,如传统街道、河流等,人们主要观赏轴线,轴线在"林盘"景观上的运用需要根据空间环境的功能特点,明确表达意图,否则就会造成视觉环境的纷乱,而显得矫揉造作、画蛇添足。线将整个景观点串联起来,形成了一个带状的景观分布带,因此在景观规划设计中应对景观带的功能和要求及其在景观体系中的作用进行研究分析,使其在统一中求变化,形成开合有序的带状景观体系,使其达到步移景换、引人入胜的景观效果。

面的形式——景观面。面是线的不断重复与扩展,面的不同组合可以形成规则和不规则的几何形体,也具有自身的性格特点。如平面能给人以空旷、延伸、平和的特征,曲面则有流动、引流、按时、自由、骚动的性格,曲面在地面的铺装以及墙面的造型、台阶、路灯、设施的排列上都得到广泛的应用。川西"林盘"景观设计面(区域)一般是指民居群落具有共同特征的传统村落地段。传统村落由于城镇化建设加快,传统村落新区与老村落建设不同步,风格不同,因此在传统村落景观设计中主要是对"林盘"的历史文化街区进行成片的规划。

体的形式——景观造型。属于三维空间,它表现出一定的体量感,随着角度的变化而表现出不同的形态,给人以不同的感受,它能表现其重量感和力度感,因此它的方向又赋予其不同的情感,如庄重、严肃、厚重、实力感,另外,体还常与点、线、面结合构成形态空间,对景观点、线、面上有形景观的尺度、造型、竖高等进行组织和设计,在尺度上,大到一个广场、一块公共绿地,小到一个花坛或景观小品,都应结合周围整体环境从三维空间的角度来确定其长、宽、高。景观造型以体的形式来表现其蕴涵的内容,要根据内容的需要采用不同的表现手法和造型,使其达到造型与内容的协调和统一,如传统村落的路灯应尽可能采用传统造型的庭院灯,其材质以比较古朴的材料为好;而反映历史题材的人文景观,应以古朴的石雕或木雕为主,而不能采用不锈钢材料。设计时还应特别注意竖向标高的综合控制。不同体量和不同造型的景观应根据其所处的位置,在视觉艺术的要求和功能上加以审视,如广场上的主体雕塑根据园林造景手法、主景升高的原则来突出雕塑,往往将其放置在具有一定高度的底座上,以突出其主要位置,或利用映景的方式衬托雕塑。

色彩是景观的重要组成部分,在环境造型中是最容易让人感动的设计要素,可以增加景观的表现力和感染力。色彩在景观设计中起着整体统一、局部点缀的作用。景观设计中的色彩处理,关键在于对色彩有序而生动的应用,同时必须注意不同色彩和色调之间的过渡和协调关系。大片色彩不宜采用纯色,而应以过渡色为主,而且其中应以绿色和灰色为主。传统村落景观设计色彩的应用有一定的局限性,由于传统村落景观原有色彩比较单一,更多的是天然木材的颜色、青石板的颜色、树木的绿色、喜庆的红色，因此在色彩的应用上为了与传统村落环境相协调，多采用传统村落景观已有的色彩元素。

　　质感是通过触觉和视觉表现来感染和调动人的情感。不同材料的质感截然不同，相同或近似的质感和肌理可使整体的统一和谐得到充分的保障。但仅仅使用一种材料，即使本身很有特色，质感也颇有特点，依然会给人以单调的感觉，如果不同质感的材料凑在一起，就可以借质感的对比和变化而获得良好的效果。如用大小不同的鹅卵石拼成不同图案的园路，既有防滑功能，又可增加趣味感。用有粗糙感的石料砌筑底座可与光亮的金属雕塑形成强烈的质感对比，从而提高雕塑的艺术品位。传统村落设计尽量采用已有的或相近质感的材料，以与原有环境相协调。传统村落在更新过程中，传统与现代的冲突是非常明显的，主要表现为"林盘"景观的空间格局与现代社会的经济、人们的行为方式并存，形成了不协调的现象。同时，传统村落景观中的传统建筑虽然在形式上都已保留，但在功能上与人们的现代生活所需求的功能格格不入。当然，这些不适应与不协调从社会发展的角度来看，是不可避免的，但在传统历史文化和现代文明之间需要探寻一条可靠的方法使之和谐，尽量将冲突降到最弱，更好地对传统村落景观进行保护和改造。

一、巴蜀文化资源保护和活化的方向

　　目前，学者对巴蜀文化资源的认识和理解具有多样性。利用人本思想对巴蜀文化资源进行分析，有利于理解两者的内在关系。

1. 传承者的主观因素

　　巴蜀文化资源的保护和活化，无论是依附于人文因素、自然要素，还是作为独立因素而存在，都是以合理的传承与融合为诉求，如巴蜀地区传统村落生活生产景观中的水井、民居，以及现代景观设计元素中的照明系统、视觉导视系统、环境系统和景观小品，这些要素在进行实际的传承与融合时，既要考虑基本的实用性也要满足巴蜀地区传统村落整体景观相对应的审美统一。因此，对于巴蜀文化资源保护和活化的传承者来讲，考虑巴蜀文化资源功效作用的同时还要考虑巴蜀文化资源的合理存在形式，既要做到因时制宜、因地制宜，也要做到有一定的形式变化，以区别于其他。目前，传统文化在国内的影响力日益扩大，巴蜀文化资源的保护和活化中"天人合一"的理念符合生态学的观点。节约型的生态观同样可运用到巴蜀文化资源的保护和活化中。

　　巴蜀文化资源的保护和活化赋予了传承者厚重的使命——传承和发扬传统文化。这说起来容易，但实践中却并非易事。巴蜀文化资源的保护和活化中个体单元的结构和形式上要一致，单元间的组合也要有序。同时，传承者还要考虑如何将保护和活化主旨注入巴蜀文化资源的精髓中，既要体现一定的物质、精神文化内涵，又要使得人们在所处时空环境中，能够体会到巴蜀文化资源的保护和活化所要传达的历史文化内涵，并且能够在情境体验上给人们以愉悦的感受。作为巴蜀文化资源保护和活化的传承者，要充分发挥想象力和创造力，结合客观空间环境和人的主观因素，既符合巴蜀文化资源的保护和活化艺术性与功能性的要求，又要与本土文化特色相融，这样，传承者除了继承发扬巴蜀文化资源的传统形式，还能充分展现巴蜀文化资源的保护和活化中的"天人合一"。

2. 大众对文化的诉求

传承者进行巴蜀文化资源的保护和活化必须要考虑到受众的心理和审美需求，比如巴蜀地区传统村落景观中公共设施的创新设计，不光要考虑尺寸、舒适性和安全性这些最基本的人机问题，还要考虑人文的因素。人们对巴蜀地区传统村落景观中的公共设施除了有基础的使用功能需求外，还有内心情感的需求。比如巴蜀地区传统村落景观改造是否符合人们对传统历史文化、民族特色、宗教信仰等特有的文化诉求，需要设计的景观公共设施是否具备相应的内涵，能够获得人们的认可是关键。

我国从 20 世纪末期开始，重视自然的意识逐步加强，当今学术界，"民族性"活化保护被提倡和呼吁。城镇化改革的深入和推进，使巴蜀文化资源的保护和活化进入了一个快速发展时期，甚至一时间形成热点，突然得到大众的关注，迅速形成了大量与之相关的产业链。随着世界经济的不断一体化，国人的眼界更加开阔，审美层次和品位也提升到了一个新的层面，对巴蜀文化资源的保护和活化的要求也就更高了。世界各地的文化特色之地都可被国人借鉴和参考，但中西方文化和历史截然不同，照搬照抄其结果是可怕的。巴蜀文化资源保护和活化中的人文空间环境是人类及其他生物体赖以生存的物质空间，从精神层面来讲，又是人类追求自然、寻求与多种生物体和谐交流的结果，是大众在生活之中进行相互沟通和了解下产生的公共区域，是人与文化的时空对话空间，是人与人之间心灵交流的空间，是人对精神世界更高层次的一种追求。起初的巴蜀文化是少数特权阶级权力和地位的象征，如今的巴蜀文化资源保护和活化的根本意义发生了变化，是作为满足大众需求而存在的。现代巴蜀文化资源的保护和活化强调物质和精神文明的结合，"天人合一"的基本属性是以满足人们的文化精神需求和审美情趣为依据，巴蜀文化资源的保护和活化只有建立在满足大众需求的基础上才能够真正体现出巴蜀文化资源保护和活化的意义。

巴蜀文化资源自身的内涵、外延等都是重要的维度。保护和活化需要展示其"思想"。"思想"从来不是客观事物或事物中有生命的生物体能拥有的，而是人特有的思维及模式。巴蜀文化资源保护和活化的传承者作为这种"思想"的构建者，在很大程度上是展现巴蜀文化资源内涵和外延的主观能动者。可见，巴蜀文化资源保护和活化的传承者对传承巴蜀文化的重要性是不言而喻的。但是众所周知，保护和活化不是简单复制，两者具有本质的不同：简单复制仅仅是重复再现，而保护和活化却不能以传承者的个人意志为转移，不能随意、粗放地进行重现。巴蜀文化资源的保护和活化是为大众服务的，大众对巴蜀文化资源保护和活化的所有诉求都要考虑到创新之中。从大量的资料和实践中，通过实证法分析，我们知道巴蜀文化资源的保护和活化中的"天人合一"不是凭空想象，是大众对文化，对传统与现代文化的一种诉求。

3. 与城市社会发展相协调

巴蜀文化资源保护和活化的应用范围是很广泛的，对其进行保护和活化要将其所处区域内的社会发展、生态规划及区域的整体经济建设进行统一的调和；巴蜀文化资源的保护和活化要被纳入社会的整体系统，同时也要和社会的整体发展相一致；巴蜀文化资源的保护和活化是在一个大的社会环境之下，是体现社会特征的一个分支，因此，巴蜀文化资源的保护和活化是与整个社会的发展相协调的。换言之，巴蜀文化资源的保护和活化彰显了社会的特征，具有整体与局部共同存在的关系。因此，进行巴蜀文化资源的保护和活化不光要考虑当下因素，还要有远景意识，要充分考虑与社会整体发展的协调性。这个观点下，巴蜀文化资源的保护和活化与社会发展之间是一个有机整体，具有一种"天人合一"的共存关系。

二、巴蜀文化资源保护和活化的思路

巴蜀文化资源的保护和活化需要考虑社会中的经济和人文等因素之间的协调，巴蜀文化资源的保护和活化要有专业的现代技术，同时结合社会的整体布局进行巴蜀文化资源保护和活化的布局和统筹，从而达到与社会发展相一致的步调。巴蜀文化资源的保护和活化对大多数的传承者来讲是个需要逐渐完善的实践项目，随着多年来的发展，其中融合了许多科学技术。

1. 与社会发展的和谐共建

城市化发展使人们关于巴蜀文化资源的保护和活化的意识越来越强烈，巴蜀文化资源的保护和活化作为现代城市文明中不可或缺的一部分，在反映和体现城市的文化特色，引领城市文明建设方面都起着十分重要的作用。我国的城市化进程较快，城市面貌改造的过程中，对原有传统文化造成了严重的破坏。在巴蜀文化资源的保护和活化中，传承者应正视且更加珍视所处区域的人文特色，如此一来巴蜀文化资源保护和活化的真谛才能被完全发挥出来，体现出其根本的意义。

现代文化传承中，巴蜀文化资源的保护和活化基于"创新性"的建设，越来越能体现"自然天成"的观念和区域人文风格的塑造。很多巴蜀文化资源经过创新后，现代文明和传统文化相互碰撞，充分体现人们对文化和文化意象的多维度、多层次的细节要求。当然，"好"的巴蜀文化资源保护和活化除了符合理论意义上的所有评判标准外，还应遵循客观的伦理道德的意识底线。那些肆意破坏，违背社会伦理道德的巴蜀文化资源的保护和活化，不论其如何精彩，只要是违背了伦理道德，破坏了生态平衡，不符合可持续发展的要求，都不能称其为"好"的巴蜀文化资源的保护和活化。

2. 与民俗文化的传承与共享

人可以通过人体感官中的视觉、听觉和嗅觉等感受不同文化，各种空间中的文化资源可以带给人们不同的心理感受。巴蜀文化资源的保护和活化是人性的，只有充分考虑人在时空中的真实体验和心理感受，才能营造出好的体验。这种时空体验与当地的民俗文化之间存在着传承与共享的关系。我国的民俗文化有着多种存在形式，既有有形的记载又有无形的口头传承。巴蜀文化资源的保护和活化同样也存在多种形式的表现，民俗文化的传承是巴蜀文化资源保护和活化的主要方面，也是巴蜀文化资源保护和活化的价值意义。

巴蜀文化资源的保护和活化中，区域特有资源、区域的民俗色彩和区域的显著文化形态共同塑造了当地的民俗文化。当然，这不是说一切巴蜀文化资源的保护和活化都是从这几个方面进行塑造，而是说这几个方面是显性的，在当地的民俗文化中可发挥代表性作用。①当地材料展现地方民俗风格。将新的技术手段结合传统的做法，这样既可以形成新的文化资源风貌又可以展现时代特征；使用当地材料不仅彰显文化资源地域特色，同时还可以节约成本。②当地特有的色彩形式。文化资源具有民俗文化的功能和象征意义，蕴涵着不同区域不同民族的宗教表现和民俗习惯。巴蜀文化资源的保护和活化能够继承民俗文化中的优良传统，创新性地应用当地独有的色彩语言，创造出新的风格和风貌。③当地显著的文化形态。塑造显著的文化形态也是再现当地民俗文化的一种手段。

诚然，巴蜀文化资源的保护和活化不仅仅能保护当地的民俗文化，更是对大自然中万物和谐关系的一种追求。从民间文化的光芒中我们似乎看到了普通群众对于生活的热爱和憧憬。同时，这种巴蜀文化资源保护和活化观点的精髓也可唤醒民众"乡土文化"的意识，留住过去的时光，以崭新的姿态迎接现在。

3. 展现地域性和展示性

地域性是巴蜀地区本土文化自然景观赖以生存的根基，不同的文化性决定着巴蜀文化资源保护和活化的内涵与品位。展示性是巴蜀文化资源保护和活化的突出特征与表达途径。巴蜀文化资源的保护和活化在其展示特有的地域文化时，实现了各个不同历史时空中巴蜀文化资源保护和活化的交流与融合。只有保持固有特色和吸收容纳，巴蜀文化资源的保护和活化才能更好地发展，地域文化才能得到更好的传承。保持固有特色和吸收容纳要求在巴蜀文化资源的保护和活化中找到合理的平衡点，找到一种适当的展示方式，不可盲目复制拷贝其他优秀案例，而失去地域特色。面对当前巴蜀文化资源的保护和活化中因不充分尊重地域文化所出现的一连串问题，应反复强调文化性、地域性，利用良好的展示性保护和发展优势，符合我国目前进行的巴蜀文化资源保护和活化的特点。

第二节 文化复建：数字化创新设计

一、巴蜀文化资源保护和活化的数字化创新设计内涵

从社会这个大的综合体角度分析巴蜀文化资源的保护和活化，其创新化要素是多样

的、复杂多变的，由于社会本身就是个复杂系统，更何况经过了历史的沉淀和洗礼。创新化要素有资源要素、主体要素和其他构成要素。巴蜀文化资源的保护和活化作为传承性资源，其创新化设计的重点在于保护与弘扬，保护历史文化中留存下来的部分，是一种典型的文化保护设计行为。文化保护不仅要做到保护好文物古迹本身，还要保护好自然环境和传统历史文化，遵循巴蜀文化资源保护和活化中的原真性原则。巴蜀文化资源保护和活化的创新化设计应该注重对人文历史环境和历史整体风貌的保护。对固有的文化资源形态也要进行发展性的创新化设计，比如为适应现代生活，需要对历史遗存之处的现有生活居住、交通环境、基础设施做出适度的调整，以便更好地保护当地居民的原生态生活方式。这也是巴蜀文化资源保护和活化创新性设计要素的主旨。因此，结合科学技术的发展和未来社会的发展趋势，对巴蜀文化资源的保护和活化可以建立在数字化创新设计方向上。

1. 元素转换及数字化传达

巴蜀文化资源的保护和活化建立在遵循当地的民族理念和民族文化之上，这种理念和文化在历史的长河中源远流长，为设计者的设计带来了取之不尽、用之不竭的设计灵感。不同地区都有各自的"大环境"，这种环境下所做的数字化创新设计，反映所属区域的特质，所属区域的特质又反映所属社会的特质。巴蜀文化资源保护和活化的数字化创新设计需要考虑民族理念和文化，它是能够让大众广泛接受其设计的很好的途径。大众接受的设计实际上是被固有生活经验所验证过的。同时，融入新的设计观念，运用新的设计手法去表达文化，必须在巴蜀文化资源保护和活化的数字化创新设计上有充足的能够被大众所接受的理由。积极创建和谐的景观氛围，使文化在悄无声息的传承过程中影响着新的文明孕育。

民族特色是近代我国社会发展的产物，是中西文化不断交锋中所衍生的思想和文化符号。坚持以民族文化为本位，保持民族思想文化的独特性，反对用西化的不伦不类的文化改造民族文化。反映到巴蜀文化资源保护和活化的数字化创新设计上则要求保留原有特色的同时还要有发展特色。

历史文脉的传承从来不是一件自然而然的事，需要发挥人的主观能动性。面对文化的断层，需要我们做出回应。巴蜀文化资源保护和活化就是将历史和现代紧密相连，从中探寻一种合理的联系方式，让更多人了解和感受到更具内涵的设计，启发大众对历史的回顾，这就是很好的一种巴蜀文化资源保护和活化的数字化创新设计方式。

2. 就地取材，运用本土资源

受道家、儒家思想和宗教美学的影响，立足于巴蜀文化资源保护和活化的数字化创新设计，大量使用声光电等现代科技手段，而忽略巴蜀文化资源中原有的天然成分和自然资源，用道家思想来看，是不符合现代巴蜀文化资源保护和活化的发展要求的。巴蜀文化资源保护和活化的数字化创新设计中应保持自然无为，能够最大限度地保留原始环境，再在此基础上进行"再设计"，尽量利用"原汁"文化。巴蜀文化资源保护和活化的数字化创新设计离不开生态学和传统美学对其设计的渗透。优秀的巴蜀文化资源保护和活化的数字化创新设计理应吸取传统美学思想之精华，让其具有功能协调的整体美、无为之美、生态自然美、"再设计"的创新之美以及文化延续之美。

巴蜀文化资源保护和活化的数字化创新设计同样要考虑本土民俗、本土食物、本土语言、本土宗教和本土建筑等。在本土资源中挖掘更深层次的设计语言，达到大众的要求。巴蜀文化资源保护和活化的数字化创新设计算得上是新课题，依据真实性、可靠性很重要，空谈臆想设计是徒劳无益的。这种依据是多方面的选择，当然首要的选择是材料。就地取材，运用本土资源不失为一种明智的选择。直接利用本土材料，其好处就在于能够避免相关资源的浪费，这符合现代设计中低碳环保的绿色理念。另外，还可避免异地取材造成的"水土不服"现象。

二、巴蜀文化资源保护和活化的数字化创新设计手法

设计思维是巴蜀文化资源保护和活化的数字化创新设计的关键点，设计手法是巴蜀文化资源保护和活化的数字化创新设计的表现途径。这个设计过程是复杂的思维过程，既要满足现代功能、运用新材料新技术，也要与传统区域历史人文相一致，这是一个整合思维的系统过程。没有规矩不成方圆，设计的过程中同样需要规矩，这里的规矩就是设计的手法。只有使用行之有效的设计手法，才能很好地表现其设计思维，呈现优秀的设计作品。

人文文化、自然文化、生产生活文化是巴蜀文化资源的三大组成部分，是巴蜀文化资源保护和活化的数字化创新设计中需要营造的三个重点展现的层次，本书从这三个主要层次分析巴蜀文化资源保护和活化的数字化创新设计的设计手法。巴蜀文化资源保护和活化的数字化创新设计手法主要从主体构成与展现层次、整体与局部的空间变换、意境的表达三个方面展开论述，设计手法始终强调巴蜀文化资源中的人文文化资源、自然文化资源和生产生活文化资源三个部分的不可或缺性。

1. 主体构成与展现层次

进行巴蜀文化资源保护和活化的数字化创新设计时，要考虑展现空间中的比例、大小、体量、尺度等因素，如何正确把握巴蜀文化资源保护和活化的数字化创新设计内在的尺度和比例关系是空间环境和整体规划是否协调的关键。人们在进行情景再现观赏时，会有远近距离之分，人们习惯性地观察近处的景观，巴蜀文化资源保护和活化的数字化创新设计中的环境布局如全息投影呈现、电子投影屏或展示设施的辅助设备等是否协调，对整体数字化重现的布局都会产生影响。这就需要无论远近，其具体的事物都要求比例和尺度协调，都与整体环境的布局是和谐统一的。当然，巴蜀文化资源保护和活化的数字化创新设计元素众多，甚至有些纷繁复杂，在视觉上往往会比较松散，没有一个中心。这就需要设计者在设计中刻意为人们确定视觉的中心，把各个视觉化体验场景进行层次的划分，突出不同场所中不同的主体构成，形成主次关系，为人们分辨出层次。同时，场所中的主体体验也要与其他体验形成联系性，因为孤立的"主角"在场所

中会显得单调和不合群。

2. 整体与局部的空间变换

万事万物都是整体与局部相互关系作用的结果，巴蜀文化资源保护和活化的数字化创新设计同样如此。人文场景需要自然场景的烘托，自然场景需要注入精神文化的内涵，具体的表现形式是生产生活场景形象生动化的呈现。人文场景、自然场景和生产生活场景之间，你中有我，我中有你，相互作用。不同场景、不同观察角度都形成不同的背景与前景，这个场景中的背景极有可能是另外一个场景的前景，因此，在巴蜀文化资源保护和活化的数字化创新设计中不存在绝对的"主角"和"配角"。其中的整体与局部关系，也是相对的。人们游历于经过数字化创新设计的巴蜀文化景区，对巴蜀文化资源保护和活化的数字化创新设计会有一个整体的视觉和心理感受，也会对局部的细节有深刻的感知。从这点来讲，设计时要注意整体与局部的关系，特别是整体景观与局部景观之间的转换。

在由多重场景组成的场所空间中，将巴蜀文化资源保护和活化的数字化创新设计看作一个有机整体，具体场景的布置就要合理考虑场景内的自然形态事物。运用数字化创新设计的整体场景，各种场景可以发挥其相应的功能，加之多样性的形式，整体与局部之间相互形成影响，是一种共生、共存的关系。

3. 意境的表达

巴蜀文化资源保护和活化的数字化创新设计不仅是工程技术的对象和艺术表现的对象，更是一种社会性和文化性的对象。巴蜀文化资源保护和活化的数字化创新设计对区域历史文化的传承是通过文化意象细节表现的。由于时代不同，功能和技术不同，设计所服务的对象也是不同的，不可能照搬传统样式，只能在巴蜀文化资源保护和活化的数字化创新设计中用细节体现，同时这个细节必须要有文化意象和公共意象。

意境的表达是巴蜀文化资源保护和活化的数字化创新设计所要达到的目标，但意境的表达是一个抽象概念，在具体的设计中不容易把握。巴蜀文化资源保护和活化的数字化创新设计的意境表达是场景本身之外能够真正触及人心的因素，体现了人与场景间的精神交流。巴蜀文化资源保护和活化的数字化创新设计的意境表达是建立在人们情感和场所环境交融的基础上的，场景内的人文场景使人的思想感情产生共鸣和联想。所以，意境的表达需要以人的感知为出发点，把握设计的整体主题思想，注重各个场景的设计，最终让人有美好的体验和意境联想。

第五章

数字化创新设计的时代背景

《| 第一节　数字化创新的由来及类型 |》

一、数字化创新的由来

物质、能量和信息是构成自然界的三大基本要素。信息传播自人类社会形成以来就存在，并随着科学技术进步不断迭代。每一次信息传播方式的变革都会推动经济社会进步、人类文明发展。现代信息化手段带来的不仅仅是传播方式的变革，还渗透到日常生活、产业发展、社会治理、科技创新的各个领域，在不知不觉中，我们已经进入了信息化、数字化时代。

人类历史经历了四次工业革命，其中有两次与信息化密切相关。最早，传统手工艺是古代人类智慧的结晶，其中设计结构巧妙、功能独特的手工产品已绵延数千年，还为后来设计的发展提供指导。之后，随着德国包豪斯学派的形成与发展，正式把设计带入产业化时代，其中机械化、批量化的设计模型成为此时设计活动的重要特征。随着20世纪90年代互联网革命爆发，设计产业迎来了信息化时代，设计活动被赋予了开放性、自由性的属性。第三次科技革命以后，大数据、人工智能与区块链等新兴技术的飞速发展让设计产业进入了"信息—物理—机器—人类"的四元智能化时代，社会的群体性在云端以群智方式呈现，数字化创新设计也应运而生。

以数字化、创新化为代表的第四次工业革命悄然到来，中国有理由也有能力成为第四次工业革命的领跑者。第四次工业革命，主要包括三大工程：数字工程，强调信息化基础设施建设，也就是数字产业化；融合工程，强调信息技术为传统产业赋能，也就是产业数字化；创新工程，强调信息技术、智能制造等基础创新，也就是信息领域的重要技术。数字化创新设计从强调与追求个体智能，转化为重视基于网络的群体智能，设计活动的发展也随着人类的发展而变化。因此，形成了众多以群体智能为主的互联网服务功能。随着数字经济的持续发展，企业生产经营和市场需求对数字化的依赖程度正在逐步增强，数字化的创新设计形成了新的经济组织形式，并广泛应用于我们的生活中。

在相关政策的支持下，数字化创意设计正在快速发展。我国已进入新发展阶段，要贯彻新发展理念，构建新发展格局，实现高质量发展。发展数字经济，推进数字产业化和产业数字化，推动数字经济和实体经济深度融合，是我国经济体系优化升级的重要内容。设计单位作为传统的实体企业，实行数字化转型升级更是势在必行。由此可见，数字化创新设计发展是顺应时代发展的必然要求。如图5-1 设计活动的发展。

图5-1　设计活动的发展

数字化创新设计是在数字化设计基础上的创新性发展。数字化是指将许多复杂多变的信息转变为可以度量的数字、数据，再以这些数字、数据建立起适当的数字化模型，把它们转变为一系列二进制代码，引入计算机内部，进行统一处理，这就是数字化的基本过程。数字化设计是将这种信息处理的过程应用于设计行业中，目前已成熟应用于各个行业，为设计的转型发展提供帮助。而在人工智能2.0时代下，数字化创新设计更加重视基于网络的群体智能，广泛应用于智慧城市、智慧电网、智慧家居、智慧教育、智慧博物馆和文化馆等环境中，利用大数据的信息处理方式优化我们的生活。

数字化创新设计的核心点是使用现代数字技术优化流程，改善客户体验和提供新的业务模式，解决业务问题。例如可穿戴设备、聊天机器人、物联网（IoT）、人工智能（AI）、大数据等，我们的身边充满着各种数字化创新。无论是工作还是个人消费，数字化已经融入人类活动的方方面面。在这个时代，人们不再需要花费数月或数年的时间编写冗长的复杂代码来构建网页和移动端应用，而是通过数字化创新来适应不断变化的消费者和商业习惯，保持市场竞争力。

数字化创新设计的难点是设计数字化产品的基本原则在于"以用户为中心"，与之相对的是传统的以产品（服务）为中心。这个转变是数字化时代的一个显著标志，意味着服务模式从过去用户找服务的"PC"模式,转变到现在的服务跟着用户走的"移动"模式。从表面看不管哪种模式,产品设计都得做到用户满意,但实质上这两种模式对用户满意的定义存在着很大的区别。

例如,用户带着自己明确的诉求,如查询一个感兴趣的商店,找到一台可以提供这项服务的电脑,然后完成自己的查找。在这个过程中,作为服务设计者需要做的是让你的用户感受到服务的高效,比如根据用户提供的模糊信息就能够组合出可能匹配的服务,甚至根据历史数据智能补全查找。如何能够更加高效地满足用户的原始诉求,就是用户满意的定义。在数字化时代,不能仅仅关注满意度,每个用户的智能手机里,在每一个常用领域都会有好几个同质应用能够满足用户的基本诉求。

二、数字化创新的技术应用

在全球化时代,数字化创新性设计发挥着至关重要的作用,设计师构思的产品在他们的想象中,很多时候这些产品实际上是原型,但需要转化为有形的产品。然而,在原型制作过程中,如果没有触觉反馈,产品可能需要进一步修改,因为设计师可能无法感知纹理、弹性、重量、深度等特征。数字化创新设计的技术应用主要体现在 VR(虚拟现实)、AR(增强现实)、MR(混合现实)、3D 打印等技术领域,也体现在可穿戴设备、对话聊天机器人、移动应用程序等设备领域。

以 AI 技术为例,有数据显示,AI 技术为应用提供如物体识别、AR 显示、语义处理等新体验,相关功能的用户需求比例在 50%～60%。而在智能提醒、物联控制等便捷服务中,智能提醒以超过 65% 的用户选择率高居所有服务榜首,如图 5-2 AI 技术的创新性设计应用图。

图 5-2　AI 技术的创新性设计应用(数据来源:艾瑞咨询研究院)

1. 技术领域

三维可视化技术的进步涉及虚拟环境，如 VR（虚拟现实）、AR（增强现实）、MR（混合现实）与 3D 打印等技术，可以提供逼真的场景增强交互性。这些技术可以缩小虚拟原型模型的想象与现实之间的差距，被广泛应用于设计学领域，为创新性设计提供帮助。

VR（虚拟现实）是一种新兴技术，具有改变世界的巨大潜力，它对我们的生活产生了重大影响。随着头戴式显示器（HMD）的发展，这些不断缩小的设备更是可直接戴到头上（图 5-3）。虚拟现实带来了前所未有的沉浸感，标志着沉浸式 3D 内容时代的开始。VR 体验需要用户更积极地参与交互过程。VR 环境允许用户以与物理世界交互的方式与数字世界进行交互。虚拟空间中的物体能够保持固定位置，而不管用户如何移动头部，用户可以通过握住和移动 VR 空间中的 3D 对象进行交互。但 VR 技术的缺点在于：VR 会话不应超过 20～30 分钟，因为人们在 20～30 分钟之后注意力开始下降。如果体验需要更长的会话时间，需要允许用户保存其当前进度，并可重新参与体验。

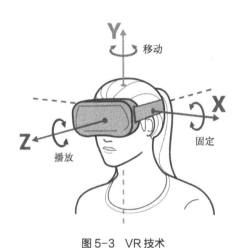

图 5-3 VR 技术

VR 技术未来的主要应用领域包括：协作、训练、高效的产品开发以及更新客户服务等。在协作上，虚拟现实超越了视频和音频会议的基础知识，允许团队共享虚拟空间。从培训的角度来看，虚拟现实具有无限的潜力。VR 培训课程将有助于提高用户在学习或在完成复杂任务时的肌肉记忆力，例如消防员训练等。此外，还可以使用虚拟现实来试验新材料，并在各种场景中测试产品，随心所欲地表达自己的创造力，而无需构建物理原型，也不会使人们处于危险之中。

VR 与其他视觉技术不同的三大显著特点是信息交互、空间概念和感知全面性。随着 VR 独特的呈现和 3D 图像生成，它逐渐应用于建筑、工业、环境设计等许多领域。VR 通过数据模型建模和精确的数据计算，可以根据客户的需求，最大限度直观地展示待体验的场景，提高客户的感受和信息交换的及时性。目前，VR 在全球游戏产业和旅游领域的应用更加成熟。随着应用的不断发展，VR 为众多行业带来了新的活力和新的体验。未来，VR 无疑将在工作路线图中占据更重要的位置，特别是随着工具和软件的进步而变得更加实用。

　　AR（增强现实）是将虚拟的物体放在我们周边的现实环境，增强现实世界的感官体验（图 5-4）；VR 则是将我们放在虚拟的环境中，打造一个以假乱真的沉浸式体验。AR 对大众用户来说参与的门槛低，操作的门槛更低，因为一部带摄像头的智能手机，便可以成为一个载体，在增强现实世界的同时，重塑用户的交互体验，而 VR 的设备对于大众用户来讲日常中比较难接触到，需要较为专业的设备和场地。

图 5-4　AR 技术

　　在扩展现实技术中，AR 可能是最容易获得的。与虚拟现实和混合现实解决方案不同，任何拥有智能手机的人都可以使用增强现实技术。无数客户已经习惯于在他们的应用程序、在线游戏甚至电视机中访问 AR。AR 技术未来的主要应用领域包括：增强人与机器之间的互动、训练、沟通等。增强现实是人类和机器更有效地协同工作的一个很好的例子。通过 AR 应用程序，员工可以更快地访问有价值的信息。利用具有处理功能的 AR 系统可以简单地处理人的声音、动作等行为来完成各种任务。此外，增强现实应用程序可以引导帮助员工完成任务，借助 AR 技术，向用户提供沉浸式体验服务。

　　此外，AR 技术的核心是识别与跟踪，它的实现方式分为两种：图像检测法、全球卫星定位系统法。其中，图像检测法其实是 AR 最常见的一种定位方式，经常用于图片识别和人脸识别。

　　图像检测法的技术实现流程主要分为三步。第一步：捕捉特征图像，算法会对图像进行规划处理，计算有效特征点进行匹配。第二步：从偏离的矩形算出一个三维坐标系，建立一个空间。第三步：实时跟踪数据内容的位置和角度的变化。例如通过手机的扫一扫识别一层一层传递的过程，人脸识别其实就是图像检测法的边缘检测，它可以检测出人脸的部位，同时跟踪这些部位进行运动，把虚拟的内容跟肢体做无缝的贴合，例如常见的美颜APP的实时美颜、脸部贴合、氛围滤镜、3D模型等。

全球卫星定位系统法是通过定位我们所处的位置，在真实的空间里寻找一个平面，可以在现实世界中跟虚拟物体进行互动和观赏。优点是适合于室外的跟踪，可以克服室外场景中光照、聚焦等不确定因素的影响，而缺点是很考验设备的性能，包括当前网络的环境。

MR（混合现实）是指物理世界与数字世界的融合，它允许在不同程度上实现数字元素与现实世界环境之间的叠加和交互（图5-5）。MR体验可以落在虚拟连续体两端之间的任何地方。在MR体验中，用户不被绑定到屏幕，可以与数字和物理元素进行交互。

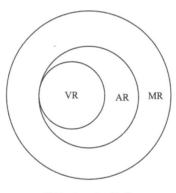

图5-5 MR技术

MR交互展示系统采用目前国际上最为前沿的混合现实技术，通过可穿戴式移动交互终端，利用简单的手势动作，在传统的实物基础上，实现在真实环境中与全息影像进行互动，加载并虚拟呈现规划成果、城市三维模型和产业经济信息等数据，构成可交互的3D全息场景，生动呈现园区发展成果与规划，是数字技术在展览展示领域的创新与有益探索。

VR和MR之间的主要区别在于，在VR体验中，物理世界被完全屏蔽了。相反，MR体验在任何程度上都融合了数字世界和物理世界。因此，VR技术完全忽略了用户所处的环境，而MR体验处理用户所处的环境并将其包含在体验中。在VR体验中，用户仅与虚拟环境交互，而在MR体验中，用户与虚拟和物理元素交互。

与VR和AR相比，MR的概念范围更大，不仅要融合AR和VR，还需要在协调的基础上，开创新的技术，钻研新的算法。从图5-6可以看出虚线以内的部分就是混合现实。

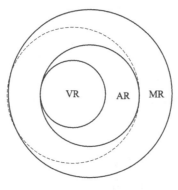

图 5-6　混合现实

3D 打印作为数字化技术之一，也进行了许多的创新性应用研究。3D 打印是一种以数字模型文件为基础，运用粉末状金属或塑料等可黏合材料，通过逐层打印的方式来构造物体的技术。目前 3D 打印技术主要应用在教育、医疗、汽车、航空航天、工业等领域。

在消费者方面，3D 打印采用烧结、熔化和立体光刻等技术，帮助创建个性化的小饰品和装饰品、实用的家居用品、小雕像等。自 20 世纪 70 年代末以来，原型制作是 3D 打印在专业领域最常见的用途，也称为快速原型设计。简而言之，它的特点是速度快，而且相对便宜。从想法到 3D 模型，再到将原型握在手中，只需几天的时间。此外，3D 打印是一种增材制造过程，通过该过程构建材料层以创建 3D 零件，可以减少材料浪费。

就 3D 技术的设计应用而言，近年来，利用 3D 打印技术进行文物修复与模型制作成为一大发展趋势。考古学家使用 3D 建模技术来保存遗址中发现的信息，寻找新的挖掘地点，或利用 3D 打印创建古代文物的模型，以此来建立文物数字化档案。因为 3D 建模甚至有助于保留最小的伪影，如珠子和小骨头，便于对文物的保存。之后再采用 3D 打印技术进行打印，利用设备制作精致的艺术品。

从产品设计的角度来说，3D 打印技术主要可以加速产品的原型制作，可以对原型进行快速的概念级评估，并立即调整或完善设计师的思维。在后期阶段，也使用更精细的 3D 打印零件来组装一级功能原型。与传统制造技术相比，3D 打印技术优势明显，能够加速复杂产品结构的成形，减少复杂的工艺流程，形成了全新的创新性设计模式。科技的进步会让更多人体验到 3D 打印技术带来的高度适应性、个人定制化等前沿功能。

2. 设备领域

数字化创新设计应用更智能，也更懂用户，为用户需求提供更多的选择，未来开发者可以将数字化技术带入更多的细分场景中，如运动健康、旅游出行等新场景，以便满足更多的消费者需求。在设备领域上，智能硬件矩阵不断丰富，伴随着智能设备不断深入各大生活场景，用户对跨设备的智能互联有了新的要求，调研数据显示，智能提醒、文件同步、应用共享、物联数据打通以及在智能穿戴设备上安装轻量化应用等用户需求在 60% 及以上。通过数据对比，不难看出跨设备互联已经成为数字化创新设计的趋势之一，这将为开发者在细分领域创造出更多的创新机会。如图 5-7 VR/AR 市场规模预测和图 5-8 五大智慧生活场景。

图 5-7　VR/AR 市场规模预测（数据来源：海通证券研究院）

图 5-8　五大智慧生活场景（数据来源：艾瑞咨询研究院）

首先是可穿戴设备。近年来，我们在可穿戴技术领域看到了新的颠覆性创新，这些进步可能会改变我们的生活。随着物联网和人工智能的发展，可穿戴技术正在被应用到多个领域：从医疗保健、导航系统、消费品和专业运动到先进的纺织品。可穿戴设备是佩戴在用户身体上的任何类型的电子设备。此类设备可以有许多不同的形式，包括珠宝、配件、医疗设备以及服装或服装元素。现代可穿戴设备具有广泛的可用性，这些设备都实时监控数据，包括智能手表、健身追踪器、VR 耳机、智能珠宝、支持网络的眼镜等。

可穿戴设备具有巨大的优势，比任何智能手机或移动设备都更加个性化，并且与用户的身体联系在一起。设计师应该从产品开发的早期阶段就了解这一点，不要只关注手部互动。以眼睛为例，在免提环境中对可穿戴设备进行的研究表明，当用户的光学能力发挥功能时，他们所遵循的路径与预期不同。因此，在为可穿戴设备设计 UX（用户体验）时，设计人员需要关注用户如何最好地实现其主要目标。通过创建心智模型并评估如何最好地使用户对产品的直观感知与所用技术的交互保持一致，为用户开启旅程。

目前，随着可穿戴设备应用领域的扩展和技术的成熟，设计师将有新的机会来影响人们与数字世界的互动方式。当新技术适合或增强人类自然行为时，它就能取得最大的成功。

其次是聊天机器人。这是一种基于对话的自动化体验，应用于消息传递应用程序、网站或设备上，它通过语音或文本模拟人类对话。

目前聊天机器人分为两种：一种是基于规则的聊天机器人，它是基于一组规则并使用计划的引导式对话的机器人，此聊天机器人具有用户必须保持打开状态的脚本。另一种是基于 NLP 的聊天机器人，使用自然语言处理和人工智能（AI）模型来解析不同意图并决定提供哪些答案的机器人。

聊天机器人也称为"对话代理"，是模仿书面或口头人类语音的软件应用程序，用于模拟与真人的对话或交互。聊天机器人主要有两种方式为访问者提供服务：基于 Web 的应用程序和独立应用程序。如今，聊天机器人最常用于客户服务领域，这种对话设计也不仅仅局限于机器人设计，也包括移动软件、移动网络等社交平台，为我们的生活提供便利。如图 5-9 话语设计图。

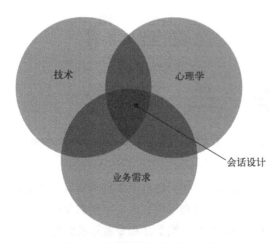

图 5-9　话语设计（图片来源：自绘）

最后是移动产业的发展不会被忽视。尽管移动应用程序具有各种各样的用途，需要具备最佳的可用性、可访问性、参与度和整体用户体验。移动设备已成为我们日常生活中不可或缺的一部分，融合了我们的个人和职业生活。由于移动应用程序对其用户很重要，对于企业来说更是如此。除此之外，它们还改变了消费者的行为，改变了消费者的购物方式，企业进入这个市场也至关重要。

近两年无论是中国智能手机市场，还是移动应用的数量皆出现持续下滑，数据显示，2021年国内移动应用数量的下降幅度更是高达27%。同时，移动应用分发量同比提升31%，疫情推动了用户对在线移动应用服务需求的快速增长。

后疫情时代，用户需求倒逼应用发展，无接触服务、居家服务的应用需求涨势尤为明显。智能家居、快递物流、生鲜电商三类应用月活规模在近两年也破亿，2021年用户规模增长量最多的应用类型为便捷生活和旅游出行，以美团、高德地图为代表的本地生活和旅游出行服务迅速回温。如图5-10 2019～2021年中国移动应用分发量。

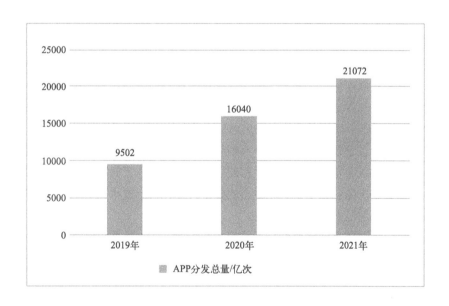

图5-10　2019～2021年中国移动应用分发量（数据来源：工信部历年《互联网和相关服务业运行情况》）

三、数字化创新的类型

随着人工智能、大数据、5G等现代信息技术的发展，数字技术已成为产业创新的重要引擎。在这个数字化创新发展的时代，数字化的创新性设计正在逐步影响着我们的行为模式和生活方式，从应用场景创新内容的角度来看，主要分为数字产品创新、数字组织创新、数字文化创新、数字体验创新四种类型。

1. 数字产品创新

产品本质上是为了解决问题而提供的有形的实物或无形的服务。数字产品创新是指使用数字手段找到业务问题的解决方案。该产品可以是一个使用者的数据保持可用顺序的软件，一个供用户进行交易的移动应用程序。产品的数字化创新主要表现在：产品系统和产品性能等方面。

产品创新是将新的和改进的产品推向市场的过程，是一项高度复杂的任务。人工智能可以通过多种方式支持产品开发。通过预测消费者需求，优化产品功能，设计出成功的产品。自动分析数据是成功进行产品创新的关键，因为产品开发是一个耗时、复杂且昂贵的过程，取决于许多因素。人工智能可用于自动化产品开发过程的一部分，使过程更有效率并使其成本更低。人工智能还可用于降低创新风险，并提高最终产品的质量。例如，人工智能可以帮助预测客户需求和偏好，它可以帮助减少开发新产品所需的时间。此外，AI 可用于大规模分析产品数据和属性，因此用户可以找出要优先考虑的产品和功能。

如何使人们的情感和设计能够通过良好的使用机制和操作方法进一步结合，使产品的使用是一种享受，而不是简单地完成任务，是 AI 人工智能发展的下一个目标。数字产品类的创新，极大依赖于数字技术设施的发展和支持。通过将物理部件和数字部件结合而改变产品的体系架构，使其具有数字化实体特性。此类的智能产品一般具有物理部件、数字部件和互联部件三个部分。数字部件和物理部件的结合，让物理部件本身的价值得以强化，互联部件则让产品有可能融合互联网上所有相关信息和基础设施进而提升产品的价值，包括产品硬件、软件、应用通信系统以及产品云等。

其中，移动设备是数字产品中的一大创新优势，移动设备最大的趋势之一是传感和监控应用，其通常具有移动性、小尺寸和通信功能，并专注于处理特定类型的信息和相关任务。许多数字产品创新都集中在更小的外形尺寸、显示技术、新型传感器和改进的摄像头模块上，以创造更好的用户体验。

科技向善，随着数字创新在产品领域的广泛应用，广大特殊人群如老人、听障人士等群体对数字产品的使用频率逐渐提高，特殊人群对于数字产品的使用可以便于他们缓解病情或便利生活。依托于国家政策引导，越来越多的企业开始关注"无障碍行动"并陆续覆盖到更多障碍人群，从早期对视障／老年用户的关注扩展到听障群体，从被动获取听障用户信息到主动走近用户。

从《2022 年中国听障用户数字产品体验调查报告》中可以得出，调研结果显示，21% 的听障用户的手机日均使用时长为 6～8 小时，8 小时以上的占比 11%，4～6 小时的占比 14%。相比较而言，极重度听障用户的日均手机使用时长要略高于重度及中轻度听力损伤用户。

根据互联网听障人群调研情况，描绘互联网听障用户画像，了解听障群体智能终端设备、听觉辅助设备的使用场景、行为与需求，得知沟通仍然是听障用户面临的最大的痛点，包括接打电话、紧急求助、社交聊天、工作和就医等不同场景的沟通。这些场景下，语音转文字、声音识别和文字转语音功能对听障用户来说显得尤为重要。

目前，智能终端、软件应用和辅助设备以听障用户需求为导向，在产品设计之初就兼顾听障用户的使用特性，参照相关标准规范开展产品功能设计，将无障碍优化纳入产品日常维护流程，不断优化使用体验，使保障功能可持续运营，最终构建起兼具无障碍化的产品设计闭环。结合当前运作模式来看，智能终端、软件应用、辅助设备和技术完全兼容才能最终实现数字时代下的无障碍化。其中智能终端是无障碍生态的基石，决定听障用户在数字生活中的无障碍体验的边界，辅助工具是桥梁，连接听障用户与数字产品中的具体应用，如图 5-11 听障人群关于数字产品的使用分析。

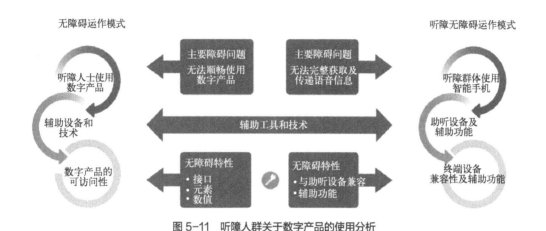

图 5-11　听障人群关于数字产品的使用分析

2. 数字组织创新

组织创新类的数字化创新主要表现在流程、结构、人际网络、盈利模式等方面，数字技术的应用改善甚至重构了原有创新的流程框架。在数字经济时代，创意产生、产品开发、产品试制与制造以及物流与销售等环节都可能被数字化技术颠覆，提供良好的用户体验是产品重要的、可持续的竞争优势。

产品组织流程的数字化包含"发现、定义、探索、评估"四个主要环节，数字化技术的创新性应用可以在了解用户需求的同时，优化产品流程，在提高产品的生产效率的基础之上，提高产量。数字化技术的操作实施具有一定的难度，因此，流程设备的操作者和使用者必须具有很高水平的操作和控制能力，智能化的流程设备也必须具有这样的能力。

发现：定量和定性数据直接从客户和整个市场收集。智能研究和数据收集工具将来自人类和人工智能研究人员的数据汇集在一起，形成一组数据，用于设计过程的其余部分。

定义：根据客户需求与市场数据来设计生成相关设计工具，帮助团队与客户沟通协商。软件工具有助于管理需求，并帮助团队根据上游客户需求和下游生产系统协商优先级。产品设计团队创建了一种语法，衍生式设计系统可以使用该语法来创建符合品牌美学品质的产品。

探索：将要求和约束输入一个衍生式设计系统中，该系统以数字方式创建了多个设计备选方案，这些设计备选方案可不同程度地适应不同目标属性，例如重量、功耗和制造成本。

评估：在生成一组可能的设计选项后，参与者和 AI 团队成员随后使用一套仿真工具以及设计策展和选择系统来评估设计选项。定性选择过程可以由设计团队或最终客户完成。

此外，由于设计在整个过程中保持数字化，设计团队可以回到早期阶段，并根据来自客户、市场和制造商的新数据更新参数。通过分析大量数据、创建几何体和模拟人工智能助手完成模型，AI 团队成员更专注于了解他们的客户，协商设计要求，定义产品的整体风格，以及策划最佳设计。该设计系统可以实现更快速的产品迭代和更广泛的潜在产品设计。

目前，应用较为成熟的 3D 打印技术为产品带来了创新性的改变，英国《经济学人》杂志则认为 3D 打印将与其他数字化生产模式一起推动实现第三次工业革命。3D 打印主要应用在航空航天、生物医疗、电子制造、汽车、模具、陶瓷、首饰、文化创意等领域。特别是在陶瓷领域，陶瓷 3D 打印技术作为增材制造技术，与传统的减材和等材制造一样，成为陶瓷加工方法中不可或缺的一部分，也得到了大众的认可。

此外，信息科技为产品提供基础支撑能力，也就是科技是一种实施能力，数字化创新设计需要借助信息科技能力与产品设计能力的整合。

3. 数字文化创新

发展数字化文化消费是文化创新发展的必然要求。"十四五"期间，我国将继续实施文化产业数字化战略，实现数字化、智慧化与文化全面融合的高质量发展。建立数字文化体验中心（馆）成为国家文化大数据工程落地、打造城市文化品牌的最佳手段。

文化数字化创新设计是中华优秀传统文化"活起来"与"火起来"的重要途径。随着数字平台的崛起，文化产业链的创意、生产、传播、获得等每一个节点都会承担更多的功能，文化生产不再是一个线性的链条，而形成了网状结构。

例如，宫里有戏·大明宫文化数字体验中心利用最尖端的数字光影技术，结合唐朝鼎盛文化，打造高新科技体验中心。山西文旅数字体验馆采用 VR、3D 投影、镜像空间、全息成像、数字互动等科技，以"华夏古文明"为主线，阅五千年历史人文，以人动人；"山西好风光"以空间为主线，赏三晋表里山河，风景宜人；富春山居·数字诗路文化体验馆借助富阳文旅大数据平台，通过"数字+技术"的提升改造，让游客一眼望尽"山居四季"，感受文人墨客笔下的"醉"美富春景等。在全国各大博物馆、文化馆等场馆中，通过数字技术、新型体验技术，可实现线上线下的文化体验，让文化产品为大众所知所感。

此外，数字化技术助力文化创意产品的发展，使产品的使用不仅仅局限在物理部件，还融入了一些趣味真实的技术支持，配合移动设备来进行文化产品研发。

北京的"中轴线"就致力于儿童教育的文化传播产品设计，通过手机、平板电脑等移动设备，将底层 AI 算法逻辑与普通的实体物品或二维图画转换为虚拟的 2D 或 3D 的模型，把真实的中轴线场景和虚拟的线上场景融合起来，创建了一种全新的交互形式和交互内容。从产品角度而言，数字化技术主要应用在设计过程中，为文化的提取与利用提供支持。艺术宝也就此技术制作了一套中轴线系列宝盒，儿童用宝盒里的材料可以一边学习历史文化，一边动手制作雨燕风筝，搭建祈年殿等，推动着文化产业的发展壮大，为数字产品的创新性发展提供帮助。

4. 数字体验创新

体验创新类的数字化创新主要表现在用户互动、品牌、渠道、服务等方面。用户的旅程以数字化的方式开始和结束，因此创建满足用户需求的，有凝聚力、情境化的数字用户体验十分有意义。

从用户互动与品牌策略的角度分析，以往的用户在接触一个产品的时候，更多是通过广告媒介被动接收新信息。但实际上，在现在这种更加复杂的社会媒介环境当中，用户往往是通过更多维的场景去接触一个产品。这些场景是伴随着产品和服务产生的，它包含了各种与产品接触的机会点，用户就是通过这些线上和线下的场景和触点去产生互动，从而认识到一个产品及它的品牌。这些触点设计其实会渗透在消费者从对产品的初次接触、判断，到消费，直到沉淀和不断深化的认知过程当中。

从服务的角度分析，服务设计的核心是不同的人在不同的时间衍生出的不同情境，即服务设计要在不同用户群体、不同时间的不同需求之间做到适时调整，满足其需求，不再只是处理单一情境下的用户问题。

传统服务设计的核心是服务利害关系人，在服务的时间历程中，满足多样场景的需求，而现今的重点是运用数字化驱动、建立线上融合线下的场景，达成体验差异化。数字化创新时代，消费者的数字化体验期望前所未有地被激发出来。企业渴望通过数字化创新设计，优化客户洞察，建立动态的客户画像，基于实时大数据把握个性化客户体验，创新产品交付和服务模式，通过 C2M 个性化制造（用户直连制造）模式，C2B 个性化交易（消费者到企业）模式更好地满足客户需求，数字化创新用户体验正在成为行业数字化升级的核心驱动力。

目前发展较为成熟的老年人服务系统，围绕养老服务工作中产生的相关需求，沿着数据采集、流转、协同、共享和应用展开。其分阶段、分步骤搭建数字养老体系，完成养老数据标准化建设，实现养老数据从获取到存储、计算、应用的完整链条，真正赋能服务创新和供给，满足老年人越来越个性化的养老需求。通过加快完善养老服务智能感知体系，特别是核心需求的采集与数字化供给，如日常生活照料、健康体征监测、政务服务办理等。从数据维度构建老年人个体精准画像，融合人口库、居民健康档案等现有各类与老龄群众相关的数据库。推进养老服务全领域的数字应用体系建设，从而实现养老服务数字产品的创新、多样化开发，提升用户体验。

第二节 数字化创新的定义及特征

一、数字化创新的定义

数字化创新是运用现代数字技术,通过优化流程、改善客户体验和提供新的商业模式来解决商业问题的实践,简单来说就是将数字技术应用于现有的业务问题,数字创新在现代世界中变得至关重要。那么,数字化创新设计则是创新下的数字化技术在设计行业的应用。

需要注意的是,数字化创新通常与术语"数字化"混淆。数字化是指将以物理形式写入或存储的信息转换为数字信息的过程。因此,数字化是指利用数字信息来改进流程。然而数字化创新的过程并不是在一夜之间发生,它随着更多新的技术进步的引入,可能在波浪中发生。数字化创新之所以重要是因为它可以提高生产力,带来改进的数据与分析,以及改进创新等。

数字化创新过程中,人员、流程、平台和产品组合是数字化转型的四个关键,借助合适的人员、流程和平台,可以推动组织中的数字创新,以创建一系列颠覆性的流程、产品和服务,并启动高价值计划。特别是营销人员通过新的接触点吸引用户。现在,用户在采取行动之前,通过各种渠道与企业互动,营销人员就可以通过数字策略将这些接触点转变为非常成功的获客渠道。

数字创新使企业能够通过简化流程、提高效率、更高的技术投资回报来提高其产品价值。企业能够利用改善客户体验的新技术来保持竞争优势,主要包括可穿戴设备、聊天机器人、物联网、人工智能、大数据等。目前,数字化创新技术已经对我们的生活和技术产生了影响。

数字化创新的成功范例很多,例如瑞典家居巨头宜家。从本质上讲,宜家的数字化创新在这个数字时代对消费者更具吸引力,其产品和服务可以满足当今消费者的需求。宜家的 Place 应用程序具有增强现实功能,可让消费者在家中尝试各种家具,通过查看它的外观,然后再实际购买它。而且很多人更喜欢以数字化方式体验产品,而不是花几个小时穿过仓库去看家具和产品。

此外,还有数字文化领域的典型案例"数字故宫",它通过"数字化 + 云化 +AI 化",致力于让人们能更深入地了解故宫的文化之美,给观者带来富有文化积淀的沉浸感,同时提供内容运营、数据库、购票、导览功能,使人们多维度地感受故宫。

在产品的设计上,它运用了数智人技术,其中包括通过 AI 识别情绪来驱动相应动作展示。在吉祥物的选择上,选择小狮子作为导览助手,一共设计了 11 个动作,用来表现人们交往中的常见情绪。此外,为了以更有趣的方式向用户展示故宫深厚的历史文化底蕴,将故宫博大精深的文化与科技感十足的 AR 技术结合,让用户在导航过程中以探索的方式解锁故宫的经典文物与建筑,给用户更有趣的体验。用户到达景点后自动触发的交互式讲解,通过 3D 模型、全景图、讲解卡片结合语音讲解的形式,让游客更好地了解故宫文化。AR 导览通过实景导航、沉浸式互动讲解的形式,带给用户完全不一样的新奇体验。产品从里到外传递给用户一种能引起对历史对故宫文化底蕴共鸣的情感，能够通过设计手段将冰冷的设计赋予情感，能够使用户在体验时感到愉悦。

重要的是，该产品贴心地增设了实时展示热门景点客流量的功能，以避免游客拥挤。基于腾讯LBS大数据服务，实时计算并展示热门景点的客流拥挤度，在地图页地点图标中以红黄绿三色的人形图标醒目展示，辅以最直接的拥挤度描述，让游客对全园客流量分布情况一目了然，便于及时规划游览路线，让自己的打卡照中不再人满为患。

然而，尽管数字化创新有很多好处，但也存在与之相关的风险。目前，面临的最大挑战之一是数据安全。数据安全是数字化创新设计过程中的关键，需要在数字化创新的同时考虑到数据的安全性与可靠性，许多管道运营商现在使用传感器而不是人工检查来传递有关管道完整性的信息，从而节省时间和金钱，同时提高安全性。

二、数字化创新的特征

数字化创新最初只是一个技术理念，而如今，数字化被称为第四次工业革命。随着数字化技术的快速发展，人们对数字化的理解发生了转变。从日常通信、社交互动，到日常生活中大大小小的设计应用，都涉及人工智能、移动技术、物联网等数字技术，数字化创新技术将我们与万物、与全球各地的人们互联。由此可见，数字化创新设计未来是必然趋势。

1. 本质特征一：连接改变了生存方式

数字化创新技术的发明和发展改变了我们的生活，"连接"特征可以带来更为便利、更低成本与更好的价值感受，万物连接从而改变人们的生存方式与生活节奏。在过去十年中，数字化创新技术改变了人们的生活和工作方式。数字化创新技术是基于人们的好奇心和创造力的产物。它创造了前所未有的沟通方式，打破了时间和空间的限制。

几十年来，技术创造了大量的现代设备。智能手机、平板电脑、智能手表和语音助手设备是技术变革的有力证明。这些设备帮助我们极大地改变了做事的方式。过去，智能实际上只是意味着连接智能手机、智能电视和许多其他智能设备。今天，智能越来越多地意味着由人工智能（AI）提供支持，并能够以越来越创新的方式帮助我们。目前，智能手机已成为现代生活中不可或缺的一部分，其中，由于数字化创新技术的发展，支付账单也变得更加便利。

数字化创新的另一个巨大影响是工作场所的变化。从2020年开始，随着远程工作安排的迅速发展，人们经历了办公室和工作场所的虚拟化。特别是在疫情时期，为了保持社交距离和尽量减少接触，人们会选择召开网络研讨会和虚拟峰会，许多视频会议应用程序的使用量明显增加。由此可见，由于生活方式的改善和保持虚拟连接的需求等因素，全国各地对智能设备的需求都在增加。

人们通过对智能产品进行语音命令或远程命令，而减少身体接触。技术带来的生活便利促使人们的控制需求不断增长。如家居用品、服装和书籍的在线购物激增，随之而来的是对在线或移动支付解决方案和服务的巨大需求。

数字化创新技术的应用，改变了业务流程和系统，使得人们的生活方式发生变化。技术和业务流程是数字化转型的核心组成部分，为许多机器人流程自动化提供支持，使管理、物流、财务和人力资源部门的工作量得以减轻。适合的数字化创新技术可以加快流程，提供接触客户的新方法，并使其更容易适应市场变化。最新的数字化创新技术正在影响人们的工作和生活方式。

2. 本质特征二：共生改变了发展方式

共生特征体现在数字化创新将数字与现实融合，数字世界通过数字化创新技术与现实世界相互动，共生创造出全新的价值，从而改变人们的发展方式。

在沟通发展上，在过去，一封信需要花费很多时间才能到达目的地，例如汇票、贺卡、私人信件等。今天，我们拥有移动互联网、计算机和社交媒体等信息技术，可以方便人们与世界各地的任何人进行联系，这样可以实现快速、简单和便捷的沟通。此外，数字化创新在改变了我们购买衣服、食物、杂货、家具等商品的方式的同时，也改变了我们的支付方式。随着技术的大规模发展和手机可用性的增强，人们可以在几秒钟内轻松付款。由此可见，技术的转变不仅改变了基础知识，也改变了人们的生活方式。

在健康发展上，数字化创新技术在人们生活中的另一种应用是医疗保健行业的现代化。就医程序也变得更快、更高效，医院拥有现代化的技术设备，如现代化的手术室和医疗器械。对于医疗行业来说，数字化创新设计可以降低用药错误率、促进预防性护理以及实现更准确的人员配备等。此外，从2018年开始，VR技术的应用是医疗保健数字化转型的重头戏，它的应用正在深刻地改变患者的治疗方式。VR技术不仅被用于治疗疼痛，还被用于治疗焦虑、创伤后应激障碍等。因此在健康发展方面，数字化创新技术可为用户提供更优质的服务。

在文化教育发展上，数字化创新技术改变了教育和学习的方式。在过去，我们无法如此灵活地快速获取数据、信息和知识。数字化创新技术和教育是紧密相连的，教育工作者积极使用各种数字技术设备来优化学生的学习过程，使教育内容对学生具有吸引力。

在学生的学习中，可利用数字化创新技术启发学生的思维。如在数字环境中实施的新型讲座实现了学生和教师之间的沟通，并实现了高质量的小组互动。

因此，教育变得更加个性化，许多学生已经能够参加在线课程，即使是年龄较小的学生也可以学习在线课程，他们可以通过视频聊天和录制视频等更有效地完成作业。由此可见，教育可能会在未来从课堂迁移到互联网。

3. 本质特征三：当下改变了价值方式

在当代的信息时代下，信息过载、发展速度较快等，使得人们从关注产品的效率与速度发展到关注产品的价值感知，因此产品的价值与意义显得尤为重要。

价值是主观的，是购买者在购买产品或服务时从中获得的。感知价值归结为人们愿意为商品或服务支付的价格，是即使与不同品牌的产品相比，分析产品满足需求和提供满意度的能力，从而做出的快速决策。有意识的消费是一个至关重要的现代趋势，人们开始思考自己的消费习惯和环境影响等因素。

数字化创新技术对人们的生活产生了积极的影响，人们可以利用关键信息来处理健康、安全和科学问题。因此，人们逐渐开始使用数字化技术来提高生活技能。为了发挥数字化创新技术的优势，我们需要理解与信任数字化创新技术，辩证看待其带来的利与弊。

数字化创新技术正在改变我们眼前的世界，而这些工具将使人们能够以正确的方式改变世界。总之，数字化创新的本质特征体现在"生存方式""发展方式"与"价值方式"上，这是数字化创新时代与工业时代的根本区别，数字化创新技术将在未来的发展中，继续发挥至关重要的作用。

第三节 数字化创新设计的优势及发展现状

一、数字化创新设计的优势

1. 推动基于数据的洞察

移动互联网时代，大数据的收集、组织与分析，对企业追踪用户数据踪迹，开展个性化服务显得至关重要。信息时代，数据是重要资源。数字化的最大好处之一是能够跟踪指标，并分析在数字营销工作中获得的数据。新的数据类型以及更加完善的工具、技术和分析功能，能够基于用户行为和事实的预测，发现更深入、更相关的客户见解。

数据导向并非只了解用户购买的历史记录，而是深刻地挖掘用户的行为、兴趣和偏好，并从中找到关键点，从而能够推动客户完成购买。用户在何时、何地，需要什么信息，都基于在多个触点和时间段的大数据分析，而非来自经验丰富的决策者的直觉与知识分析。

通过用户体验管理系统的数据采集分析，以"人"为中心，实现用户体验的精准洞察。全渠道实时监测，每一个体验触点可以在第一时间被发现，以此来改进方向，显著提高客户参与度、满意度和长期品牌忠诚度，避免滞后性。利用这些见解，企业可以优化其战略和流程，以获得更好的结果。使用数据驱动的见解来了解客户并将其反馈到业务战略中，从而实现超个性化、相关性、实时反馈和敏捷性。由此可见，数字化手段洞察用户心声的必要性。

因此，用大众喜闻乐见的题材与方式，多渠道引导社会特别是网络价值取向，弘扬正能量，已经是一个重要课题。"线上线下互联"的时代，通过集成全息呈现、数字孪生、多语言交互等新型体验技术，大力发展线上线下一体化，在线在场相结合的应用场景，可以丰富用户体验。

此外，基于数据洞察在设计上的创新应用，可以利用大量数据进行分析，并从中提取有用信息并辅助决策，为设计的创新性发展提供帮助。首先，需要明确数据来源，知道数据所代表的意思，以及相应的用户行为。之后，要明确数据的背景，每个数据都有相应的背景。得到数据之后，最终都是要运用到实际中去的，明确数据量大小与数据性质，并结合场景分析数据。验证猜想可以辅助决策，最常用的方法便是A/B测试。

通过数据洞察与分析，得到相应的数据以验证观点的科学性与可行性。利用数字化技术进行科学分析，来指导相应的创新性设计，促进设计行业的发展。

2. 为数字化体验设计创造价值

在数字化时代与用户建立共生的关系，必须在满足客户需求的同时，善于挖掘出客户未来的偏好。数字化体验不仅反映人类真实的生活体验，在注重场景体验与服务的今天，更是满足各方需求的有效手段。有效的数字化解决方案侧重于三个关键方面，即客户、服务创新和内部系统。数字化创新可以解决这三方面存在的问题，以创造新的收入来源，使其产品多样化，简化内部流程并改善客户体验。

大众对最新技术、社交媒体和应用程序的重视围绕着对更轻松生活的需求，希望他们的问题有有效的解决方案。因此，利用数字化技术进行用户需求挖掘变得十分重要。同时，对用户需求的挖掘应该是实时的。当用户发生情绪波动时，应该利用大数据进行实时捕捉，并及时安抚用户。此外，那些此前被忽略的评论、评价、调研、反馈、行为、咨询、投诉等数据，都可以通过数字化技术被采集并且数据化，为后期的创新性改良提供指导。

在数字化领域，我们更是将基于解决用户客观问题的思维方式作为设计的基础（图5-12），从而能够在用户、业务和科技三者之间达成平衡，不仅让数字化创新设计得到发展，而且能使其发展成规模化业务。因此，数字化转型的主要重点是使用尖端技术来改善客户体验。数字化创新领域的核心在于设计，而设计的难点在于洞察用户，及更广泛的、跨领域的协作。

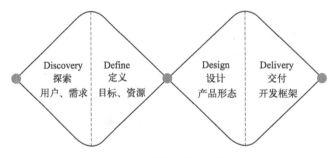

图5-12 设计思维4D模型

在大众生活中，数字影像通过一些新型的技术如屏幕、投影、移动设备等数字产品呈现，但数字体验设计并非局限于技术，而是以设计内容为主导，结合多方需求、多类型的创意思维和概念去延展。

通过数字化体验创新，使用户的线下产品体验变得不再单一而传统。用数字化的形式帮助产品做展示的优秀案例有很多，例如，宜家家居佛山店内的睡眠空间就率先在国内尝试了数字化体验的零售方式。设计师利用互动影像，打造了一个独特的睡眠体验空间，将顾客带入一个舒适、安逸、自然的沉浸式情境中。之后，广州番禺宜家家居再次推出了一个餐具主题的数字化体验区，运用科技与创意来提升用户体验，进而辅助用户进行消费决策，满足用户的体验需求。

3. 现代创意造就文化新产品

"周虽旧邦，其命维新"，中华文明数千年一系，蕴藏博大丰厚的精神文化资源。目前，新技术手段已经深刻影响文化生产方式、传播方式、消费方式，催生文化生产新业态、新生态。新型文化产品的创造不是简单重复再现传统文化，而是依托传统文化要素，以现代意识赋予其新的时代内涵和现代表达形式，创造出文化新作。中华传统文化中有着不计其数的人物形象和动人情节，需要当代人对传统文化进行全方位、深层次、多领域的创造性开发，以各种当代大众所热爱的表现形式展现出来。

在新的时代背景下，中华优秀传统文化有条件借助数字技术提升内容传播的效度、强度和广度。一方面要把握好数字经济的历史性机遇，积极推动传统文化内容数字化、网络化转化，实现文化产业全产业链改造升级，以提高效率带动产能和品质提升。另一方面，利用好新技术手段、制作方式、传播载体的颠覆式变革，生产高质量网络原生文化内容，发展新型内容产业，适应年轻群体文化娱乐需要。

数字技术为更好地再现文化遗产提供支撑。近几年，集中展示中国传统文化的各大博物馆纷纷利用数字技术改进展陈方式，优化文化遗产用户体验，利用诸如 VR 技术、虚拟空间技术等生成逼真、实时、三维虚拟场景，强化展览互动性和参与感，满足观众的感知和互动需求，加强观众对文化遗产的认知理解。

比如，数字敦煌、数字故宫等数字化产物，都让我们以新鲜有趣的形式、真实可感的体验徜徉于历史文化场景，感受传统文化艺术精髓及其文化精神。例如《国家宝藏》栏目，融合应用纪录片和综艺节目两种创作手法，借助现代特效手段，以文化的内核、综艺节目的外壳、纪录片的气质，将文物国宝所蕴含的中华文化生动地表现出来，获得观众尤其是年轻人的追捧。设计开发器物产品和数字内容，使传统文化魅力不断传播发酵，推出一批人们争相体验的产品，数字技术让传统文化以全新的方式获得时空延伸，融入日常生活，提升生活品位。

4. 助力场所文化教育的发展

博物馆、文化馆作为公共文化场所的重要代表，不仅是人类文明的窗口，也是社会教育的课堂。其中，博物馆是人类文明精华的储藏室，是天然的学习空间，其教育具有真实性、生动性和直观性。而儿童正处在求知欲旺盛的年纪，博物馆不仅可以通过实物传递知识，更可以激发兴趣、引导思考，是除了学校之外不可多得的大课堂。目前，国内外部分博物馆结合数字化创新技术，探索实施体验式主题活动，设置了丰富的互动体验类项目，助力场所文化教育的快速发展。

智慧博物馆是基于物联网、移动互联网，运用多种传感技术，经过智慧博物馆云计算平台的整合、分析，形成的基于传感数据和智能过滤处理的新的博物馆资产管理、观众服务模式。博物馆数字化创意的应用普及，必然要充分体现人文关怀，重视博物馆中的人，即儿童的主体地位。在智慧的网络虚拟教学环境中，智慧博物馆的数字化创新设计可以增强儿童对人类文明的感知，为儿童的思维模式发展增加可能性，有助于儿童对中华文明的理解。

未来，在数字化技术的创新性设计中，学生们可以身临其境地参与到历史事件的发展过程中，通过实时互动，提升自身的文化参与感与知识储备。数字技术有助于提供高质量的沉浸式参观体验，开创博物馆文化教育活动的新局面，广泛吸引更多人参与到智慧博物馆的教育活动中，提升博物馆教育质量与文化传播力度，为不同群体提供多样化的文博体验服务。

5. 打造数字文化消费新场景

在文化产业领域，数字化也不断通过赋能传统文化业态，创造新的消费体验形态。中共中央办公厅、国务院办公厅印发的《关于推进实施国家文化数字化战略的意见》指出，要"利用现有公共文化设施，推进数字化文化体验，巩固和扩大中华文化数字化创新成果的展示空间"。

许多博物馆都开辟了数字化虚拟旅游云空间，景点画质高清、图像栩栩如生，并配有图文、视频和音频介绍。虚拟博物馆游览和虚拟景区游览等方式，就是借助数字化场景的构建，实现游客的博览体验和交互沉浸。从产业发展看，数字化场景极大地降低了文化旅游的成本，它们不断丰富着人们的精神世界，让游客游览全球的成本更低，游览时间更灵活、便捷性也更强，也可以使品质化、多元化、数字化的文化消费为大众所接受。更多数字化场景也将走入人们的日常生活，虚拟旅游、数字消费等也将成为社会发展的重要组成部分。

在旅游领域中，线上化、数字化不断向更多旅游业的场景延伸，旅游大数据平台、智慧旅游公共服务、云旅游平台、线上数字化体验、沉浸式旅游场景等加速发展，虚拟旅游也随之快速发展，许多博物馆、旅游景区将打造虚拟数字场景作为重要方面。例如，"长安十二时辰"作为全国首个沉浸式唐风市井生活街区，以"全唐"市井文化生活体验为核心定位，营造了"全唐"概念的消费场景，线上游览使游客获得了全新的场景体验。

此外，数字经济的快速发展，数字技术与传统产业的加速融合，催生了数字文化产业的崛起，诸如电商淘宝村、虚拟直播、云上带货等线上和线下相结合的文化服务业态也随之进入加速发展的快车道。以"小屏"为载体的短视频和网络直播，因为较强的适应性和较高的灵活性，成为乡村淘宝重要的终端。数字化的消费方式，不仅承载了丰富的信息，可以与用户进行深度互动和沟通，而且可以优化特色文化产品的展示，以场景体验触发文化消费，创造交互式购物体验。

目前，数字文化消费场景已经成为一种重要的消费形态，不断改变和创造着新的体验方式，丰富和拓展着新的感知空间。随着数字技术在文化消费终端的广泛应用，全息互动投影、数字场景、云端展览、虚拟旅游等新体验、新消费都是数字化创新性发展的有效成果。

6. 培养数字文化艺术

2017年，文化部印发《关于推动数字文化产业创新发展的指导意见》，"在全社会形成了推动数字文化产业创新发展的良好氛围，引导和促进了数字文化产业发展"。随着新一代互联网技术的迅速发展，数字化文化形态也在不断拓展。数字化文化，主要是指信息化、数字化、网络化、智能化技术的飞速发展，带来文化事业和文化产业的创新创造，由此而产生了各种各样的文化新产品、新业态、新模式，如游戏、动漫、数字文创、虚拟现实、数字藏品等。

悠久的传统文化，是一个国家和民族的根之所系、脉之所维。但要实现文脉传承，绝不仅仅是对传统文化"考古式"的保护，而是要结合时代特点，实现创造性转化、创新性发展。以数字化改革推进数字文化建设，在充分运用数字技术创造新的文化，体现创新创造的同时，也要以数字赋能传统文化推陈出新，使之充满时代的气息，更好地展示新时代中国特色社会主义文化自信。

在科技的加持与赋能下，文化产业新产品、新业态、新模式不断涌现，越来越多具有中国特色的设计，借助多样化的创新形式和充满青春活力的潮流元素，掀起一波又一波传统文化热，例如首位数字虚拟策展人"玲珑壹壹"、敦煌莫高窟官方虚拟人"伽瑶"、舞蹈《唐宫夜宴》和《宋人匹马·徐悲鸿》等数字文创产品，都为传统文化的传承与传播提供了帮助，获得了大众的认可与喜爱。由此可见，伴随着数字技术的不断发展，数字化创新设计的出现成为顺应时代潮流的必然。

现代社会交互模式与传播路径和过去相比产生了巨大的转变，特别是在新冠疫情期间，大量文化活动被搬上"云端"。文化的传播寻找各种场景"入口"，用信息化、数字化、网络化、智能化重新定义文化。数字文化产业异军突起，用丰富优质的线上内容供给，满足人民群众的精神文化需求。在音乐、视频、创意设计等领域出现一批互联网平台，生产者与消费者共同形成文化生产消费的新生态，赋能传统业态数字化创新发展。

此外，与数字化文化、文化数字化同样重要的还有制度规范化，数字技术在为文化发展带来新活力的同时，也形成了许多风险点和空白领域。例如数字版权保护方面，需要呼唤新的管理制度与法律保障。

二、我国数字化创新设计的发展现状

结合数字化创新的发展趋势，数字化创新技术已广泛应用于我们的生活中。功能不再是产品的优势，而可以满足新兴消费群体的审美需求、提供贴心的个性化服务的产品更能够成功打入新时代消费群体中。数字化技术正为这种消费需求赋能，创新下的数字化设计融合了文化的体验功能，既可以满足消费者的物质需求又可以满足消费者的精神需求。

从设计学角度来看,目前我国的数字化创新技术逐步成熟,其中创新文化是数字化创新设计的基础,数字文化作为设计行业的主要发展对象之一,具体发展的内容与类型较为丰富,而不同类型的数字文化分别呈现出不同的特征。接下来,将数字文化类分为智慧博物馆的数字化创新、文化遗产的数字化传承、数字文化创意产品以及数字文化旅游等方面,并根据其不同的类型进行特征分析与案例说明,如表5-1。

表5-1 文化数字创新设计的现状分析

类型	特征	案例
智慧博物馆的数字化创新	文化与科技的展示空间	新加坡金沙艺术科学博物馆
	技术的更新与数字资产	"数字故宫"小程序
	迈向复合技术	鲸探"宝藏计划"
文化遗产的数字化传承	文化遗产云游化	云游长城、云游敦煌
	文化资源智能化	三江侗族非遗剪纸图案智能生成设计
	文化场景情境化	三星堆奇幻之旅
数字文化创意产品	感官维度提升	文创雪糕
	文博新零售	无人销售文创体验柜
	数字文创产品	金沙"太阳神鸟"
数字文化旅游	旅游虚拟化	日本东京池袋"虚拟旅行"
	导游IP化	敦煌莫高窟虚拟形象"伽瑶"
	旅游个性化	老年群体与青少年群体

1. 智慧博物馆的数字化创新

随着信息通信技术的发展,新一代数字技术的浪潮持续推动博物馆的数字化创新。特别是在文化与科技融合的整体环境下:这既是政策导向和行业发展,也是时代的大势所趋。文化作为一种生活方式,以及媒介对于文化的再现,都已经被技术深入改变了。博物馆成为数字技术的试验田,更是主要的应用场景,形成物理空间、网络空间、虚实融合空间三重维度的数字化创新环境。通过全息呈现、数字孪生、超高清、多传感器融合、AR、VR等新体验技术,连接虚拟/现实、在地/在线,营造一种在场式的数字文化体验,这是博物馆数字化的范式转变,也为迈向元宇宙提供了一种文化坐标。

(1)文化与科技的展示空间——物理空间

博物馆通过对藏品的展示来再现/传播历史和文化,同时树立某种文化权威。作为具备文化权威的文化机构,博物馆成为推动和展演文化与科技融合的重要空间,这种融合也让博物馆和各种展览的类型更加多样化。

在传统的博物馆陈列中,观众通过图片、文物展示、展览视频来接收获取信息。现在的展览内容以及形式则与多媒体技术和虚拟现实技术密不可分,被广泛应用于游戏、影视等视觉影像虚拟互动的VR、AR等技术,目前成为博物馆改善用户观展体验的有力尝试。当下世界各国都热衷打造沉浸式博物馆,比如2011年成立的新加坡金沙艺术科学博物馆，是新加坡的文化地标之一，游客进入博物馆，即置身于围绕着自然、城市、公园、科学等主题打造而成的互动艺术装置里。作为新加坡地标建筑的莲花形艺术科学博物馆设有 21 个艺廊，馆中设计了大量关于虚拟现实的 VR 体验展，可以让人们身临其境地穿梭在雨林中。此外，"野外探秘"由艺术科学博物馆、谷歌、联想等著名企业共同打造，将艺术科学博物馆内 1000 平方米的空间打造成一片可以用一台智能手机探索其中的虚拟热带雨林。

当代博物馆充分运用多媒体数字化技术，把陈列、图文和声、光、电、多媒体演示及数字表现等形式结合，作为新技术的试验场，动捕、声控、光控、触摸、体感、LED、投影、灯光等技术在这一过程中得到有效应用和提升。

（2）技术的更新与数字资产——网络空间

在数字时代，博物馆除了在物理空间内通过种种软硬件设备提升沉浸式参观体验，还要打造在线平台，以满足日益增长的线上浏览需求。数字技术作为一种新的媒介方式，同时作为一种物质基础，正在影响文化的生产与分配，形成在线的平台化文化生态。

特别是在新冠疫情之后，博物馆从线下向线上发力，利用"互联网+"助力传统文化传播。线上线下的展陈方式和交互经验也是截然不同的。在线下的传统展陈中，观众因为距离的限制只能看到文物的有限面貌，而将文物进行 3D 扫描、数字建模之后，观众可以在线上随意从各个角度观察文物的细节。其中，故宫是博物馆数字化的先行者和佼佼者。故宫博物院前院长单霁翔曾讲述故宫博物院是如何利用互联网和信息技术吸引年轻人的关注。2019 年故宫与腾讯签署深化战略合作协议，打造"数字化+云化+AI化"。2020 年，"数字故宫"小程序上线，依托于微信庞大的用户体量和腾讯的技术能力，推动故宫文物的数字化采集、修复，以及以故宫为 IP 的数字创意文化产业链的发展。

近几年全国各大博物馆均在探索藏品数字化，数字化藏品进入中国市场后，平台与各地博物馆合作发行针对文博领域的数字化藏品，数字化藏品在艺术表现形式与收藏上打破传统，促进这些艺术瑰宝及其背后的文化内涵得以被更多人欣赏与传承，从而宣扬中国传统文化。通过数字技术扫描，将文物转变为数字资产，不同类型的用户进行内容再生产，技术、文化、创意在这一过程中密不可分。同时，区块链技术与数字内容结合，成为探索数字艺术品的线上化交易和展示的新模式。也就是目前广泛流行的 NFT（Non-Fungible Token，非同质化通证）。

（3）迈向复合技术——虚实融合空间

数字文博显然成为文化元宇宙一个典型的垂直应用场景。博物馆成为仿真世界和虚拟增强最好的试验场。在虚实共生的趋势下，把在地、在线的数字探索结合起来，打造在场的博物馆数字体验，建构一种元宇宙的文化体验。虚实融合为世界提供一个理解当代中国的技术路径，也为世界讲述一个既源远流长又日新月异的中国故事。

例如，2021 年 9 月，敦煌研究院借力 NFT 进行文化推广，腾讯整合多项业务和技术,运用大数据、云计算、游戏技术、人工智能、区块链、知识图谱等新技术和文化内容创意形式,通过激光扫描、照片重建技术,可以一比一还原文物的细节;通过程序建模技术,重建中轴线上的植物资源。这些技术努力,都是为了打破时间和空间、主体和客体的限制,打造文化体验的在场感。2021年10月起,鲸探推出重点针对文博领域的"宝藏计划"、首都博物馆、湖南省博物馆、西安博物院、河南博物院等众多文博单位参与,并发行了源自馆藏的文创数字藏品。

总之,通过智慧博物馆的数字化创新,可以看出文化空间、内容产业成为数字技术发展、应用、创新转化的重要试验场。在文化与科技融合的基本前提下,从科技促进文化发展,到文化滋养科技发展,文化与科技作为双重引擎,深度融合,互启共生。

2. 文化遗产的数字化传承

2015年至今,在文化和旅游部的组织下,已经通过数字多媒体手段对上千名国家级非遗代表性传承人进行记录,并逐步推动优秀记录成果的研究利用、社会共享。此外,非遗数字化展示和网络媒介的强大传播功能,如中国大运河博物馆独创的"三维版画"数字媒体语言等,通过线上展播、直播互动、话题讨论等方式可以让更多的年轻人有机会零距离关注、了解、参与非遗传承。数字化的发展和应用,给非遗的展示传播提供了理想路径,必将开创新的文化传承空间、新的文化体验方式以及新的文化传播业态。

(1)文化遗产云游化

首先是云旅游,比如云游长城、云游敦煌、云游故宫等。近年,不断迭代的数字化保护技术,为古建筑文化遗产的复原和传承提供了全新的平台,新技术在留住信息的同时,可以服务于文物保护方案设计、修复效果仿真实验等,也可以让大众足不出户感受文物背后的历史沉淀。在"科技+文化"战略的指引下,在物理修缮和数字重建的基础之上,持续探索创新路径,守护长城文化,进一步释放长城在年轻一代心中的魅力。这种借助数字化技术的文化遗产云游方式,十分契合现代年轻人的需求,是数字化技术的创新性设计应用。

人们一直在通过新技术变革满足亘古不变的文化娱乐消费需求。2020年推出的"云游敦煌"体现了技术和多产品形态的融合,一改过去单一产品形态满足人们文化娱乐需求的形式,像敦煌动画剧等文保社交互动产品完善了用户的互动形式。用户不仅可以观看,还能参与动画剧的配音,赋予互动剧的属性,加以个性化表达。敦煌动画剧在原本非常传统的文化产品基础之上,利用新技术和平台,进行多产品形态的融合,带来了新的产品体验。

2022年6月,全球首个通过云游戏技术,实现最大规模文化遗产毫米级高精度、沉浸交互式的数字还原的"云游长城"数字文化平台和小程序正式发布上线。"云游长城"APP是可查询"长城在哪儿、长城的样子、长城沿线关卡、城堡的研究成果"的专业长城信息平台。通过小程序,用户可以深度体验到由数字技术打造的喜峰口长城,有了更便捷的方式通过互联网云技术了解长城。为了在移动设备上实现照片级还原，技术团队通过独有的云游戏传输流控算法，确保在移动端也能呈现 3A 级的观看效果和交互体验，这是全球首次将云游戏技术应用于人类文化遗产保护，有望成为长城保护，乃至数字文保领域的重要探索示范。

其次是机器人替代旅游，近几年日本已经生产出能够替代人去遗产地旅游的分身机器人，当前因为成本较高还没有大规模应用，其使用的技术包括远程控制、虚拟现实技术等。

最后是数字展览，展出数字文化遗产的一些技术成果，比如数字扫描技术、3D 打印技术、虚拟现实技术等。

（2）文化资源智能化

数字化技术是对文化资源保护的一种延伸。数字化技术介入后，除了非遗传承中的辅助手段可以数字化，部分口述、身传、心授等方式也可以通过数字化技术加以延伸，助力提升传承效果。目前，我国部分机构或地方虽已开始着手建立自己的非遗数据库，为保护工作的开展提供了更多可能性。前沿科技与文化遗产深度融合的核心痛点是数据关联、创意转化与交互体验这三方面，要为文化资源提供更好的展示方式与平台，来赋能数据的再生和智能转化。例如，"三江侗族非遗剪纸图案智能生成设计"是某团队的非遗项目研究，用 GAN 智能生成的方法，学习传统非遗传承人的剪纸技艺与制作流程，目前来看通过人机的协同，已经慢慢可以形成接近剪纸风格的一些成果。

（3）文化场景情境化

文化遗产的数字化演绎，核心的方法论强调基于不同文化遗产的特定属性以及其应用场景的特殊性来形成独特且相关的演绎方式。非遗馆是非遗保护中的一个传播环节，衔接了文化的创造者和接收者。从场馆空间角度来说，非遗馆采取的是一种"再现"模式，这种展示模式是"再现＋参与"的模式，以临时性展览为核心，是对非遗项目的历史进行静态或活态的展示。

依托考古成果数字资源，开发了沉浸式数字交互空间"三星堆奇幻之旅"。数字交互空间构建了三张探索地图：代表现在的三星堆考古发掘大棚，代表未来的三星堆数字博物馆，代表过去的古蜀王国复现。观众可通过答题的方式进入，不仅可以和全国网友同步收看电视直播，还可以沉浸式体验探索考古现场，近距离观赏文物细节之美，身临其境地浏览神秘的古蜀王国。这是传统电视媒体的一次破冰行动，首次让电视机前的观众在数字空间内成为亲历者，也是首次在数字空间进行同步现场直播，同时将直播现场变为了可交互的开放世界。

空间制作使用了数字人身份引入、虚拟交互机制、数字资产创作等技术，对电视节目的虚实结合、内容拓展、沉浸体验进行了开拓性探索，为未来智能媒体使用元宇宙聚合技术，促进传统媒介升级，实现"大屏小屏与 AI"实时融合打下基础。

3. 数字文化创意产品

（1）感官维度提升

目前，"95 后"和"00 后"等新生代群体正在逐步成长为文化消费的主力军，他们偏爱独特的、具有仪式感的文创产品，他们的消费习惯和需求也促使文化机构一步步探索如何将自身特点与消费市场对接，突破传统束缚，用更先进的理念提升文创活力，打通创新之路。传统的数字文化创意产品主要从视觉、触觉、听觉等角度对文创产品进行创新设计。而目前，也逐渐朝向嗅觉与味觉的角度进行创新性设计。如文创雪糕的出现，就是将独特的 IP 元素与历史文化深度融合，将传统文化融入人们的生活当中，从感官层面对用户的体验维度进行提升。对于当代年轻人，文创雪糕不仅成为旅行仪式感的独特表达，更为景点"打卡"增加了创意，也在方寸之间吸收了地方的独特文化，增加了那一份厚重的历史感。

（2）文博新零售

新零售的本质是利用线上、线下各种渠道把流量转化放大到极致，但新零售又不仅仅在于对零售渠道的改造，更应该是对商品本质的改造与重构。2018 年新文创就开始尝试打破传统文创零售格局，结合新零售从零售的本质对产品进行升级，消费场景和消费方式的创新，为数字化创新设计提供了发展范式。

近几年，新文创和新零售合作的模式更多的是采用线上线下融合模式，线上依附于各大电商平台进行销售，线下以用户体验为中心，把产品背后的极致文化带给消费者，这也是新文创和新零售催生出的一点。文创联（广州）文化发展有限公司 2018 年推出的"无人销售文创体验柜"获得不少文博领域专家的肯定。无人销售文创体验柜运用实体展柜搭配智能触控屏，为公众带来可了解文化背景的文创购买体验。在文创快速发展的当下，提供一种文创产品市场化、可复制的创新示范。

（3）数字文创产品

数字文创产品是指使用区块链技术创作的有唯一标识的特定数字化作品、艺术品和商品。区块链技术能赋予每件数字作品唯一的标识编码，数字化文创作品便相当于具有"身份证"。如金沙遗址博物馆的数字文创产品，以"古蜀金沙"为题材，围绕镇馆之宝太阳神鸟金饰、大金面具等文物，和金沙遗址的鸣噜噜、乌拉拉为 IP 元素展开联想创作，具有稀缺性和唯一性。

成都金沙遗址博物馆将传统文化与数字艺术结合让古蜀文化的传播插上了数字化的翅膀使文物焕发出崭新的生命力。

4. 数字文化旅游

（1）旅游虚拟化

《"十四五"文化和旅游发展规划》提出，培育云旅游、云直播，发展线上数字化体验产品。鼓励定制、体验、智能、互动等消费新模式发展，打造沉浸式旅游体验新场景。相比于以广告牌、宣传片为主的传统旅游营销方式，旅游直播可以让游客更加清晰、真实、全方位地感受旅游产品特点，因此更受用户青睐。

探索"虚拟旅游+历史遗迹"的全新应用场景，打造切合主题的沉浸式体验效果。如虚拟旅游可以用来还原消逝的历史场景、复原古代遗迹的风貌、展示因保护而无法开放的区域。此外，部分虚拟旅游娱乐项目，以探险、科研、娱乐为目的的沉浸式体验产品，也能让旅游者拥有日常生活中难以实现的独特体验。

在日本，东京池袋的 First Airlines 餐厅主打的"虚拟旅行"，提出了以 VR 为媒介、"用一顿饭的时间，就能环游全世界"的新颖用餐方式。"虚拟旅行"主要依托 VR，让游客足不出户亲身体验全世界的美景。受到疫情影响，类似的"虚拟旅行"已经成为部分国家旅游业的新趋势，这种新颖方式能够让消费者在保证安全的同时，足不出户就能进行环游体验。

（2）导游 IP 化

独特的 IP 形象可以树立品牌，推动内容创新，优化游客体验。结合动漫、影视、文学等元素来打造主题鲜明的 IP 形象。现有的云旅游、云演出等数字文旅产品往往缺乏系统的内容运营，导致内容同质化现象严重、产品更新不及时、用户响应程度低等问题。数字导游 IP 化可以完善云游体系，根据不同地区的文化特色，打造 IP 形象，并结合数字化技术，对 IP 形象进行创新性设计，结合游戏化与体验化等数字优势，进行导游系统设计。提升用户的参与感与体验感，帮助用户深入了解文化内涵。

数字故宫在内容创新方面的做法值得学习借鉴，游客不仅可以通过网站以全景视角观赏故宫景色，还可以听到丰富的历史故事讲解。故宫也将独特的 IP 元素融入数字文旅内容设计中，开发了诸如"太和殿的脊兽""宫门关"等多种娱乐小游戏，让游客可以一边玩游戏，一边在线上商城购买文创产品。

此外，敦煌莫高窟虚拟形象"伽瑶"已经成为首位数字敦煌文化大使，以展览虚拟直播、丝路文化科普、IP 创新跨界合作等方式与大众见面，带来更丰富的文化内容互动。同时，基于"云游敦煌"小程序构建的敦煌文化知识图谱，结合 AI 技术，伽瑶还会智能学习并掌握丰富的敦煌文化知识，成为云游敦煌的首位数字讲解员，随时随地跟线上游客交流敦煌文化知识，带领更多人领略敦煌文化的魅力。

（3）旅游个性化

随着虚拟旅游形式的普及，大众化的虚拟旅游产品将无法满足特定群体的需求，这就要求企业能够精准定位细分市场，打造个性化的数字产品，提供更具针对性的数字化服务。

一方面，要通过深入调研，了解细分用户的文化需求，做到精准数字化服务。比如针对青少年群体开发研学教育类的虚拟旅游服务。为保障老年人基本文化权益，针对老年人市场开发线上观光、康养医疗主题的数字体验服务。为老年群体搭建线上线下一体的交流平台，努力让广大群众共享文化艺术数字化成果，提高老年群体的生活品质，满足老年群体的文化需求。

另一方面，要紧随时代发展的脚步，及时推出个性化、主题化的沉浸式体验产品与服务。近年来，青少年的文化需求发生了很大变化，年轻人已经成为"宅"生活的主力，对于休闲体验具有更高水平的追求。比如融合了主题场景、剧情、美食、探险等多种娱乐元素的"剧本杀+景区"沉浸式体验深受青年人喜爱。

第四节 数字化创新设计背景下的文化需求

1. 设计学视角下的文化定义与文化需求

文化是一种社会现象，是人们长期创造形成的产物，同时又是一种历史现象，是社会历史的积淀物。确切地说，文化是指一个国家或民族的历史、地理、风土人情、传统习俗、生活方式、文学艺术、行为规范、思维方式、价值观念等。文化通常与种族和民族有关。然而，文化是价值观、态度、传统、信仰和行为标准的框架，从个人和群体行为的角度规范社会群体。对于我们身份的方方面面，包括居住的地区和城市、宗教、价值取向、年龄等，我们遵循一套标准，信仰和价值观，即文化。

关于文化的分类，H.H.Stern 根据文化的结构和范畴把文化分为广义和狭义两种概念。广义的文化即大写的文化（Culture with a big C），狭义的文化即小写的文化（culture with a small c）。

广义的文化指的是人类在社会历史发展过程中所创造的物质和精神财富的总和。它包括物质文化、制度文化和心理文化三个方面。物质文化是指人类创造的种种物质文明，包括交通工具、服饰、日常用品等，是一种可见的显性文化；制度文化和心理文化分别指生活制度、家庭制度、社会制度，思维方式、宗教信仰、审美情趣，它们属于不可见的隐性文化，包括文学、哲学、政治等方面的内容。狭义的文化是指人们普遍的社会习惯，如衣食住行、风俗习惯、生活方式、行为规范等。

总之，文化是一个非常广泛的概念，给它下一个严格和精确的定义是一件非常困难的事情。自20世纪初以来，不少哲学家、社会学家、人类学家、历史学家和语言学家等，试图从各自学科的角度来界定文化的概念。

从设计学角度来说，广义的文化设计，是将被忽略的甚至被牺牲的地方环境、传统特色等文化资源重新赋予生命力，包含发挥与活化由历史文化所形成的产业，尤其是指利用文化特色、文化宝藏创造地方财富与就业机会。狭义的文化设计，指以原有的历史、民俗、技术、自然等资源为基础，经过发现与活化，注入丰富的文化内涵而提升生活、生产、生态、生命等地方文化的美感，深度体验与学习研发，丰富地方居民与来到当地的游客的生活，提升消费质量等附加价值，而发展出来的设计，主要包括人文景观、农特产品、工艺制作、民俗代言、区域特色等内容。

文化需求是指人们为了满足各种精神生活需要而形成的对文化产品和服务的需求。坚定文化自信，推动社会主义文化繁荣兴盛，满足人民群众日益增长的精神文化需要，就要不断地改革文化的供给侧结构，让文化产品供给方最大限度地生产出量多质优、人民群众喜闻乐见的文化产品。

亚伯拉罕·马斯洛（Abraham Maslow）是一位美国心理学家，他最出名的是1943年提出的"需求层次"理论。马斯洛的心理健康和幸福理论建立在优先满足人类先天需求的基础上，最终以自我实现为目标。马斯洛认为在人们身上，人的五种基本需求往往是无意识的。但是对于个体来说，无意识的动机往往比有意识的动机更为重要。对于那些经验丰富的人，通过适当的技巧就可以把无意识的需求转变为有意识的需求。在很大程度上，文化就是对人类这五种需求的反映，如图5-13马斯洛需求层次图。

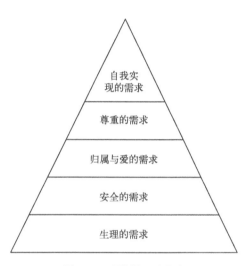

图 5-13　马斯洛需求层次

人作为文化需求的产出者，是文化消费的主体。每一个消费主体的爱好、兴趣、人生经历、生活背景、知识结构等因素都会影响人的精神需求、文化消费及文化偏好。因此，这使得文化需要多元多样的表现形式来满足人们的需求。

其中，文化偏好是指个人感受到的文化舒适程度，文化需求的偏好带来的差异性是由一个人的文化取向和背景所决定的，并通过他们"首选"的沟通和行为，表现在他们对待事物和与他人互动的方法和态度上。当一个产品需要设计时，需要考虑其背后所蕴含的文化因素与人群偏好，如性别、年龄、习俗、宗教、信仰、地域、环境等。文化对一个人的思维过程和行为有巨大的影响，影响其如何看待周围的世界，并如何作出决定。

当下，新一轮科技革命使高科技的发展与普及达到了前所未有的高度，不仅极大地提高了生产力水平，而且很大程度上改变了原来的生产方式，小规模、个性化、智能型、订单式的生产方式将生产出更加丰富多样的文化产品供消费者选择，甚至可以量身定制，以满足人民群众多元的文化需求，人民群众个性化的文化需要得到满足，成为一种不可逆转的趋势与走向。

文化是民族的，也是世界的。文化是一个国家软实力的重要组成部分，需要很好地保护维持、发扬光大。

2. 文化需求的类型划分

文化需求是人民美好生活的重要部分，会随着时代的发展而变化，呈现出数量增加、质量提升的发展趋势。从新中国成立至今人民群众的文化需求发生历史变迁，从认识到文化需求的重要性，借助书籍、广播、电影、民间歌舞会等进行文化需求的满足，只能提供较为基础的文化产品和服务；到改革开放后的生产力发展，逐步改善人民的物质文化生活；再到质量凸显的文化需求时代的到来，人民群众的文化需求发生改变，从量的扩大转变为更加重视质的提升。

通过对文化与文化需求的分析，从设计学角度，将文化需求进行划分。主要包括：文化属性类、文化传承类、文化传播类和人群体验类四种类型。通过不同类型的划分，呈现主要内容，并阐述相应的文化需求，如表 5-2 文化需求的类型划分。

表 5-2　文化需求的类型划分

类型	内容	文化需求
文化属性类	非物质文化	以人为本的文化遗产
	地域文化	巴蜀的独特文化属性
文化传承类	传统节日文化	中华民族的文化基因
	农耕文化	生产生活
	节气文化	应时、取宜、守则、和谐的农业智慧
文化传播类	文化旅游需求	文化体验
	文化消费需求	品牌新范式
人群体验类	老年人	历史与记忆的承载
	儿童	文化知识的科普与学习
	Z世代年轻人	个性明显、喜爱新事物

（1）按照文化属性类型划分

① 非物质文化需求。中国是一个有着 5000 多年历史的文明古国，丰富多样的非物质文化遗产体现了中华民族的价值观、审美和情感记忆。它展示了中国人民的文化认同和无限的创造力，凝聚了不同民族的深厚情感及其共同的潜在精神。

非物质文化遗产是指各族人民世代相传，并被视为文化遗产组成部分的各种传统文化表现形式，以及与传统文化表现形式相关的实物和场所。非物质文化遗产是一个国家和民族历史文化成就的重要标志，是优秀传统文化的重要组成部分。"非物质文化遗产"与"物质文化遗产"相对，合称"文化遗产"，可以为中国未来的发展和创新提供强大的动力。它还包括作为非物质文化遗产媒介的语言、表演艺术、社会实践、仪式、节庆活动等。对非物质文化的保护就是对人类文化多样性的保护,更是强调了以人为本的文化遗产的重要意义。

非物质文化是以人为本的文化遗产,其保护与传承对人类的发展具有重大意义。其一,非物质文化遗产具有文化价值,可以有效地帮助人们了解特定时代的社会和文化结构,记录和展示不同国家的生活方式和历史文化轨迹。其二,它具有经济价值,这通常与旅游业有关。如果一个地区充分利用非物质文化遗产资源来发展旅游业,可以从中获得许多社会和经济效益。其三,文化遗产具有审美价值。刺绣、传统戏曲等非物质文化遗产,具有美学价值与艺术价值,是人类的瑰宝。

以"花重锦官城"闻名的四川成都,基于其悠久的文化历史打造的非遗主题公共艺术展览——巴蜀之光,暨英国流明数码艺术大奖中国成都特展,就将剪纸、刺绣、戏剧、传统制造技艺等"非遗"文化与当代数码艺术结合,以空前之势形成一场独特的"超时空"艺术对话,既把普罗大众纳入半传统半当代的语境中,也让国际艺术家了解中国非遗,并向世界传递"蜀地文化"的精髓。

近几十年来,"文化遗产"一词的内容发生了很大变化。文化遗产并不止步于纪念碑和物品收藏。非物质文化遗产的重要性不在于文化表现本身,而在于通过它代代相传的丰富的知识和技能。这种知识传播的社会和经济价值与少数群体和国家内的主流社会群体有关,对发展中国家和发达国家同样重要。

② 地域文化需求。随着历史的发展,巴蜀地区逐渐形成了有着悠久历史的文化,并享誉世界。因此,人们逐渐对巴蜀地域文化产生需求。

巴蜀文化其实包括两个概念。一个是周至战国时期巴蜀地区的千余年文化;另一个是基于其地理特征的巴蜀文化,从汉朝开始,一直持续到今天,跨越了2000多年。巴族和蜀族是两个古老民族的名字,巴指重庆,蜀指四川。巴蜀文化是指以重庆、四川为中心的区域文化,包括周边部分地区的少数民族文化,向北延伸至天水、汉中,向南延伸至云南东部和贵州西部。

巴蜀文化是中国文化的重要组成部分,它有着3000多年的悠久历史,起源于新石器时代晚期,被誉为现代中华文明的摇篮之一,一直享有"自然宝库"的美誉,它拥有丰富的文化和自然资源,是大熊猫的故乡。

巴蜀文化历经玉器时代、青铜时代、铁器时代、彩绘灰器文化后逐渐发展起来,对中国文化有着十分重要的贡献,如三星堆遗址、金沙遗址、都江堰灌溉工程、道教、佛教、巴蜀工艺、科技、宗教等。

其中,三星堆遗址的伟大考古发现,是四川地区辉煌玉器和青铜文化的有力证明。这在巴蜀文化中形成了重要的特征,即开放包容。金沙文化通常被认为是三星堆文化的下一个发展阶段,是研究巴蜀文化的核心。

(2)按照文化传承类型划分

① 传统节日文化需求。中国作为一个历史悠久的国家,繁多的传统节日是历史文化

中不可分割的一部分。每个节日都有自己的历史渊源、传说，它们反映了一个国家的传统习惯和宗教道德。主要的传统节日是春节、元宵节、清明节、端午节、七夕节、中秋节等，这些节日里都有壮观的庆祝活动。

传统节日是民族创造和共享的文化的一部分，它体现了特定民族的文化精髓。传统节日是民族文化的重要载体，在漫长的历史发展过程中，一大批中华民族的优秀文化元素融入其中，是全民族的巨大精神财富，对塑造民族认同、培养民族精神发挥了积极作用。

大多数节日最早出现在前秦时期（公元前221年之前），并在接下来的几个世纪中发展。最早的通常与图腾崇拜和迷信活动有关，但后来随着时间的流逝，节日的内容逐渐融入了其他因素。例如，神话和传说为节日增添了浪漫的色彩，宗教也发挥了自己的影响。一些历史人物被赋予了永恒的纪念，所有这些都被浓缩并嵌入节日中，对文化的理解有着重要意义。

为了保护传统节日，中国在2007年调整了国家法定节假日，将清明节、端午节和中秋节列为与春节并列的法定假日。此外，中国还加强了对包括节日在内的非物质文化遗产的保护。传统节日已被添加到各级非物质文化遗产名录中。

传统节日不仅有助于人们增进知识，获得启蒙，而且有助于弘扬美德，培养高尚情操，弘扬优秀传统文化。它们在增强民族凝聚力，维护社会和谐稳定，提升国家软实力，增强国家竞争力等方面也发挥着重要作用。

② 农耕文化需求。中国农业，可追溯到一万年前，拥有悠久的历史。中国的农业一直是劳动密集型的，随着时代的发展，已经开发出了各种方法来帮助改善耕作，使农业生产和效率更高。在铁器时代之前，农民使用木制手犁。春秋时期（公元前722～公元前481年），农业技术发生了两次革命性的改进。一次是用铸铁工具和担子拉犁；另一次是大规模利用河流，发展节水工程。公元前256年李冰在蜀地设计了巨大的都江堰灌溉系统。

农耕是利用土地、水、种子和各类种植作物进行耕作，农耕在我们的日常生活中扮演着许多重要角色，并提供了许多好处。农作物作为人类的基本生计来源，在国家收入中起着至关重要的作用。食物是生存必需品，农作物是食物的主要原料之一。我们通过每天吃的食物获得能量。

农业的发展促进了文明的兴起，"你播种什么就收获什么"体现了农耕文明的本质。农耕文化作为一种精神力量，能够在人们认识世界、改造世界的过程中转化为物质力量。农业对中国古代的生活至关重要，农业使人们的生活变得轻松，人们不只通过打猎来维持生计，而有了更加丰富的生产生活方式。

中国是农业大国，农业资源丰富，农业历史悠久，有集约耕作的传统，农村人口众多。目前，由于国家对农业对外开放的高度重视，中国与其他国家在这一领域的联系日益密切。目前，我国已与一些主要的国际农业和金融组织以及140多个国家建立了农业交流合作关系。通过南南合作，中国积极向其他发展中国家提供援助，支持当地农业发展。

③ 节气文化需求。二十四节气文化体现了应时、取宜、守则、和谐的农业智慧，

它被称为中国的"第五大发明",仅次于造纸术、印刷术、火药和指南针。它是农业生产和人们日常生活的重要指示。从"立春"开始到"大寒"结束,每个季节有六个节气,每个节气之间间隔 15 天(图 5-14)。

	节气名	立春 (正月节)	雨水 (正月中)	惊蛰 (二月节)	春分 (二月中)	清明 (三月节)	谷雨 (三月中)
春季	节气日期	2月 4或5日	2月 19或20日	3月 5或6日	3月 20或21日	4月 4或5日	4月 20或21日
	太阳到达黄经	315°	330°	345°	0°	15°	30°
	节气名	立夏 (四月节)	小满 (四月中)	芒种 (五月节)	夏至 (五月中)	小暑 (六月节)	大暑 (六月中)
夏季	节气日期	5月 5或6日	5月 21或22日	6月 5或6日	6月 21或22日	7月 7或8日	7月 23或24日
	太阳到达黄经	45°	60°	75°	90°	105°	120°
	节气名	立秋 (七月节)	处暑 (七月中)	白露 (八月节)	秋分 (八月中)	寒露 (九月节)	霜降 (九月中)
秋季	节气日期	8月 7或8日	8月 23或24日	9月 7或8日	9月 23或24日	10月 8或9日	10月 23或24日
	太阳到达黄经	135°	150°	165°	180°	195°	210°
	节气名	立冬 (十月节)	小雪 (十月中)	大雪 (十一月节)	冬至 (十一月中)	小寒 (十二月节)	大寒 (十二月中)
冬季	节气日期	11月 7或8日	11月 22或23日	12月 7或8日	12月 21或22日	1月 5或6日	1月 20或21日
	太阳到达黄经	225°	240°	255°	270°	285°	300°

图 5-14 二十四节气

根据日月运动、天气变化、动植物生长等自然现象,中国先辈们定义了二十四个节气,总结了四季法则,确定了两个节气相交的一天作为节日。节日概念的出现,反映了中国人对自然的理解和尊重。二十四节气基于太阳在黄道十二宫中的位置,是由中国古代的农民创造的,用于指导农业事务和农业活动。二十四个节气反映了气候、自然现象、农业生产以及人类生活的其他方面的变化,包括衣服、食物、住房和交通。古代划分的二十四节气的影响已经超越了农业,进入了中国人的日常生活,甚至影响人们的心态。

大多数节气都带有丰富的社会和文化内涵,例如传统的庆祝活动、仪式甚至节日。例如,清明节也被作为扫墓的日子,人们向逝去的人致敬。古代历法从未从中国人的日常生活中消失。二十四节气已经是人们生活的一部分,对文化遗产进行保护传承与传播十分重要。

当代年轻人以二十四节气为主题进行设计研究,使古老的尊重自然的观念,以及人与自然和谐相处的哲学,随着中国历史的延续,拥有更长的寿命和更强的生命力。例如,2022 年北京冬奥会便巧妙地利用了二十四节气作为开幕式主题,这一天也刚好是立春,是中国春天的第一天。观众在倒计时前看到了"一个世界,一个家庭"这个短语,每张图片都是中国各地的美丽图像,然后引入了一个雪花主题,变成绿色并展开的霓虹灯代表新生活，接着在冬季奥运会开始时，在体育场上方用中英文拼写出"SPRING"（春天）一词。

总之，节气文化不仅体现了中国人对自然规律的尊重，也是从事农业生产的重要基础。同时，这些节气编码的文化渗透到中国人生活的方方面面，从而形成了特定的生存哲学和智慧。人们将节律与保持良好健康习惯有关的活动联系起来，并产生了中国人的生存文化。二十四节气发挥着重要作用，极大地影响了人们在生活中的基本需求，如今仍然具有重要的文化功能。

（3）按照文化传播类型划分

① 文化旅游需求。文化旅游是旅行者访问特定目的地以体验和了解特定文化的行为，文化旅游也可能是旅游体验中无意的一部分，文化渗透在当地的语言、习俗之中。文化旅游可以帮助增强身份认同，增进跨文化理解，保护一个地区的遗产和文化，也有助于为该地区的经济做出贡献。

文化旅游包括许多内容形式，如文化遗产、文化城市、文化节日、创意文化等。因此，不同游客也会产生不同的文化需求，第一类是有目的的文化旅游者，体验文化是他们旅行的主要动机，这些游客有着非常深刻的文化体验。第二类是观光文化旅游者，访问目的地是他们旅游的主要动机。其文化体验感较弱，文化收获较为偶然，而在参与之后，最终拥有深刻的文化旅游体验。第三类是附带的文化旅游者，没有明确的文化旅游目的，但仍然参加某些活动并且体验经验较浅的人。

随着旅游文化的快速发展，在成渝双城经济圈的框架下，地方政府决定启动"巴蜀文化旅游走廊"，这是国家促进区域文化旅游高质量发展的举措之一。巴蜀自古以来就是一个大家庭，将巴蜀文化作为共同的桥梁和文化框架来设计文化旅游路线，是利用旅游业促进本地区经济发展的新途径。巴蜀文化旅游走廊建设包括在与巴蜀历史相关的目的地开展文化活动、节日活动，连接旅行路线，共同建造和分享产品等，建设国家级非物质文化遗产博物馆、数字文物创新应用试验区，目标是在四川和重庆两个地方形成数字文化产业集群。打造国家级旅游胜地、旅游休闲街区，是推进巴蜀文化旅游走廊的可行途径。

② 文化消费需求。博物馆、文化馆等场所通常被概念化为公共消费空间，用户可以从各种娱乐和认知体验中受益。

人们对文化消费有强烈的需求，这种需求促使在文物和博物馆领域的工作人员探索使文物受欢迎的有效途径。将中国传统文化和现代生活相结合，使得文化消费赋予文物新生命。例如，甘肃省博物馆文创设计团队根据东汉青铜器国宝级文物"马踏飞燕"形象设计的丑萌玩偶，还设计出了以铜奔马为主题的"神马来了"IP系列产品。这种创新理念和新技术结合在一起，使历史故事的沉浸式体验成为可能，社交媒体有助于传播新的文化产品，独特的文化消费设计获得了大众的认可。

随着文化创意产业的发展，文化产品设计在功能、形状、材质、色彩、品牌、经济、文化等因素的基础上，从批量设计的"生产导向"转向"消费导向"的个性化设计。

从经济角度来看,观众、游客被认为是文创产品的"消费者",共同促进多样文化消费需求的产生。

在体验经济中,博物馆参观者参与个性化的文化体验,这种体验可满足游客的特殊需求和欲望。从消费角度讲,将人们特定类型体验的需求转化为博物馆中物理空间的参观、线上数字展览、公共项目平台的推广等各个方面,这些都被定义为人们的体验过程。

(4)按照人群体验类型划分

① 老年人文化需求。不同人群的体验需求存在着差异,老年人对接受性文化活动更感兴趣,例如博物馆、文化馆、图书馆、展览馆和剧院等文化场所,可以丰富他们的生活。

伴随全球人口老龄化等诸多社会问题,需正视老年群体的特殊需求并给予充分的关爱。比如通过文化参与等方式,满足老年群体与社会之间产生的联系需求,包括建立新友谊、增加被认可度,从而减少老年群体的孤独感和社会孤立感。同时,伴随着文化参与度的深入,老年群体可以寻求到自我归属感,真切感受到社会的包容性。在特定情况下,还能培养集体认同感。此外,文化参与也能够促进人与人之间的经验交流、知识和技能提升,构筑人们的同理心。综上发现,代际联系、文化交流、记忆或生活事件的共享,完全可以在各社区各群体之间建立相关联系,形成良好的文化参与体系。

文化体验影响着老年人群体的健康发展。文化活动往往能给老年人带来积极的情感体验,包括幸福、快乐和与他人一起欢笑。老年人通过参与文化活动感到一种成就感,因为他们能够经历新的挑战,通过学习开阔视野。老年人能够增加信心,特别是在分享生活故事方面,这有助于代际和跨文化交流。文化参与并不总是能带来积极的情感体验,当活动被认为太具有挑战性或太容易时,它也会增加焦虑或导致沮丧。这些负面情绪可能导致老年人退出进一步的文化参与。由于交通便利性和老年人的身体素质差异,老年人对公共交通和步行的依赖程度更高,老年人的游览时间更长。因此,建议博物馆机构可以提供专门的计划和服务,以吸引老年人群体。

② 儿童文化需求。推动文化的创新性发展,满足少年儿童更高的精神文化需求是目前文化发展的重要内容之一。儿童作为民族的希望,祖国的未来,其文化需求也在随着社会的发展日益增强。如何利用文化教育,促进儿童德智体美劳全面发展是目前需要重视的问题。

目前,有大量的图书馆、文化馆、科技馆、手工坊、研学基地、公园等文化教育场所致力于儿童的文化教育发展,为儿童提供优质的文化服务来满足儿童的文化需求,增强儿童群体的幸福感与参与感。

其中,博物馆作为儿童学习文化的重要场所之一,多样性与包容性一直以来是博物馆文化的重要内容。以一种开放的态度面对多元的文化,并充分利用多元文化优势来引导儿童的多元文化意识,对于儿童文化需求的满足是十分重要的,而且特色文化活动的举办恰恰可以承载这类的文化内容。此外,与传统博物馆不同,儿童博物馆有其自身的特点与发展模式,游戏化的设计便于儿童对于文化的认知与理解,增强文化意识,提高儿童在博物馆学习的兴趣。

传统文化作为中国的文化精髓，也是对儿童文化教育的必要内容。儿童通过了解中华文化的起源及发展历程，感受民族精神，担当起弘扬中华文化的时代责任，树立正确的世界观、人生观与价值观。

③ Z 世代年轻人文化需求。"Z 世代"指在 1995～2009 年间出生的人，又称网络世代、互联网世代，统指受到互联网、即时通信、智能手机和平板电脑等科技产物影响很大的一代人。"Z 世代"生来便有互联网，他们的儿童时代诞生了智能手机，青年时代就已进入移动互联网时代，并成为时代洪流的推动者。他们获取信息的方式、社交方式，与上一代人不同，影响到生活方式中对文化的偏好和选择。因为其独特的成长背景和日渐显现的群体特质，在全球拥有一个统一的代称——Z 世代。

Z 世代年轻人的成长环境具有独特性，由于这一代人在成长过程中受到互联网、智能手机、平板电脑等科技产物的影响较大。因此，互联网的低使用成本、突破时空限制、强互动性等交换形式，也直接导致 Z 世代呈现出个性鲜明的群体性特点。

由于 Z 世代消费能力强、消费需求个性化及差异化使得 Z 世代群体中出现了不同的消费圈层。他们对于网络信息更敏感，更愿意进行与商品消费相关的互动，有着更强的互动意识和分享意愿，他们对于评价的态度非常积极主动。除了积极从社交网络渠道获取信息和发布信息之外，年轻的 Z 世代相对主流消费者，其品牌忠诚度更低，更喜欢尝鲜。

根据调查数据显示，Z 世代具有以下特征。首先，Z 世代兴趣广泛，通过兴趣爱好结识朋友，找到属于自己的圈子，变得更喜欢用自成一派的语言逻辑和体系建立起自己的社群。其次，Z 世代消费的最主要特点是迎合社交，跟随潮流，另外部分 Z 世代以兴趣为导向，主张追求个性，实现自我价值。其消费注重品质，认为消费存在认同感，会带有很强的自身的标签特色。最后，短视频、图文等形式的内容创作，已成为 Z 世代年轻人进行社会交往的重要方式。

总之，作为互联网原住民，Z 世代年轻人和过去的年轻人相比，有了翻天覆地的变化，他们追求的不仅是物质上的享受，更是精神上的满足。如图 5-15 不同时代年轻人的文化需求发展分析图。

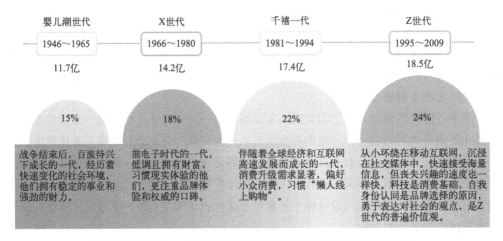

图 5-15　年轻人文化需求发展分析（数据来源：联合国经济和社会事务部）

3. 数字化创新设计背景下各文化的需求分析

在数字化创新设计的背景下,体验的直观感受越来越成为影响人们选择决策的主要因素之一。此外,文化需求不再局限于线下体验,文化体验形式丰富多样,便于满足需求,如网络文化创作、网络文化互动等。数字化创新技术已经广泛应用在我们的日常生活当中,成为不可分割的一部分。人们通过网络可以获得更丰富、更便捷、更互动的文化体验。创新文化是数字化创新的基础,从文化属性、文化传承与文化传播三类进行探讨,分析在数字化创新设计背景下,不同类型的文化需求。

(1)文化属性类

中国传统文化需要保护、探索、诠释和激活。目前,传统文化数字化创新发展是目前满足用户文化需求的重要设计趋势之一。文化遗产是我们传统文化的精髓,是代代相传的成果,是我们年轻人应该继承的文化遗产。故宫博物院前院长单霁翔介绍,故宫博物院一直试图在保存历史、分享知识和提供有趣的互动展示之间找到适当的平衡。因此,故宫博物院文化的普及可能归功于数字宣传,包括使用社交媒体的方式。

在数字技术飞速发展的背景下,利用互联网等媒体加强对非物质文化遗产的促进和保护,努力推动我国非物质文化遗产的传承和发展。为了最大限度地整合非物质文化网络营销模式与非物质文化遗产资源,应拓宽非物质文化遗产交流渠道,使非物质文化遗产资源能够创造更多的经济和社会效益。

技术和文化直接相互影响,随着文化的发展,创新技术也在变化。这在很大程度上是为了更大的利益。如何在遵循中华文化发展规律和大众传播规律的基础上,将中华文化蕴含的深厚价值内涵,通过数字技术更好地呈现出来,推动更多优质的中华文化内容数字化,不断增强中华文化遗产的吸引力、感染力,推动中华文化瑰宝活起来,进入新的发展阶段,值得人们进一步探索和实践。

(2)文化传承类

随着数字技术的飞速发展,现已被广泛用于文化遗产的保护。一些数字技术可以被工具化以保护传统文化,这种数字化保护形式很好地展现了传统文化的真实性,既能体现其复杂表现形式,也能体现其特殊性。

随着计算机网络技术不断快速进步和发展,数字博物馆已成为现代教育的重要组成部分。历史文化遗产通过数字技术转化为文化遗产,数字图像可以在网络上广泛传播。数字博物馆与文物专家和文物爱好者就研究设置进行汇合,并将文物数据保存在网络中供用户下载。为了最大限度地展示文物的原始外观,数字博物馆中文物的立体数字模型具有文物的形状和颜色信息。

此外,数字化创新技术不仅广泛应用在文化遗产考古资料的数字档案中,也包括数字互动空间的构建,便于文化遗产的修复,促进该遗址考古研究的数字化和转型。数字化项目旨在通过激光扫描和照片重建技术结合程序内容生成和物理渲染技术,再现洞穴的真实历史。例如,构建三星堆遗址数字互动空间,用数字手段模拟5号坑,当人们进入该数字空间时,可以沉浸在古蜀国中,感受挖掘现场的震撼,由此探索此片神秘区域中发生的一切。

数字技术是一种与电子计算机相关的科学技术,借助数字技术,从历史中获取知识对每个人来说都变得更加容易。它将使人们更快地了解与接受传统文化,并将更好地保护我们的文化遗产。

(3)文化传播类

随着时代的快速发展,数字化创新技术的广泛应用,文化传播的形式也变得多种多样。要大力弘扬优秀传统文化,让馆内收藏的文物"活"起来。在这个过程中,数字技术正在并将继续发挥关键作用。

"云"中数据的沉积取代了图书馆和博物馆中知识的沉积,许多人称之为"文明"。在传统中国,知识让人们提升了自己在社会中的地位,而数字技术则让广大普通人超越了空间和时间,通过视频、图像和表情符号与远方的其他人重新建立情感联系。

目前,AR、VR、5G、网络直播等数字技术的不断发展,极大地丰富了优秀传统文化的当代表现力和艺术呈现。这也为优秀传统文化的保护、传播、转化和创新开辟了新的途径与空间。新技术、新形式、新方法,让优秀的传统文化打破了陈规定型观念,变得更加触手可及,在中国人特别是年轻人中引发了强烈的情感共鸣,使得传统文化与现代科技相得益彰,复古风格与科技感完美融合。

如今,不少博物馆利用VR、3D等高科技手段打造逼真、实时、立体的虚拟场景,让人们以"数字宫殿""云游"等清新有趣的形式体验"云游"历史文化场景。"敦煌数字博物馆"等沉浸式体验让老百姓的文化生活更加时尚。网络直播也结合数字化技术,创新传统文化传播的模式,突破了地域、时空的限制,大大拓展了传统文化传播的边界,不断丰富和创新传统文化传播模式,让传统文化艺术获得更大的展示舞台。

此外,在非物质文化遗产领域,高校专家学者与科技公司,就传统文化当代价值的深度探索、数字馆藏的创造性转化等话题进行了深入探讨。其中,数字馆藏是提升文化产业价值和商业价值的载体,作为一种文化创新形式,数字馆藏以更年轻的体验方式传达文物背后的历史和文化。它利用数字技术来促进文化,特别是传统文化产业边界的转变。

第六章
巴蜀典型文化资源数字化创新设计的构建方向

在人类进入现代文明的今天，自然科学与人文科学在学科领域的相互渗透已十分广泛，处在边缘领域的数字化创新也就成为科技工作者和艺术工作者共同关心的课题。其涵盖内容包括文化与符号、生产活动、原始信仰与宗教、民俗、文学与艺术等多方面。对于数字化创新设计来说，首要解决的是"物"与人（物指数字化呈现的载体；人指物的受众群体使用者、消费者等）的问题。

1."物"与人的协调关系

首先是物与人的生理特征相协调的关系，即数字化呈现载体的外部构件尺寸应符合人体尺寸要求，操作力、操作速度、操作频率等要符合人体运动力学条件，各种显示件要符合人接收信息量的要求，以使人感到作业方便、舒适安全；其次是物与人的心理特征相协调的问题，即数字化呈现载体的形态、色彩、质感给人以美的感觉。解决好物与人的协调关系对于提高数字化创新设计的可实现效能具有重要意义。

2."物"与"物"的协调关系

数字化创新设计近年来在国内外的推广都很广泛，从文化积淀方面来说，巴蜀区域相对于其他地区而言，拥有浓厚的地域特色及图腾崇拜，在这种高度崇拜的基础上也形成了典型的文化资源，用巴蜀典型文化作为素材，提取其实用价值和审美价值，还具有一定的社会意义。还能与其他区域文化进行差异化对比，从而能使一种特殊而传统的感觉更具现代感。

利用数字化创新构建集群化文创产业，有利于促进文化产业结构调整，发展新的经济增长点，扩大消费和调整消费结构，也有利于提升城市品位，促进城市发展。

文化创意产业作为文化创新的载体，将文化的精神内涵与经济价值有机结合起来，是增强文化再生能力与发挥产业优势的重要渠道。在充分发挥巴蜀典型文化资源和数字化创新设计的条件下整合文化创意产业使其集群化发展，融合审美风尚，应用现代科技，适应市场需求，优化产业结构，发挥产业集群的优势，是文化产业发展的趋势与未来方向，在振兴文化产业、提升创新能力与发展区域经济等方面也会发挥更大的作用。

文化创意产业作为产业集群的新成员，是指在一定的空间与时间内生存的有各种文化创意产业实体结构的空间聚合体。近年来，利用数字化创新设计方式发展集群化文化创意产业有着重要的意义和优势。

巴蜀文化资源产业集群的空间集聚优势。不同的文化创意产业实体存在于一个相对集中的区域，在共同利用数字化创新设计降低传承和推广成本的同时，基于质量基础上的设计差异化也形成了产业集群价格竞争的优势。另外，同一区域的文化创意产业更容易有共同的产业文化背景，这样就可以把经济网络关系建立在人与人之间相互信任的基础上，在维持老客户与发展新客户上更具吸引力。而且集群化发展还能使相关的产业显示出生机勃勃的竞争力，促进知识与技术的创新和扩散，实现产业和数字化创新等。

合理利用巴蜀典型文化资源，建立可持续的生态化发展机制。可持续发展作为一个战略，从20世纪90年代开始在世界范围内得到推行，产业的生态化发展已经逐渐成了潮流，例如近些年数字化的兴起，人们借助数字化的产业发展构筑起一种新型的产业模式，实现了经济、社会、文化与自然的和谐发展与良性循环，这也是产业发展的高级形态。

文化创意产业集聚区得到了大力发展。文化创意产业集群化的重要载体之一就是文化创意产业集聚区，它也是产业集群发展的重要特征和实现途径。这是一种新型的介于政府、市场与企业之间的社会经济组织和企业发展平台，能提供一系列创意企业所需要的管理支持和资源网络，主要目的是帮助企业独立运作并健康成长。一个优秀的巴蜀文化资源数字化产业园可以成为一个城市的名片和创意地标。

推动巴蜀典型文化资源数字化创新产业的良性循环。文化创意产业集群化发展能促进创意氛围的产生。在企业不断使自己的数字化创新设计具有差异性以及符合不同消费者要求的背景下，集群内的企业竞相追求文化创意的新颖、独特、差异化，这种数字化创新设计的差异化也使企业提高了竞争力，客观上促进了创意氛围的形成。

整合多种资源，实现文化创意的商业价值。文化创意产业所进行的文化创意活动具有创造性、个性化、多样化的特点。只有做到生产、经营、营销等产业系统内各环节相互配合，才能实现文化创意的经济效益。

第一节 宏观形态层面的构建方向

巴蜀典型文化资源作为历史悠久的传统文化资源，无论在题材、用途还是在审美上，我们都能感受到它所蕴含的特有的传统文化和民族特色。对于非物质文化而言，任何一种保存至今的传统手工艺，不仅是一种以手工艺品形式出现的物质存在，更是承载了当地的民俗文化，以及工艺品自身所承载的地域文化的艺术价值。所以我们应该冲破历史及现代认知对巴蜀典型文化资源简朴、粗陋印象的审美固执，将巴蜀典型文化资源与数字化创新结合，使独特的巴蜀文化资源获得数字化的推广。

放眼望去，基于文化资源的数字化创新设计无处不在，这些数字化创新设计体现着一个民族、一个国家的审美观念和社会心态。数字化展现方式又可作为文化传播的媒介，而这种媒介在人们的精神世界中扮演着越来越重要的角色。在现实生活中，大部分的数字化创新设计都是对文化资源的简单再现，很少深度还原并体现文化精髓。而在我们当下的生活中，发展的脚步太快了，快到几乎让我们忘记了文化资源本身的朴素与美感，也忘了历史给予我们的真挚与美好。所以利用数字化创新设计来展现巴蜀文化资源可以让我们重新感受这种古老而新生的美好。

从宏观形态层面来看，巴蜀典型文化资源的数字化创新设计应注意以下几个方面：①文化元素应独具巴蜀地区自身特色，需要有区别于其他文化的特征，有助于加强后期数字化设计的文化识别性与认同性；②要有鲜明的地域性，能够准确映射出巴蜀地区民族文化日常生活习俗与成长环境，这就要求所提取的文化资源具备巴蜀文化的地方属性与人文特点；③符合巴蜀地区民众的审美，由此才能获得较为广泛的数字化创新设计受众，加大巴蜀地区文化的传播广度；④提取的文化资源需有较为稳定的传承性，简言之，巴蜀地区经过历史积淀而形成的独特文化，能够在数字化创新设计中实现可持续发展；⑤还需具有丰富的文化内涵，除了有独特的造型、色彩或图案以外，还要蕴含着巴蜀地区人民共同的民族情感或文化价值。以上从宏观视角撷取文化资源应注意五个方面，即识别性、地域性、审美性、传承性以及文化性，除此之外还需考虑中观形态、微观形态层面的文化资源提取。

第二节 中观形态层面的构建方向

创新是人类发展的根本动力，数字化创新设计是提高经济竞争能力和促进经济增长最重要的因素，数字化是创新设计的根本，以数字化等方式赋能巴蜀典型性文化资源，促进巴蜀文化资源的保护，充分发挥现代科技力量的作用。

从长远角度看，巴蜀典型文化资源保护从传统文化创意方式向数字化创新设计模式转型，以各种形式的数字化为主导，提高创新研发与系统整合能力，同时构建地方特色来进行整体保护与发展，实现可持续发展。也可以引入相关创意产业向巴蜀典型文化资源的数字化创新设计方向发展，有效利用巴蜀典型文化资源创造高附加值的新型数字化创新设计产品，活跃其消费市场，间接拉动巴蜀典型文化资源的创新利用和发展。

开发特有巴蜀文化数字化创新设计产品，提高巴蜀典型文化数字化创新设计产品的竞争力。循环经济为巴蜀典型文化数字化创新设计产品的发展营造了一片大好的环境。抓住数字化创新形式的商机，充分依托巴蜀典型文化资源，开发中国特色的巴蜀典型文化数字化创新设计产品，不失时机地为传统巴蜀文化产业赢得新的经济效益和社会效益。

转换材料思维，塑造巴蜀典型文化资源的现代数字化特征。今天的人们创造巴蜀典型文化数字化创新设计产品时所面对的是一个消费者类型与层次极为丰富的多元化市场，单一的数字化形式往往会因为必须扮演的科技角色或数字化推广等因素而限制其艺术表现力的发挥，而多种数字化形式的结合，可以使巴蜀典型文化资源从一种宣传推广的载体转向文化本源内容的自我表现。数字化创新观有助于将巴蜀典型文化资源的保护和发展置于一个更开放的系统中，为打破巴蜀典型文化相关创意产品的趋同提供一种独特的思路，打破巴蜀典型文化资源发展的现代呈现形式，进而创造多元风格的数字化创新设计产品，拓展消费市场。保持高科技、工业化与传统文化的平衡。倡导将以巴蜀典型文化资源主导的现代数字化创新产品作为传统文化创意产品的有益补充，将巴蜀典型文化资源中的温情和丰富的人文气息与现代生活方式相融合。

文化性是巴蜀典型文化资源数字化创新设计最为突出的特点，文化与数字化产品的结合也成为文创设计最重要的突破点。文化贯穿于群体生活的全部表现之中，想要灵活运用、转化文化资源并不简单，需要对目标文化资源有一个深入的认识与理解，所以巴蜀典型文化资源基因谱系作为洞悉不同文化群体特征的系统框架，理所当然地成为数字化创新设计的关键所在。巴蜀典型文化资源所涉及的内容与形式浩繁，不可胜举，但也并非无计可施，需把握文化资源内在结构，分层次、分类别地进行系统解构。因此，为了实现从巴蜀典型文化资源到数字化创新设计的有效转化，需结合文化资源三层次（物态层次、行为层次、精神层次）对巴蜀典型文化资源展开研究，构建巴蜀典型文化资源基因谱系，充分把握这一特定文化群体共同发展背景下的社会生活实践集合，实现快速获取地域特色与特征的目标，从而为数字化创新设计路径提供必要前提。

综上，结合巴蜀典型文化资源数字化创新设计现状，基于巴蜀典型文化资源基因谱系提出巴蜀典型文化资源数字化创新设计具体路径。主要包括四个步骤，即巴蜀典型文化资源撷取、巴蜀典型文化载体选择、巴蜀典型文化资源转化以及文化特征设计表达，详见第七章阐释。每个步骤间联系紧密、环环相扣，巴蜀典型文化资源撷取是设计的起始，是否准确提取目标文化的显性或隐性特征决定了后续一系列工作是否能够顺利展开；文化特征的把握，有助于巴蜀典型文化载体的选择，载体选择适宜，那么数字化创新设计的好势头也就由此兴起；有了典型文化资源与文化载体后，进一步思考如何进行有效转化，考虑多维度、多视角能够各得其所，至此数字化创新设计主要内容已基本确立；与此同时，为了更好地追求文化延续性，还需考虑文化设计表达，升华文化特征，传达文化精神，突出文化价值，如此，具有巴蜀地区文化特色的数字化创新设计也就此形成。

第三节 微观形态层面的构建方向

一、人才培养

为了进一步解放和发展文化生产力，促进巴蜀典型文化数字化创新设计又好又快地发展，推动巴蜀典型文化数字化创新设计成为高端文创产业发展的利器，需要培养掌握巴蜀典型文化资源和数字化创新产业规律，以及企业管理知识的复合型高层次应用人才。多元化、高效率数字化创新设计产业投融资也是打造资本运作平台和整合巴蜀典型文化资源的关键。另外鼓励社会力量参与，通过推进区域市场化进程，形成竞争机制，加强产业合作和行业自律也是必要的。还要积蓄优势产业资源，建立创意人才开发机制。只有在数字化创新设计产品、市场、技术、资金、人才等方面发挥长期积累的优势才能做大做强。可以进行校企合作，建立行之有效的实习和见习制度。强化巴蜀地区的大学联合培养人才的模式，制定集群化巴蜀典型文化数字化创新设计产业的技能和标准认定制度。还可以通过产学联合方式，组织人才交流与培养研讨会，设置相关人才培养机构，强化人才交流网络的建立等。还需提高聚集区的生活设施水平，改善聚集区的生态基础建设，提供舒适、安全和生态的居住工作环境，以激发创意人才的创造性与感性价值创造力。设立专项发展基金，创建高校投融资环境。建立专门支持巴蜀典型文化数字化创新设计产业的金融制度，完善数字化创新设计产业专项投资的基础条件，开发适用于巴蜀典型文化数字化创新设计产品产业交易的软件等。成立创意产业专职部门，完善创新服务平台。由于产业聚集效应的需要，政府必须重视公共服务平台建设，通过为个人和中小型企业提供创业条件，推动创意产业集群化发展。

二、设计本身

微观层面上，从巴蜀典型文化资源出发，能够使典型资源撷取更加清晰，使文化内涵传递更加准确，文化资源可划分为显性因子与隐性因子。显性因子可以被看作文化资源客观存在的内容，或者是某种客观的物质形态，如目标文化资源的形态、色彩、纹样、行为、形象等能够被直接提取与应用的外部造型或社会活动等部分；而文化的隐性因子可以简单理解为精神层面的内容，是一些主观意识上存在的内容，比如巴蜀典型文化资源所传达出的特征、语义等意识形态这类抽象的部分。所以二者对比来看，文化资源的隐性因子相比于显性因子而言不能被直接获取，需要对其进行深层次的理解与挖掘，才能发现其中的隐性因子。正如第三章中巴蜀典型文化资源基因谱系的构建中将各种文化资源进行了文化因子的挖掘，此项工作不仅厘清了文化资源的内涵结构，也为文化资源撷取提供了系统性、层次性的依据，有助于准确把握巴蜀典型文化资源最本质的特征。

数字化创新设计需要将外在形态和内在的艺术神韵结合，达到形神兼备。"形"顾名思义就是人们通过身体的感官可以直接感受到的部分，它包括符号、色彩、造型、材质等,"神"是指数字化创新设计所蕴含的精神文化、故事、情感、历史文化信息等。"形"的应用与"神"的表达在设计表现手法上多有不同之处,对于"形"的设计多用提取、抽象、分解等形状文法等设计手法,而"神"多为对巴蜀典型文化资源的抽象符号化表达。在此基础上通过探索数字化创新设计的"形"与"神"之间的共通点,可以更好地促进巴蜀典型文化资源的传播。

1. 数字化创新设计"形"的应用

在数字化创新设计中,"形"的应用是指数字化产品的直接功能,是人们通过数字化产品本身能够直接解读出来的信息,也是数字化产品必然存在的条件。数字化产品"形"的应用一般由符号、色彩、造型、材质表现出来。在巴蜀典型文化资源的数字化创新设计之中,符号是直接代表巴蜀典型文化特征的要素,其物质文化符号按照第三章中巴蜀典型文化资源基因谱系的构建,数字化创新设计"形"的应用可分为数字化色彩、数字化造型、数字化材质。

① 数字化色彩,是巴蜀典型文化资源数字化创新设计中最重要的视觉呈现,是对数字化产品最直接的感受。在数字化产品色彩的选取上需要根据巴蜀典型文化资源的特色进行提炼。色彩是巴蜀典型文化资源数字化创新设计中,通过光等外部因素对人们的视觉感知系统进行刺激,进而构建人们与数字化产品之间的情感共鸣。数字化产品的色彩是人们在看到数字化产品时能直接感受到的。例如:人们在看到灰色、褐色、绿色等饱和度较低的颜色时内心会产生庄重、肃穆、低调等感觉,而人们在看到红色、黄色、橙色等暖色调时又会产生热烈、活泼、温暖等感觉,不同的色彩有不同的视觉感受。

② 数字化造型,是数字化产品的重要组成部分。数字化产品的造型可分为具象造型和抽象造型两类。两种类型的数字化造型解读最终构成对巴蜀典型文化资源视觉上的认同与提炼。

③ 数字化材质,是数字化产品的外在体现。不同的材质有不同的质感,人们对产品也会产生不同的感受,目前市场上出现的材质多种多样,既有竹编、陶瓷、金属、木材、纸质、塑料、皮革、石制、丝绸等的传统材质,又有空气等非物质化的材质。

2. 数字化创新设计"神"的表达

在巴蜀典型文化资源数字化创新设计中,数字化产品所蕴含的内在精神文化、故事、情感、历史文化信息等是其设计内涵的重要体现,对于"神"的挖掘也是数字化产品的本质所在。精神文化是巴蜀典型文化资源的精神层面,将这种抽象的"精神"内核进行挖掘,提取其精神意象,使其转化成数字化产品。从文化结构划分的角度出发,对巴蜀典型文化资源进行三个层次的梳理,以更好地进行数字化创新设计。"神"的表达:一级为大视角,分为物态层文化、行为层文化以及精神层文化;二级为中视角,包括遗址古迹文化、器皿文化、建筑文化、生产文化、民俗文化、传说文化、自然崇拜文化、文学艺术文化、民族精神文化九大类别;三级为微视角,对每个具体的文化资源对象从文化因子显性、隐性角度展开分析。整体来看,从大视角、中视角与微视角不同角度,对巴蜀典型文化资源进行搭建，有利于梳理不同视角的文化资源内容。大视角的切入利于巴蜀典型文化资源内容的结构化、系统化，而中视角的梳理则是促进巴蜀典型文化资源核心内容的具体化与深入化，微视角的展开有助于对巴蜀典型文化资源中特定文化的把握，有利于后期对文化资源的数字化转化。该不同视角能厘清从内层到外层、从外部到内部的逻辑关系。精神层的传说文化、自然崇拜文化以及民族文化在一定程度上触发了行为层的产生，比如相关的生产、民俗、文学艺术等内容；而行为层的文化也在巴蜀地区人们生产生活的过程中逐步衍生出具体的物态层内容，即外在的遗址古迹、生活器皿以及居住的建筑文化等物质对象；最终呈现在大众面前的物态层内容，也从各个方面映射出精神层的核心内涵。反过来看，物态层文化支持行为层内容的展开，而行为层的活动也始终寄托着精神层的内在思想，从而促使数字化创新设计"神"的表达。

第七章

巴蜀典型文化资源数字化创新设计的构建主旨

数字化作为一种绿色无污染、更新速度快、使用范围广的新形式，其发展潜力巨大。巴蜀典型文化资源的数字化创新设计研究也必定要遵循"形式和功能相一致"的设计方法理论。巴蜀典型文化资源的数字化创新内容在于充分发挥功能属性，让传统形式和现代生活达到和谐一致。

功能属性是巴蜀典型文化资源数字化创新设计最基本的属性，无论是实际的使用功能还是审美观赏等精神功能，一件数字化内容产品只有被赋予了特定的、为人所需的功能，才可被称为有意义、有价值的内容产品。当今市场上的数字化内容产品大多是单纯的传统文化视觉化的内容再现，有一定的传播功能，但内容和形式简陋粗糙，也不利于广泛推广，很难满足人的趣味性需求，这一类数字化内容产品就没有做到形式和内容的真正融合，自然人们对它的认可度就越来越低。

巴蜀典型文化资源的范围广，其数字化创新设计的发展前景也很大，我们需要充分利用巴蜀典型文化资源，并研究如何将其运用到数字化创新设计的产品上。现如今，人们的物质生活不断富裕，同时也希望在生活富裕之外能拥有更多细腻真挚的情感生活，而这种美感很可能被一个充满内涵的数字化创新设计内容产品触发。随着现代人生活观念的转变，对数字化内容产品的消费越来越表现为一种对文化的消费。典型文化资源和地域特色以及传统历史是巴蜀文化资源的独特优势，这对于提升数字化创新设计内容产品的附加值具有重要意义。

巴蜀典型文化资源在现代数字化创新设计内容产品中承载和体现的设计理念，对现代产品设计师来说具有学习和借鉴的意义，也值得我们继续传承与发展，尤其是在当下提倡低碳环保、可持续发展的社会。

《| 第一节　基因谱系转换及创造性传达 |》

一、巴蜀典型文化资源撷取

巴蜀典型文化资源的撷取是指在特定文化中提炼可用于设计表达的元素，这一过程是数字化创新设计的出发点。一款优秀的数字化产品设计一定是深度挖掘其文化内涵与底蕴后，撷取相应文化资源基因谱系中的设计元素而展开的设计实践，因为设计元素，如符号、文物、建筑、习俗等内容多种多样，给设计元素的撷取带来了一定的难度，但只有将最具代表性、最具文化特征的设计元素应用到数字化产品载体上才能实现对文化资源的传播与传承。除此之外每一个独立的设计元素内部也存在文化特征，比如其形态、造型、色彩等具体因素，需将其最典型或最具内涵的文化特征表现在数字化产品载体上才能体现其文化精神价值。而巴蜀典型文化资源基因谱系的构建有效解决了以上现实问题，因为巴蜀典型文化资源基因谱系从宏观与微观角度将巴蜀地区的文化资源进行了分类梳理，有利于在设计元素撷取过程中准确把握文化属性与特征，精准提取核心文化资源，在数字化创新设计过程中达到事半功倍的效果。

二、巴蜀典型文化载体选择

设计元素撷取完成后，就需根据其文化因子特征选取具体的文化载体以推进下一步设计元素的转化融合。设计载体即数字化产品载体的种类可大致划分为两大类别包括非数字化产品与数字化产品。非数字化产品又分为实用生活类与工艺品类，其中实用生活类产品的主要载体，还可以往下细化为生活用品类（餐具、冰箱贴、雨伞等）、家居产品类（家具、灯具、加湿器等）、文具用品及文创设计品类（笔、卷笔刀、文件夹等学习工作辅助性用品）、服饰配件类（服装、围巾、手表、包等有穿戴功能的服饰与配件）；工艺品类产品也可以细化为实用型工艺品与装饰型工艺品。数字化产品可分为数字化VR虚拟场景、数字化运用程序、数字化人机交互产品、数字化博物馆等。由此可见巴蜀典型文化载体种类繁多，功能多元，为设计提供多种可能的同时也存在难以抉择的困局，故而为达到设计元素与产品载体选择恰当的目的，追求各得其宜的目标则需在选择载体时注意"四相"原则，即设计元素与产品载体间的相似性、相关性、相称性与相融性。

（1）相似性

相似性是指从设计元素与产品载体的表象出发，是人感官上对两者间联系的一致认识，即彼此间具有相似或差不多的表征，比如视觉、触觉等直观感受。在巴蜀典型文化载体的选择中则主要是指设计元素的造型、色彩、纹样、肌理、材质等客观显性特征能够与目标载体存在一定的相似性。由此考虑设计元素与产品载体的相似性，利于促进文化信息的快速传达与表述,引导文化信息的高效辨别与解读。

（2）相关性

相关性是指相互间的内在关系、联系,即关联程度。设计元素与产品载体的相关性主要通过一些事象内容呈现出来,需要从功能、操作方式、使用流程、结构技艺等抽象性的设计元素中挖掘,借用此种相关性寻找产品载体,不仅利于二者相互渗透、相互转化时行之有效,更能提高产品的文化亲切感与认同感,并由此推动文化内涵准确传达,增强内心情感共鸣。

（3）相称性

相称性要求设计元素与产品载体在结合之时还需考虑语境是否匹配,在撷取设计元素后,特别是一些传统文化元素与现代文化已存在众多差异与变化,就需考虑载体选择与应用是否在同一语境下,是否会给消费者带来不适的感受。简言之,在基于巴蜀典型文化资源的基因谱系构建及数字化创新设计中,不能仅仅考虑相似性与相关性,还需要结合设计意向,考虑设计元素与产品载体所传达的语境是否相称。借助相称性这一维度筛选适宜的产品载体,能够协助文化意义的有效传达,二者语境的匹配更能为设计体验赋能。

（4）相融性

相融性是从意象出发,主要指通过设计元素与载体结合后,整体意象能够相互融合,准确传达出文化的内在精神。若设计元素与巴蜀典型文化资源载体的融合性越强烈,则设计所传达的主要内涵也越深刻,利于从感官的直接感受层逐步向意象的记忆感知层转化,让数字化创新设计更加饱满,动人心弦,继而使消费者触景生情,从内心实现情感升华。将巴蜀典型文化载体选择的"四相"原则运用于设计之中需分层导入：以巴蜀典型文化资源基因谱系为基础,与设计元素撷取层次相呼应,并在前期设计元素撷取、后期设计元素转化二者间起到上下承接的作用。具体来看,设计元素的外部特征是最为直观的感知,巴蜀典型文化载体选择遵循相似性,选取合适的巴蜀典型文化载体外部造型；设计元素的社会活动内容结合相关性原则,寻找恰当的巴蜀典型文化载体使用功能；设计元素意识形态的内容遵照相称性、相融性原则,促进巴蜀典型文化载体与设计结合后内在情感的准确传达。以此,结合巴蜀典型文化资源基因谱系的微观层次,对相应文化内容载体的选择提出对应原则,让巴蜀典型文化载体的选择更具科学性、系统性与可持续性。

三、巴蜀典型文化资源转化

在人们的物质文化需求日益增长的时代背景下,数字化创新设计已经不能囿于工艺品或者简单的摆件产品,如今的消费者更加趋于追求有功能、有文化的创新性产品,只凭"纹样""图案"来设计一款数字化产品，非常容易陷入数字化产品与需求间的鸿沟中，因此在数字化创新设计中有效转化设计元素，巧妙融合文化与载体成为一大设计重点。而一些传统文化被应用到数字化产品中，因二者存在较大的审美差异、价值差异，很多具有使用价值的文物或已不再适宜现代社会生活的需要，在设计过程中需对传统设计元素进行现代转化，以满足大众的现代审美需求。那么将设计元素移植到数字化产品上，除了视觉方面，比如图案、色彩这类基本表层的巴蜀典型文化资源内容，还可考虑将包括设计元素的原有功能、精神文化等内在巴蜀典型文化资源与数字化产品设计进行结合，以此实现多维度多角度的设计元素的转化与融合。设计元素到巴蜀典型文化载体的转化与融合需要从数字化产品的设计角度出发，对其造型特征、功能体验、情感共鸣等方面展开多维度研究。

四、文化特征设计表达

在全球数字化创新经济迅猛发展、消费文化语境不断变迁的今天，立足于现代数字化创新设计发展的整体视野，巴蜀典型文化的核心内涵、审美价值等特点已然可为数字化产品设计创造高附加值。而为了符合当下时代审美需求，则需准确把握设计元素的主要特征，并通过针对性的设计表达让设计元素与巴蜀典型文化载体得到深入的融合，呈现出高水平的美学特征与人文精神，以此才能满足消费者更高层次的情感需求。可以说用文化特征的数字化创新设计表达来刺激消费者感官体验，有效实现文化传递，是当下数字化产品设计的重要突破口。在前期进行巴蜀典型文化资源撷取、巴蜀典型文化载体选择，以及巴蜀典型文化资源转化后，为实现设计元素与巴蜀典型文化载体深度融合，准确传达出文化特征还需要根据设计元素基本属性进行有针对性、倾向性的设计表达。在此，基于巴蜀典型文化资源基因谱系从物态层、行为层以及精神层进行分层解析，相对应地提出物象、事象以及意象相关的设计表达思路。

1. 物态层—物象审美—静态美化

物态层文化主要以客观存在的设计元素为主，这些设计元素都是由具体可感知的客观事物为主要形象而构成的，即物象，具有自明性特点，是大多数数字化产品融合元素最普遍，也是最容易采用的一种设计表达方向。比如第一章所述巴蜀文化中的青铜器、文物器皿文化，干栏式、穴居等建筑文化，都是客观可见的设计元素，在设计表达中则需基于巴蜀典型文化资源的基因谱系构建及数字化创新设计，注重其物象审美方面的融合，根据设计元素中造型、图案、纹饰、色彩等显性特征，从可视化角度对此类静态内容进行美化。合理运用设计语言以小见大、化繁为简、解构重组等创新设计表达，同时还需注意实际设计过程中不能一味追求新颖独特，需注意元素创新设计与原型的契合度，避免过犹不及、适得其反。应该围绕巴蜀典型文化原型展开物态审美方面的静态优化，最终的设计表达不仅具有独特美感，同时也应具有相应的设计元素识别度。

2. 行为层—事象体验—动态优化

行为层文化常以民族风俗、生产生活等相沿成习的设计元素为主，这类文化展现出的状态与现象可称之为事象，比如巴蜀地区的民俗舞蹈、戏曲表演、丧葬习俗、渔猎经济等文学艺术、民族风俗以及生产生活文化。此类事象设计元素与巴蜀典型文化载体要实现深度融合则需依托数字化产品功能与操作等，并结合设计元素场景再现完成动态体验，有机融入当下生活，延续传统文化的现代体验，以此，才能有效增强巴蜀典型文化特征的表达，在动态体验过程中加强对文化活动或传统仪式的整体感知，引发消费者深入思考，唤起集体记忆，实现感知层转化。

3. 精神层—意象情感—动静结合一体化

精神层文化是指蕴含在巴蜀地区巴蔓子将军传说、廪君传说等民族信仰文化，以及忠勇、大德的民族气节等精神层面的内容，这些设计元素大多具有民族思想的印记，是巴蜀地区文化气质与风格的浓缩，多是人们对客观事物的主观理解而产生的新的情感、精神等事物，即意象，其存在较为隐性，不能直接与巴蜀典型文化载体融合，此类设计元素具象实体的缺失为元素提取与融合增加了一定难度，但也并非无计可施，可根据其文化属性探索设计突破点。其主要设计表达方法需要结合意象特点，采用多感官的巧妙联结，通过感官强化体验，将巴蜀地区的人生观、价值观等非具象的精神元素表达出来，让文化特征以静态视觉体验结合情景设定的引入，实现文化内涵动静结合一体的意境化设计表达，即艺术呈现文化"意境"，该融合方法有利于数字化产品准确传达文化意蕴、文化价值等核心内容，促进消费者对文化信息的解读，对文化内涵的感受，并在情境中深入感知文化、体悟文化，触景生情，形成情感共识。

综上，针对不同巴蜀典型文化属性特征，可以选择有针对性的设计表达方式，以求得设计元素与巴蜀典型文化载体的融洽无间。三种设计表达综合来看是以视觉静态美感为引导，以功能体验、场景再现等设计手法建立设计元素与巴蜀典型文化载体间的共通性，并结合听觉、触觉、嗅觉等多感官协同，营造出通感"意境"，在多感官联结下促进设计元素与巴蜀典型文化载体融合完整，触发更深远的文化在场感，实现文化延续。

第二节 基因谱系借力数字化推广

在数字化创新设计中，企业为顾客营造体验舞台的设计理念已在发达国家的企业中被广泛应用于设计领域，数字化创新设计已经成为一个设计行业。随着非物质时代、交互时代的开启，数字化创新设计被赋予了全新的含义。以往的数字化创新设计可以分为静态数字化创新设计和动态数字化创新设计：①静态数字化创新设计指用户通过认知获得产品基本信息，进而对数字化创新设计内容产品进行初步体验。在人们认知世界的过程中，大部分的信息是通过视觉通道获得的，因此，视觉通道是人与外界相联系的最主要途径；②动态数字化创新设计指人们通过使用获得产品操作信息，从而更深入地了解数字化创新设计内容产品的功能。基本宗旨是强调在数字化创新设计内容产品开发过程中要紧紧围绕用户这个出发点，要有人们的积极参与，以便及时获得人们的反馈并据此反复进行设计。

诺曼曾提出，三个相互影响、相互联系的层次组成人们内心的情感系统，人们对周边事物的体验及感受均受到这三个层次不同程度的影响，这三个层次分别为本能层、行为层和反思层，如图7-1所示。本能层通常指的是人们感知里固有的、不由自主自发的相关特性，这些特性几乎不受主观意识控制，出于人类本能反应的，如视觉、听觉和触觉。行为层通常指人们根据实际情况或处境所做出的可控行为，如行为模式、方式和习惯。反思层通常指的是用户的理性思维，通过对实践活动的总结，有意识地思考及复盘，得出相应的经验及结论。三个层次作为循序渐进的三个独立维度，相互渗透、相互影响，影响人们对各类事物的情感体验：①三感体验升级，营造合适的场景及氛围。对感官层面进行感官要素的提取，以及对巴蜀典型文化资源的数字化创新设计中外层因素的反映，能为巴蜀典型文化资源的数字化创新设计提供一定的引导。在视觉方面，通过利用精确的视觉信息设计，营造巴蜀典型文化资源特有的文化氛围；在听觉方面，增加音效使视听感官双重协调，利于用户沉浸其中；在触觉方面，轻型交互触感，利于人们实时接收行为反馈。②适时挖掘人们的想象元素，发挥移情作用。联想是人们与数字化创新设计内容产品之间产生黏性的铺垫，当人们开始想象相关的事物并移情于此，说明此数字化创新设计内容已给用户留下了较好的印象。在想象方面，可以利用抽象图形或故事情节，引导人们发挥想象；在移情方面，可以丰富文化展示内容，让人们自发探索巴蜀典型文化资源中基因谱系中的文化精髓。③激发人们的认同感，创造人们的理性思考条件。认同是人们对数字化创新设计内容产品的最高评价，当一个以巴蜀典型文化资源为内容基础的数字化创新设计内容产品能让人们产生认同感时，说明此数字化创新设计内容产品的用户已将其定义为陪伴式产品，愿意长时间使用并推荐给他人。要达到激发人们的认同感，创造人们的理性思考条件，需要将认同要素转换为具体的策略，可以利用社交、分享机制，创造用户个性化平台。在理智方面，可以挖掘巴蜀典型文化资源的核心文化内涵，重视人们的理性探索需求。

依据数字化创新设计路径，巴蜀典型文化资源的基因谱系从设计角度出发，借力数字化推广。数字化创新设计，根据前文对不同受众群体的受众需求侧重点分析，巴蜀典型文化资源基因谱系的数字化产品设计要点主要是倾向于教育性、文化性、功能性等。

一、数字化推广中的教育性

我国经济的发展和城乡居民生活水平的提高，为数字化创新设计准备了物质条件。

图 7-1 情感化设计三层次展示图

手段改进,通信技术和网络技术发展,法制环境改善,尤其是人们精神生活消费需求的不断提升,对巴蜀典型文化精神的崇仰,使相关文化研学、文化活动等层出不穷。巴蜀典型文化资源基因谱系的数字化产品设计更加具有教育意义,其数字化产品更加偏重教育功能。

二、数字化推广中的文化性

数字化创新设计是将巴蜀典型文化资源以某种数字化形式展现出的现代社会产品,是产品设计中的一种方向。这类产品主要从文化出发,经过数字化加工形成具有文化特性的产品,可以说是将精神层面的一些内容进行具象物化并形成各类产品。所以与其他工业产品设计相比,数字化创新设计更加强调产品的文化内核,具有较深的内涵意义,即注重考虑精神层面的满足,以其自身具有的文化情怀与价值吸引消费者。需要达到此种效果则要求设计师们能够在一些抽象、无形的文化中精准捕捉文化内核,提取文化概念,并运用一系列数字化设计方法,转化为现代社会中具有审美性、实用性、文化性等价值的物态产品。由于数字化创新设计的文化性、体验性、叙事性等特点,让数字化产品设计的研究也需建立在文化研究、用户研究、现代转译研究的基础上,其中对文化的研究是数字化创新设计的核心环节。总之,基于文化研究展开的数字化产品设计程序将巴蜀典型文化基因谱系与数字化紧密结合,为数字化产品创造更深厚的文化附加值,也为巴蜀典型文化基因谱系构建及数字化创新设计提供了多角度的研究思路。

三、数字化推广中的功能性

将巴蜀典型文化资源进行筛选与提炼,构建基因谱系,突出巴蜀地区的典型文化特色,打造本土文化创意名片,进而传承巴蜀地区的文化精神。数字化产品开发与应用的本质仍是产品本身,因此数字化产品在使用及推广中同样应具有经济价值和使用价值两个基本属性,以此来满足人们在数字化产品使用上的需求。缺乏功能性的数字化产品大多数时候容易被人们遗忘，随着时间的推移也容易被搁置，无法起到传播巴蜀典型文化内涵和价值的作用。单方面的功能又缺乏一定的美感和设计感，为了更好地满足人们对巴蜀典型文化资源数字化产品的需求，在数字化产品设计之中，需兼具功能性和创新性原则，缺乏创新性的数字化产品无法激起人们的购买欲望，缺乏功能性的数字化产品不具有商品属性。因此在数字化产品的设计上，不仅要有实用性功能还要具有一定的创新性，达到数字化推广的目的。

第八章
巴蜀典型文化资源数字化创新设计的构建内容

《 **第一节　物质文化基因谱系的数字化 VR 虚拟场景** 》

　　物质文化是历史长河中文化的物质载体，指为了满足人类生存和发展需要所创造的物质产品及其所表现出的文化，例如可移动的文化财产和文化遗产以及不可移动的文化古迹，都是由一定的物质材料建造、创造或制作的，离开了物质材料，它们也就不复存在。由于物质文化产生于特定的历史时期，反映某一时期的经济、社会、文化与技术水平，故而物质文化具有较高的研究价值。通过参考有关巴蜀地区的历史文化资料，巴蜀地区的物质文化基因谱系主要体现在青铜文化基因、玉器文化基因、漆器文化基因、陶器文化基因、干栏式建筑文化基因上。

　　由于物质文化在历史进程中受到外界环境变迁的影响，会产生一些物理性质的变化，数字技术也逐渐被应用到物质文化的保护中。例如，三维激光扫描技术、近景摄像、IBR 彩绘阴影绘制技术、逆向工程软件，以及 VR 虚拟场景等。虚拟现实技术（VR 技术）是其中最为重要的组成部分，是指用一个虚拟的系统模仿另一个真实系统的技术。虚拟仿真系统具有三个与传统计算机图形图像的显著区别：交互性、实时性、沉浸感。虚拟仿真系统能够融入文物、建筑的特点和营造技艺，通过网络或可执行文件使用户观看身临其境的建筑场景展示。数字化 VR 虚拟场景综合应用多种计算机技术和传感设备，生成集视、听、触觉一体化的特定范围的沉浸交互式虚拟仿真环境，通过动作捕捉、触觉反馈、眼球跟踪、语音识别等多种交互方式和数据手套、头盔显示器、VR 手柄等多样的虚拟交互设备，能够有效地模拟用户在现实世界中的各种行为动作。

　　物质文化的数字化 VR 虚拟场景在我国多应用于古遗迹重现、文物展现等，在博物馆展示中引入 VR 技术，是激发人们的观展兴趣、推动传统文化传播传承的时代要求。博物馆具有社会服务属性，是社会文化的重要教育基地，拥有 VR 技术的博物馆不仅能够打破时空限制，更能增强用户切身的体验效果，将丰富的文物遗迹以更生动的形式呈现在大众面前。

博物馆对物质文化的数字化 VR 虚拟场景应用可分为两种模式：一是将古建筑进行数字采集和重现，二是对文物陈列进行采集和重现。夔州博物馆推出"VR 漫游"线上观展活动，"VR 游览"功能使用户可通过"沉浸式"体验，身临其境地感受夔州博物馆。重庆中国三峡博物馆推出 47 件精品文物的高清 3D 展示，游客在官方网站上通过鼠标可以自由旋转、放大文物，全方位、多角度观看文物。"馆藏汉代画像砖（石）""馆藏花鸟画""重庆老城门""白鹤梁"等 16 部动画片，均以馆藏文物为创作素材，以生动有趣的方式讲述文物背后的故事。重庆自然博物馆重庆厅用 VR 技术展示了重庆吊脚楼建筑特色，介绍了吊脚楼依山就势，因地制宜，悬虚构屋，陡壁悬挑的特点，以简易的穿斗结构采取底层架空形式，有效利用地形争取居住空间，既解决了潮热气候下房屋隔潮和通风的问题，又最大限度地减少了土石方工程，保持地表原生态，体现了重庆人民的造物智慧。大渡口博物馆线上 VR 展，展示了古青铜器等文物，和马桑溪、义渡、大渡口等遗迹，如图 8-1 所示。

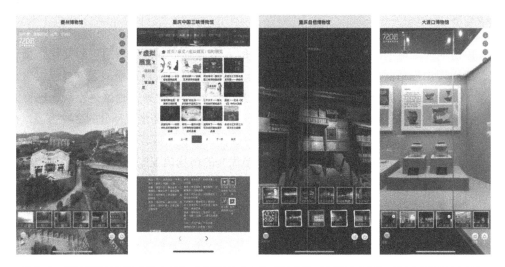

图 8-1　巴地博物馆 VR 应用（来源：夔州博物馆公众号，重庆中国三峡博物馆公众号，重庆自然博物馆小程序，大渡口博物馆公众号）

三星堆博物馆作为中国一座现代化的专题性遗址博物馆，其展示面积近 12000 平方米，分为"三星伴月——灿烂的古蜀文明"综合馆、"三星永耀——神秘的青铜王国"青铜器馆两个展馆。虚拟展厅提供了沉浸式的观展体验，完全还原的展厅结构，每件展品都配有详细的介绍，还可以手工制作标志性的青铜立人像。四川博物院线上展馆展示了大量精美青铜器以及诸多巴蜀风韵的陶瓷和书画，不仅可以全景观展，也可以对

2020年到2021年的展览——回顾。金沙遗址博物馆的网上展厅附有语音讲解，可感受文物的全景风貌。成都博物馆馆藏文物达20万余件，网上展厅还原现实展厅结构，可参观"秦蜀之路青铜文明展""花重锦官城：成都历史文化陈列""影舞万象：中国皮影展"等40多项展览，如图8-2所示。

图8-2 蜀地博物馆VR应用（来源：三星堆博物馆公众号，四川博物院公众号，金沙遗址博物馆公众号，成都博物馆公众号）

巴蜀地区璀璨的文化成就，提供了丰富的人文旅游资源，所谓的巴蜀文化是指重庆、四川境内巴蜀两族遗留下来的物质文化，其年代大约从夏商至战国、秦汉。它是有别于齐鲁文化、秦晋文化、吴越文化等独立的地域文化体系，也就是生活在巴蜀大地的人们的生存样态及其表现形态。而作为巴蜀物质文化重要组成部分的文物古迹，在博物馆中的数字化展示并不普遍，整体展厅较少，且存在画面较为模糊，没有更详细的视觉、听觉、触觉上的互动，因此有必要借鉴优秀的博物馆VR技术运用案例以传承与发展巴蜀文化。

近年来，我国博物馆纷纷开始使用VR技术对馆藏文物遗迹开展线上、线下展览。如表8-1所示，虚拟故宫博物院游览系统为用户提供体感操控的VR观赏。莫高窟推出数字敦煌展，囊括了10个朝代，30个洞窟，以3D全景展示，且配有详细的文字介绍和高清图像，是对敦煌文化保护、传播与传承方面的又一次数字化深度探索。安徽博物院运用VR技术进行古建筑整体数字采集和陈列精品采集，古建筑整体数字采集使用VR全景图像采集技术，采集徽州古建筑陈列展厅的内部和外部环境数据，建立徽州古建筑陈列展厅360°全景展示环境，将徽州古建筑文物数字化，根据真实/虚拟的展位，通过互联网平台展示给观众。山西博物院推出数字复原展——从地中海到中国——丝绸之路文物展，使用户感受东西方文明交融的魅力。浙江省博物馆推出"数字浙博"展览，其中3D文物展可720°旋转观赏。

表 8-1 博物馆数字化 VR 应用

名称	图示	主要功能	主要内容
故宫博物院 全景故宫	（图片来源：故宫博物院小程序）	导游介绍 直达宫殿 地图查看	宫殿实景游览 建筑科普
莫高窟 数字敦煌展	（图片来源：中艺华彩集团公众号）	全景虚拟漫游 穿戴设备	复制彩塑 高保真数字壁画 仿制乐器 复制洞窟 辅助展品
安徽博物院	（图片来源：安徽博物院公众号）	古建筑数字化展示 陈列精品采集	徽州古建筑 文物陈列展示
山西博物院 线上全景导览	（图片来源：山西博物院公众号）	场景选择 路线导览	文物实景游览 复制石窟 文字介绍
浙江省博物馆 数字浙博	（图片来源：浙江省博物馆官网）	数字展厅 3D 文物展览	数字展览 3D 文物 文物介绍

在以上五个博物馆中，莫高窟数字敦煌展使用了线下全景虚拟漫游和穿戴设备技术，能够使用户在视觉、听觉、触觉上全方位感受物质文化的魅力，对巴蜀地区物质文化基因谱系的数字化 VR 虚拟场景的应用有值得借鉴之处。敦煌莫高窟游客服务中心设置了洞窟实景漫游厅、主题电影演播厅、多媒体展示厅及相关配套设施。洞窟实景漫游厅放映球幕电影，球幕电影是通过数据采集、建模、贴图、渲染、后期制作等五个步骤制作完成的。其中的关键是要处理好贴图和渲染两个步骤，运用了超大数据量管理、图像和模型的精确映射、图像色彩的融合，以及高精度、180°球幕鱼眼镜头场景渲染等。球幕电影能使观众身临其境并细致入微地观看洞窟建筑、彩塑和壁画。

从文化基因视角来看，目前国内大部分博物馆利用 VR 技术对物质文化的展示过于简单，即没有充分利用好 VR 技术的互动属性，展现形式较为老套，且由于局限于电脑端和手机端，设备单一，无法更生动地为用户提供沉浸式体验。此外，数字化是一项浩大的工程，需耗费大量的资金、人力，因此，物质文化在 VR 数字化运用程序方面还存在较大的成长空间。

第二节 非物质文化基因谱系的数字化运用程序

非物质文化基因是以精神状态的形式存在并通过口头讲述和亲身行为等方式来表现和传承，如信仰、语言、制度等，同时文化景观学者刘培林依据基因的自身属性及重要性，将文化基因划分为主体基因、附着基因、混合基因等类型。随着全球化步伐加快与数字技术频繁地更新迭代，作为文化生命活体的非物质文化正面临着各种威胁。当下是移动互联网技术高速、高质量发展的时代，这一环境条件给非物质文化与传统文化的"活化"带来了新机遇。

非遗数字化展示与传播是通过非遗数字库的建立并结合网络、融媒体、人工智能等媒介，赋能于文博业、旅游业、企业管理等。目前非遗数字化展示与传播的运行形态主要集中于数字影像内容展示、VR 全景沉浸式体验、AR 交互场景搭建、动漫游戏应用开发、网络媒体内容展示等方面。AR 技术的成熟与运用，能从一个层面上解决基础设施落后和艺术场域带来的种种限制，打破城市与乡村之间的差异，以及各社会阶层之间的隔阂和界限，为非遗展示、传统艺术展现以及公共文化服务提供了便捷、高效和可实现的技术条件。

数字化运用程序凭借自身所具有的用户捕捉精准、市场普及率高、日常使用便捷的特殊优势，成为传播和推广非物质文化的新媒介。数字化技术已广泛应用到非遗保护与传播的各个领域。考虑到高质量的数字化运用程序能够引起用户兴趣，并深化用户对数字化运用程序所承载的文化与理念的了解与认知，因而用户和相关爱好者通过使用数字化运用程序可利用此类媒介平台获取非物质文化的精髓，并且推动非物质文化基因谱系内外部之间的交流与互通。

非物质文化在线直播、网络电商等新媒体领域通过与数字化运用程序结合，可将文化受众充分融入文化的创新与传承中，从而可以实现商业与文化价值的双重发展。所以，利用数字媒体技术推进数字化赋能非物质文化，将对大众共同辨识与传承非物质文化起到积极与促进的作用，进而为巴蜀地区的非物质文化的推广与创新打下牢固基础。通过桌面研究与案例分析，将以"非物质文化"为设计主题与创意源泉的数字化运用程序分为数字社区、资料参考、AR 展示三类。巴蜀地区的非物质文化基因谱系的数字化发展也主要依托于这些形式和技术。

非物质文化基因谱系的数字化运用程序主要涉及购物、教育、旅游、娱乐等领域，并且应用市场中的移动应用也根据这些领域来划分类别。文创产品、非遗技艺体验、传承人故事作为非遗数字化的主要展示对象,在非物质文化基因谱系及其数字化运用程序中都占据了重要地位。同时,"社交""购物""游戏""美育"也是"非遗"数字化运用程序打造的主要功能特色。我国有关"非遗"主题的数字应用设计还处于起步阶段,但目前已经出现了一些以传播我国非物质文化遗产为宗旨的数字应用,例如"西窗烛""AR安徽非遗""四川非遗""中国成都非遗宝"等(表8-2)。虽然部分数字应用的设计功能较完善,但是绝大多数APP还存在比较多的问题,即各个应用在形式与功能上的设计水平参差不齐,存在文化内容少、传承人信息不全、内容更新慢、应用版本陈旧、文化表现形式单一,同时缺少交互设计和个性化推介等问题。从文化基因视角来看,这些应用对非物质文化没有依据基因的自身属性及重要性而有主次地展开设计,导致了应用的同质化。因此,发扬非物质文化在数字化运用程序方面还存在较大的成长空间。

表8-2 "非遗"移动应用分析(来源:七麦数据,更新时间:2022-10-27)

图标	应用名称	副标题	类别
	非遗管家	—	资料参考
	华夏风物-中国风物百科数据库和分享社区	在这里,感受美好中国	数字社区
	美非遗-发现传承之美	非物质文化遗产创新发展交易平台	数字社区
	西窗烛-品味中国诗词之美	古典文化 现代传承	资料参考
	AR安徽非遗	—	AR展示
	通州非遗AR	让非遗活起来!	AR展示

非物质文化基因谱系承载着丰富的文化资源,是相关爱好者和学者交流、传播、体验的重要财富,数字化技术支撑起文化特色的深入打造是继承与发展非物质文化的核心。数字化运用程序的设计须围绕非物质文化本身来设计,如"AR安徽非遗"(图8-3),是基于增强现实和图像识别技术开发的安徽非遗文化AR展示平台,囊括现有88个安徽省非物质文化遗产项目,用户可体验与安徽省非物质文化遗产相关的丰富视频、图文和三维模型资源。良好的用户体验可以促进非物质文化的传播。促进提升用户体验的交互形式是多种多样的,AR则是增强用户体验感的前沿方法,如设计者与开发者将非遗类APP转向游戏化设计,可以形成激励与反馈机制,增强趣味感,从而增加用户黏性。国粹益智手游《匠木》(图8-4),曾荣获故宫、IMGA、Indieplay等单位颁发的多项国内外游戏大奖,通过点击、消除等简单操作,打磨拼合出准确的榫卯结构,也可以在游戏中收集不同的物件图纸,以"游戏"的方式博览多元的榫卯历史。

关注与借鉴"游戏化"的设计方式也要注意游戏仅是体验非物质文化的形式之一,

其各具特色的游戏化解锁与奖惩机制服务于非物质文化。面对用户体验缺失的问题，设计者可以通过"UCD""服务设计""交互设计"等相关方向的方法与经验进行改进和创新，即以用户为中心进行设计，从用户需求与体验的角度出发，解决现存的痛点。在实际设计过程中，前期对用户进行调研分析，提炼设计需求与设计资源，在后期开发设计过程中，鼓励用户加入设计研究，实现从发现问题到解决问题的全过程都有用户的介入。只有以用户为中心，才能深刻了解到他们的体验与感受，做出用户体验感好的应用程序，才能提高用户黏性。

图 8-3 "AR 安徽非遗"视频截图（来源：AR 安徽非遗，开发者：合肥识微数字科技有限公司）

图 8-4 "匠木"视频截图（来源：匠木，开发者：雷霆游戏）

社会学大师布迪厄认为文化最重要的功能就是通过文化资源的转换和运作实现文化价值的积累。需要将主体基因作为核心要素，通过文化战略的嫁接以及文化符号的植入等模式进行传承，最终实现地域文化的全面复兴。根植于民间和人们心灵深处的非物质文化具有鲜明的民族化特质，是特定民族在同自然、社会和人的长期交往中形成的生活方式、思维方式、风俗特征及道德信念的融合体。目前国内对非物质文化的传承与保护存在以下几个问题：非物质文化保护机制中缺乏相对合理的开发利用载体；对非物质文化的保护更多是文物式保护，缺乏对其文化内容的保护；非物质文化常常被孤立而缺乏衍生品和实际应用创新。结合以上问题，需要综合考虑信息架构、文创产品、交互方式三个方面，从而研究基于非物质文化的数字化应用设计。"美非遗"（图8-5），在应用市场中涵盖了较为全面的非物质文化遗产，其中非遗传承人的宣传及非物质文化遗产博物馆展示的模块为相关文创产品的推广与展示独辟蹊径。

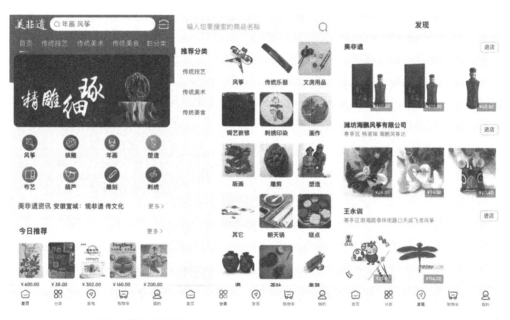

图 8-5 "美非遗"视频截图（来源：美非遗，开发者：Weifang Quanying Network Co., Ltd.）

通过调查总结得出，依托数字化程序的非物质文化基因谱系的发展特征，主要以用户体验的中心化、文化基因主次区分、非物质文化的再物质化等非物质文化谱系在广度与深度上的设计改进为主要任务。以AR数字化技术为主要技术与特色的应用与发展也在不断深入地方性、小众化的非遗文化之中，如"AR安徽非遗""通州非遗AR""如东非遗AR"等移动应用。"非遗"数字化程序中的"匠木"则采用了类AR的视觉效果360°呈现榫卯组合原理，通过沉浸式的互动技术，来展示国粹经典的历史与文化，有利于非遗的普及与传承教育，值得借鉴。总之，非物质文化须以文化特性为核心立足点，以数字化技术为发展支点，开展相关传承活动与展示传播。

第三节 传统村落文化基因谱系的数字化人机交互

传统村落是农耕文明的精髓和民族文化的根基，也是中国乡村景观文化的基因库，中国众多的传村落有着重要的科研、历史文化和经济社会发展等价值，对其进行保护与利用不仅是延续地方文脉、复兴乡土文化的根本保障，也是适应新时期乡村自然与人文环境变化、推进乡村转型发展的内生动力。学者马航指出，随着城市化与全球化的发展，中国传统村落的地域性特征受到了普遍性类型文明的侵袭。传统村落作为一种社会形态，除了有形的物质资源，如街巷、建筑、景观、生产生活工具等，还包括非物质的部分如自然观、社会组织形式、风俗传统等；同时村落还是中国农耕社会的缩影，是村民生活的场所，极具烟火气。因此运用数字化技术保护乡村聚落，并引导其健康持续地发展，具有深远意义。

传统村落的文化基因分为以物质形态存在的显性文化基因（如建筑风貌与村落布局），以及以非物质形态存在的隐性文化基因（如宗祠风俗和图腾文化），都是我国历史文化见证与传承的重要载体，具有较强的历史价值、文化价值、美学价值、旅游价值和经济价值。1971年联合国教科文组织在《国际博物馆杂志》（*Museum International*）以"博物馆与计算机"为主题出版专刊，刊载了9篇关于博物馆与数据库、数字化和电子化的论文，指出计算机将可能深刻影响博物馆的未来趋势。2017年，国务院办公厅出台了《关于实施中华优秀传统文化传承发展工程的意见》，要求发展传统村落数字化，进一步落实村落的文化遗产保护，随后住建部也发布了"中国传统村落数字博物馆"落地计划。

现如今，我国传统村落数字博物馆的建设与交互技术的发展密不可分，交互技术的革新不只是停留在以人适应计算机的操作界面为核心，其人性化以及智能化的特征更加显著。学者姜申、鲁晓波指出数字化展示与传播方面的探索和延展，有益于传统文化的历久弥新，及其在当下时代中的播撒、共享与弘扬。传统村落数字博物馆利用交互技术能够提高传统村落文化展现的美观性以及与用户的互动性，营造沉浸式线上博物馆体验场景。在此过程中用户的交互需求主要分为五点：一是查看数字对象，手势点击UI面板了解其信息；二是注释传统村落文化内容，识别内容，手势点击了解信息；三是查看内容，发出语音指令进行交互；四是手势旋转缩放以全方位查看细节；五是手势移动以近距离查看细节。

2022年8月1日，《重庆日报》报道川渝两地住建部门将进一步探讨古镇古村落数字化保护，共建巴蜀传统村落数字博物馆。经网络调研，巴蜀两地的古村落数字化进程还处于起步阶段，网站、公众号等界面交互功能较为匮乏，以文字和图片形式展现古村落内容为主，缺乏多视角、立体化的虚拟展示，难以带给用户身临其境的参观体验，用户与博物馆呈现内容之间的人机交互较弱，发展空间较大。

2022年巫山县评审了《巴渝传统村落数字博物馆（下庄馆）设计方案》《巫山县竹贤乡美丽宜居示范场镇建设项目规划设计方案》《巫山·红叶广场桥下空间景观设计方案》等。目前巴地传统村落博物馆仍处于初步建设阶段。

在2019年10月25日举行的第二届四川最美古镇古村落创新发展论坛上,全国首个省级古镇古村落数字博物馆——四川古镇古村落数字博物馆正式面向公众开放。该数字博物馆由村落动态、特色村落、村落地图、产业聚焦、镜头下的古村落五个板块组成,囊括四川省古镇古村落保护工作的相关政策资讯,收录四川56个省级历史文化名镇、15个省级历史文化名村、1040个传统村落的信息和动态,同时设置了检索功能。

中国传统村落数字博物馆2019年度(第二批)有211个村落单馆正式上线(图8-6)。经过近一年时间的筹备,北京、天津、山西、内蒙古等22个省(自治区、直辖市)共211个国家级传统村落顺利完成数字化,后续还将有村落陆续进馆。运用技术力量赋能中国传统文化,中国传统村落数字博物馆已成为目前我国研究传统村落资料最丰富、数据最权威的国家级在线数据库。

目前,数字博物馆单馆数量共计376个,分布在31个省(自治区、直辖市),已实现了全国各省全面覆盖。在完成国家级传统村落数字化的22个省(自治区、直辖市)中,安徽省的传统村落入馆数量最多,北京市的占比最高。

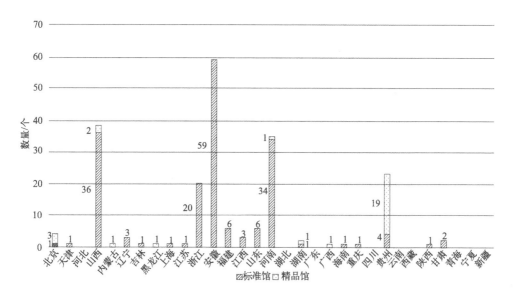

图8-6 2019年度(第二批)中国传统村落数字博物馆入馆村落数量表(数据来源:规划中国微信公众号)

以安徽歙县瞻淇村为例,瞻淇村数字物馆建馆工作集中了城乡规划、村落保护、建筑历史、测绘遥感、计算机系统、社会学、人类学、影视编导、档案信息、摄影等技术力量,实现多专业、跨学科的技术融合。网站内容包含相关村落的地理信息、建筑信息、传统村落保护条例、传统居民建筑类型调查条例等,系统性地提供了对不同村落的保护办法,将传统村落完整信息数字化汇总于平台,实现资源信息共享。从人机交互视角来看,设计层面的人机交互内容仍有发展潜力。

以河南省地质(自然历史)博物馆为例,该馆使用虚拟现实技术,在虚拟现实模拟造景场景中,观众可与地质博物馆陈列品实时互动。虚拟现实将观众与地质博物馆的现实世界隔绝,让观众置身于一个全新的时空领域范围;同时在这个虚拟时空中,陈列布展设计者运用虚拟现实人机交互,设计出不同陈列品的多种模拟造景场景。参观者借助虚拟现实人机交互设备进入虚拟现实环境,通过虚拟现实人机交互的方式和陈列品全方位交互,可以克服地质(自然历史)博物馆陈列品实物单一模拟造景再现的展示弱势,向着虚拟现实多场景模拟,并自由切换不同模拟场景的交互式方向发展。人机互动参与的方式强化了观众在不同模拟场景中与陈列品实物的交流互动。传统村落文化博物馆亦可借鉴该地质博物馆的交互方式,改变普通博物馆陈列品传统展示的体验,创造出"沉浸式"的真实体验。

总的来看,全国传统村落文化博物馆的数字化交互工作方面的研究多为运用交互技术对文化基因进行提取,在博物馆与用户之间的人机交互端的探究和实践较少。巴蜀两地传统村落文化博物馆的数字化交互进程起步较晚,但发展迅速,在提高发展速度的同时,可参考进程发展较快的省份以及其他文化领域的博物馆进行数字化交互设计,吸取国内外先进交互模式,高校、企业和政府紧密联合推进此方面建设。

第四节　农耕文化基因谱系的数字化博物馆

农耕文化的发展历史悠久,文化体系庞大。通过查阅文献与实地考察,将巴蜀地区的农耕文化基因分为山水/水利文化基因、物产文化基因、饮食文化基因与人居文化基因进行分析,它们共同构建了巴蜀地区的农耕文化基因谱系。农耕文化的展示方式与体验场景有很多,主要包括传统农耕示范村落、农耕博物馆/文化馆、农耕旅游文化基地等。其中,农耕博物馆作为农耕文化的主要展示对象之一,承载着丰富的农耕文化资源,是农耕文化交流、传播、体验的重要场所之一,这对于各地区农耕文化的继承与发展来说是非常重要的。

博物馆一直以来都承载着文化教育的功能,是广大人民群众以及中小学儿童文化学习交流的主要场所之一。在人们对农耕文化产生一定文化需求的时候,会选择去农耕博物馆进行学习交流与文化体验。在农耕博物馆中,有大量的物质文化,如农具、农作物等,也包括大量的非物质文化,如农耕精神、耕读文化、二十四节气等。因此,农耕博物馆中保存了大量的农耕文化资源,是我们学习的宝贵财富之一。

随着科技的快速发展与数字化文化的创新性应用,博物馆也在紧随数字化的创新性发展步伐,开发了大量的数字化技术,帮助人们进行文化体验。利用数字化创新技术,可以打破传统博物馆乏味无趣的体验形式,增强趣味性、活动性、综合性。

目前,农耕博物馆作为博物馆的主要组成部分之一,也逐渐向数字化的展示方向迈进。众多国内的农耕博物馆已经开始利用数字化技术,增设满足人们需求的体验服务功能,设计了线上线下智慧导览系统,建立农耕数字资源库,并营造了众多的数字化展示陈列场景，促进农耕博物馆的文化交流传播。

各个地区的农耕博物馆都存在着各地区的农耕文化特色，巴蜀地区位于中国的西南部，此地山水环绕，农民精耕细作、休闲惬意。此地有丰富的物产资源，如茶、酒、竹、桑蚕、漆木、陶瓷等。其中水稻则是该地主要的粮食作物，也是区别于北方饮食文化的标志之一。

巴蜀地区农耕博物馆较多，巴地的农耕博物馆包括：重庆巴渝农耕文化陈列馆、巴山农耕文化陈列馆等。蜀地的农耕博物馆包括：天府农耕文化博物馆（图8-7）、天府农耕文明博物馆、成都文清古蜀农耕文化博物馆、天府新区三农博物馆、沐川农耕博物馆、富顺稻粱农耕博物馆、百花村农耕博物馆等。其中大部分农耕博物馆以介绍天府农耕文化特色为主，部分农耕博物馆以当地县级文化资源为展览主题。

图 8-7　天府农耕文化博物馆

通过实地考察与资料查询，将巴蜀地区的农耕博物馆的数字化应用进行总结分析，概括为数字服务、数字陈列、数字场景以及数字文化传播四个部分。不同的数字化应用可以为农耕博物馆的体验提供便利，为巴蜀地区的农耕文化传播提供帮助。

其中，数字服务主要包括线上导览与线下智慧导览两个部分。线上导览包括相关农耕博物馆的景区导览、公众号与小程序三个部分。与传统的导览工具类似，农耕博物馆的线上导览主要表现在文化资源的呈现，通过线上导览的方式，人们可以在手机上进行农耕博物馆相关资料的查询，如路线位置、门票预约、营业时间、农耕文化特色以及相关的活动体验课程等，还可以为人们提供线上的咨询服务，方便用户提前了解农耕博物馆，进行合理的目标选择与计划制定。

线下智慧导览主要在农耕博物馆内，是以各种数字化移动端载体的方式进行呈现

（图8-8）。如位于四川成都郫都区的"天府农耕文化博物馆"，在入口处就设置了清晰直观的数字屏幕呈现世界农耕史，结合多媒体的展示，可以营造多重感官体验。使人们可以通过资料的查询与学习，了解世界各地的农耕文化发展史，以及不同地区的农耕文化特色，如农耕文明之路、小麦与水稻种植的区别、米面饮食文化等。

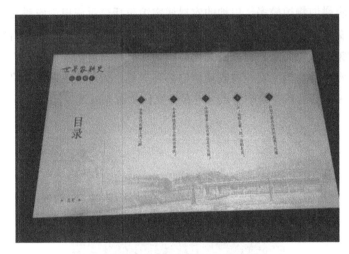

图8-8 线下智慧导览图

数字陈列是在展示原有文物的基础上，融入数字化技术，使文物展示显得更加生动。传统的文物陈列只是将文物进行摆放，附上相关的文字进行形象讲解，这样的文物展示，可以让人们清楚地看到文物的原始面貌，但是缺乏文物与用户之间的交流互动，使人们很难真正把握文物所承载的独特农耕文化，而数字化技术的融入可以打破这种局面。

通过调查发现，目前大部分的农耕博物馆都采用了传统的陈列方式，只有少部分的农耕博物馆采用数字化的方式进行文物陈列。例如，天府农耕文化博物馆就进行了文物的传统展示与数字化技术的融合，如图8-9《弋射收获画像砖》数字动画图。在下方分别陈列了不同文物的画像砖，画像砖内绘画了大量丰富的蜀地人民劳作的真实场景，由于画像砖是静态的，所以人们很难清楚地感受到他们的耕作场景。因此在文物的上方采用了一块长方形的屏幕，这块屏幕上就将大部分不连贯的画面内容进行连贯的动画呈现。通过动画的方式将画像砖上的人物、场景进行动态转换，使人们可以直观地感受到远古时代蜀地人民辛勤耕作的生活场景。这就是利用数字化技术进行陈列展示，将传统农耕文物进行了活态展示。

数字场景是利用数字化进行场景营造，让人们在参观过程中有更加真实的文化体验。通过数字化的营造与场景的还原，可以让人们了解文物的内涵。如图8-10，采用了数字化的方式将川菜的饮食食材投影在餐桌上，如辣椒等。屏幕的周围还布置了远古时代蜀国人的饮食场景，给人们带来身临其境的感受。

图 8-9 《弋射收获画像砖》数字动画

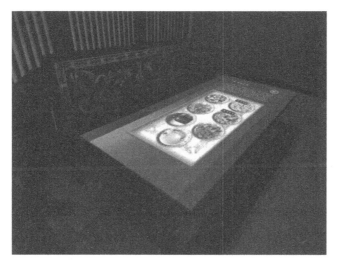

图 8-10 川菜饮食数字场景

此外,农耕博物馆还采用了数字化的技术,进行了其他的文化场景营造。如图 8-11,大禹治水数字化场景,传统的文化展示与数字化技术的融合,将传统的雕塑进行了场景复原,并融入了数字化投影的火焰,凸显了治水的急迫与艰辛。这样的设计可以让人们了解蜀地的川菜饮食文化和水利工程文化,使得人们在参观过程中直观了解农耕文物的文化背景与文化内涵。

巴蜀地区位于我国的西南片区,整体农耕特色具有区域代表性。通过调研中部、东部、南部、沿海地区的农耕博物馆,进行文献查阅与信息采集,可了解与把握我国其他地区数字化发展应用的具体情况,分析其优势与劣势,为巴蜀区域的农耕博物馆的发展应用提供参考。

图 8-11　大禹治水数字化场景

中部地区主要包括中原农耕文化博物馆、中牟农耕博物馆、莫高农耕博物馆、五岭农耕文明博物馆、东方红农耕博物馆等。农耕博物馆的修建较为完善，数字化技术的应用也较为丰富。东部地区主要包括北京的中国农业博物馆、吉林梨树关东农耕博物馆、中国黑土地博物馆等，中国农耕博物馆是中国最早的农耕博物馆，发展最为完善与成熟，其设计的数字化体验活动最为丰富。西部地区主要包括科尔沁农耕文化博物馆、西北农耕博物馆、浩勒报吉农耕文化博物馆等，主要展示西部游牧文化。沿海地区主要包括东沙农耕博物馆、海河农耕文化博物馆等。

通过调查总结得出，全国各个地区农耕博物馆的数字化发展特征，主要包括农耕数字资源库的建立、农耕活动的在线直播、旅游景区宣传等数字文化的传播方式。我国东部与中部地区的农耕博物馆修建较早、数量较多，数字化技术的应用与发展也较为成熟，研究者开展了"漫步农博""跟着农博过节气""农具的'云'颁奖""二十四节气设计"等线上活动，其中的"农业科普馆"则采用了 11 个多媒体互动项目，通过沉浸式的互动技术，来展示农产品从生产到加工成食品的过程，有利于农耕科学知识的普及。其次是沿海地区和西南地区，最后是西部地区。总之，各地区的农耕博物馆都借助其文化特性，利用数字化技术进行农耕文化的展示传播，突出其独特农耕文化的魅力。

第九章
巴蜀典型文化资源的数字化创新设计实践

《 第一节　非物质文化资源的数字化创新设计 》

一、设计动机

以绵竹木版年画视觉美感体验设计为例，设计动机一是宣传绵竹年画文化，普及绵竹年画知识。当前宣传绵竹木版年画的相关活动对文化的内涵挖掘不够，文化创意占比较低，不能很好地与市场结合。此外，文化知识介绍笼统，体验流程单一、缺少变化，用户黏性不高，不考虑用户的主观体验因素，一定程度上影响了绵竹木版年画的传承和发展。动机二是传统文化与科技的融合发展是中国传统文化传承发展的大趋势，绵竹木版年画视觉美感体验设计仅仅关注 C 端用户（customers）远远不够，需从整体的角度来看，关注 P 端用户（people），提升 P 端用户的整体文化知识接受程度，才能真正意义上为绵竹木版年画的传承做出贡献。利用数字化技术打造视觉、听觉、触觉多感官体验，让用户充分感受，沉浸其中，在接受绵竹木版年画文化知识的同时，还能缓解生活中的紧张与焦虑。

绵竹木版年画视觉美感体验设计的核心是创造用户对绵竹木版年画的美感体验，借助各种工艺流程、抽象图形及概念故事，还原绵竹木版年画的故事场景，利用线上设计的便捷性和多媒体技术的先进性，代入用户全身心地了解绵竹木版年画的文化，充分发挥其想象力，激发其认同感和理性思考。本次设计实践将遵从"三层次理论"设计策略，从外层因素、中层因素、内层因素出发，提出具体的设计方案，并对此设计方案进行实践测试和评估总结。

二、信息架构

绵竹木版年画视觉美感体验设计借助绵竹木版年画相关工艺流程、文化元素等，以还原绵竹木版年画故事场景为核心，依据前文所提的"三层次理论"设计策略，对绵竹木版年画视觉美感体验设计进行功能转化，并完成信息架构设计。信息架构能够清晰地展示绵竹木版年画视觉美感体验设计的主体功能（图9-1），引导用户通过工艺流程及年画故事内容对绵竹木版年画有深度的认识、理解。通过设置个性化手工制作、分享及展示功能，为用户提供新的社交圈层，为后续其他相关体验设计、文创产品设计、商业活动、文化传承做铺垫。

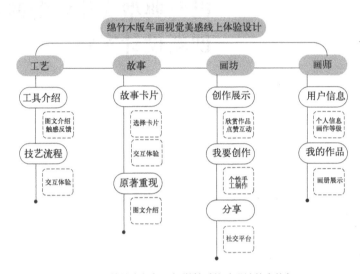

图9-1　绵竹木版年画视觉美感体验设计信息构架

三、重视用户感官需求的年画氛围设计

绵竹木版年画视觉美感体验设计的根本目的是让用户体验年画制作流程，同时向用户介绍绵竹木版年画的制作工具、年画故事等内容。要想让用户较快地沉浸于绵竹木版年画视觉美感的体验设计之中，需要为用户创造一个具有年画氛围和满足其感官需求的场景。精美的符号或图形信息可最大程度上吸引用户眼球。

如图9-2，启动图标选取绵竹木版年画最著名的作品《双扬鞭》中的门神作为主体，达到让用户知晓这是绵竹木版年画相关应用的目的。整体以甘石粉与绯红色为主，甘石粉偏向于裸色，主要营造年画的纸质感，使用户产生亲切感；抢眼的绯红色主要营造节庆日喜庆、热闹的氛围。整个启动图标以扁平化手绘风格为主，与绵竹木版年画扁平化手绘画作相呼应。如图9-3，画面1中用户根据交互提示，将刻刀向斜下方移动，除了在视觉上刻刀会随着交互手势进行移动外，刻刀与木头接触时还会产生"咔咔"声；用户根据画面中的交互提示，将棕刷由上向下移动，蘸取黑墨，棕刷会随着交互手势进行移动，棕刷与黑墨接触时会产生"嘶嘶"声；画面3中用户根据交互提示点击纸张进行印墨，纸上会出现墨线，压纸印墨时会产生"沙沙"声。视音效果双重加持，利于用户快速进入角色，集中注意力完成当前互动。

图 9-2 《双扬鞭》门神

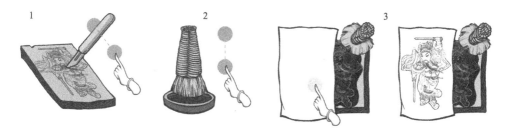

图 9-3 过程图

轻量级触感传递，实时提醒用户状态。在"工艺"中的工具展示及介绍部分，用户点击任意一个工具后，此工具会向前跳出表示被选中，用户还将感受到模拟此工具使用时候的轻量级震动感。比如当用户选中小木锤时，会出现突出小木锤的视觉画面，下方将出现关于木锤在绵竹木版年画制作流程中的使用介绍，并模拟小木锤敲打动作时候的短暂震动感。轻量级的触感传递，能时刻提醒用户所在的页面及状态，随时了解交互行为带来的反馈。总的来说，重视用户感官需求的设计主要集中于"工艺"和"故事"部分，接下来将以"工艺"部分为例，介绍其交互流程。"工艺"部分包含 9 个主要界面。如图 9-4，用户在选择"工艺"按钮或图片后，界面跳转至下一页，出现"工具"与"技艺"按钮。当用户选择"工具"按钮时，界面将依照顺序出现"刻版工具""印画工具"和"绘画工具"。以"刻版工具"为例，用户进入"刻版工具"页面后，可对工具进行点击了解，所选中的工具会自动高光，伴随有相应的工具音效和工具操作震感，下方将出现工具在绵竹木版年画制作中的用途、常见使用方法等相应介绍，让用户深入了解绵竹木版年画的制作工具。当用户选择"技艺"按钮时，界面将出现完整的绵竹木版年画制作体验流程。以"刻版—印墨"体验流程为例，用户进入"刻版"体验页面时，按照交互提示进行划动或移动，即可完成交互任务，跳转至下一个页面；用户进入"印墨"体验页面时，需在一个页面里完成两个交互任务，如上下移动蘸取黑墨，点击粉笺纸印墨线，完成后即可跳转下个页面。在"工艺"体验流程中，物与物之间的碰撞、摩擦都会伴随一定的音效和震感。

四、挖掘民俗符号的故事场景设计

对年画故事的设计，主要是提取其文化符号与元素，对故事内容及人物角色进行符

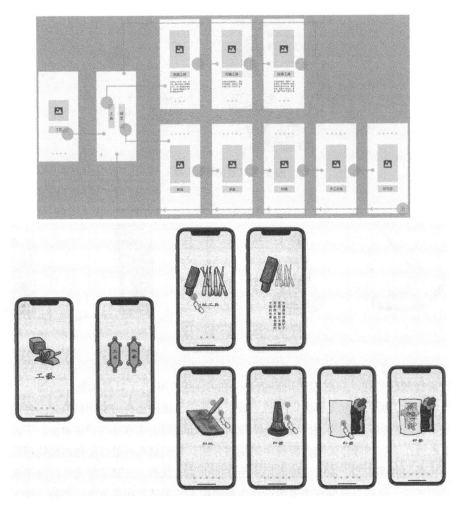

图 9-4 "工艺"低保真交互流程设计与高保真部分详情页展示

合现代潮流的美术设定,赋予其新的生命力、属性值等。新颖的角色设定和故事情节,为用户创造遐想空间。如图 9-5,在"麻姑献寿"年画故事中,提取麻姑人物形象,保留其盘发、花篮等元素,创新性地增加飘带、酒瓶等。飘带是鉴于麻姑人物形象具有道家的背景属性,能适当增加道家的仙气飘扬之感,酒瓶则是"麻姑献寿"故事中盛满灵芝酒,欲向王母献寿的酒瓶。新设定下的麻姑形象在保留原有人物特色的前提下,符合现代审美潮流,能更轻易被广大用户接受。趣味性内容展示,刺激用户主动体验。"麻姑献寿"所呈现的是用户采集灵芝酒原料,帮助麻姑酿酒,确保麻姑顺利赶上献寿时间的故事内容。在画面 1 和画面 2 中,用户需要根据指示上下、左右移动,采摘灵芝与寿桃,在画面 3 中点击所采摘的灵芝与寿桃,将其放入篮中,在画面 5 中长按器皿,对原料进行搅拌,搅拌后灵芝酒制作成功,麻姑挑着装有寿桃和灵芝酒的花篮参加王母寿宴。整个交互流程与故事内容具有一定的趣味性,用户扮演麻姑制酒的"小助手"角色,代入感强,能刺激用户主动完成交互流程中的各类任务,在整个故事开始与结束之间有较强的参与感,同时,利于用户对其产生强烈的记忆。

图 9-5 年画故事角色新设定

总的来说，民俗符号及场景的挖掘设计主要集中于"故事"部分，接下来将以"故事"部分为例，介绍其交互流程。由于绵竹木版年画文化内容丰富，年画故事挖掘潜力大，故后期会不定时填充年画故事内容。如图 9-6，当用户选择"故事"按钮或图片时，界面跳转到选择故事页。用户选择其中一个感兴趣的故事后，即可跳转界面开始体验有趣的年画故事。趣味性交互小游戏与年画故事相结合，能最大程度上吸引用户的注意力和好奇心，但要注意交互形式不能过多，没有必要的交互行为只会让用户感到繁琐。

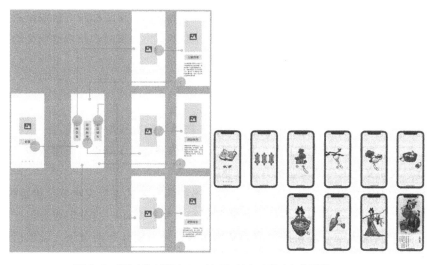

图 9-6 "故事"低保真交互流程设计与高保真部分详情页展示

第二节　物质文化资源的数字化创新设计

数字化创新设计旨在传播优秀传统农耕文化，解决农耕主题类博物馆文物分区散乱、互动较少、文化特性弱导致的游客参观过程盲目、兴趣度低、收获感少等问题。以成都平原地区为例，选择其农耕博物馆及文化馆进行实地调研，针对农耕文物体验现存问题，以家庭学习型用户群体为研究中心，运用情境认知理论从用户情感层、任务交互层、环境感官层三个维度，探讨农耕博物馆文物体验设计过程。将二十四节气作为农耕文物分类标准，将农耕博物馆进行春耕、夏耘、秋收和冬藏节气分区，根据不同的节气特征进行环境营造与文物体验设计。以天府农耕文化博物馆为例，以节气"夏耘"为主题进行设计实践，根据川西"林盘"稻田与弋射收获画像砖的文化内涵，从感官到互动再到情感的逐步引导，帮助用户理解循环往复的农耕精神，最后达到教化的目的。

一、农耕博物馆文物体验

1. 博物馆文物体验特征

在信息产业背景下，文物正逐渐迎合年轻人的消费习惯。无论是何种传播方式，都强调在参观者情感体验需求的基础上进行设计研究。本书通过对资料收集整理，将目前博物馆文物体验特征概括如下。①趣味性与神秘化。为增强用户的探索感与获得感，打破文物陈列展示的传统观念，推出了文物盲盒、修复文物等趣味活动。②还原性与云游化。文物体验以还原场景来增强感受，开设线上云游展览增强互动。③多元性与数字化。采用数字化技术将文物拟人化，将古代文物赋予现代人物的情感，便于了解文物古往今生的传奇故事，让用户充分发挥想象空间。④教育性与功能化。针对不同人群的体验需求进行针对性设计，为儿童开展宝藏探索、角色扮演、手工涂鸦等游戏设置，丰富视觉体验和触觉体验。博物馆文物体验形式的日趋丰富，为发展农耕博物馆文物的体验设计提供了契机。

2. 农耕博物馆文物体验分析

在政府的大力支持下，近10年间我国的农耕博物馆数量增长迅速，并积极开展藏品征集、保存、展览、设计等工作，为农耕文化的传播提供了帮助，其中农耕文物有效展示程度对农耕文化的传播与弘扬有着重要影响。

农耕博物馆的文物体验是指采用线上线下多种体验方式进行文物展示传播的方法，通过文物体验可以提高游客对农耕文化的理解与认知。然而，通过实地走访与资料查询发现，目前我国大部分农耕博物馆的文物体验设计方面还有所欠缺。以成都地区为例，对农耕主题博物馆及文化馆进行实地调研，并对馆内的感官功能、交互功能和情感功能进行分类整理。成都地区农耕博物馆与文化馆文物体验调研结果，见表9-1。

根据调研结果,将目前馆内的文物体验现状总结如下。①感官功能方面,以只满足视觉感官体验的单一陈列为主,虽然配有导览与讲解,但利用率较低;馆内的文物摆放较为混乱、功能分区不明显。②交互功能方面,用户走访量低,大部分为走马观花式的盲目参观;体验形式较为单一,较少结合数字化展示与云游服务,也缺乏有趣的互动耕作体验与文创装置。③情感功能方面,博物馆未突出农耕特性,用户难以深刻理解农耕文物背后的文化内涵,难以产生情感共鸣。因此,本书紧随文化产业的发展步伐,针对上述情况,以用户为研究中心并结合趣味性设计理念,进行有助于农耕博物馆文物体验的设计研究。

表9-1 成都地区农耕博物馆与文化馆文物体验调研结果

	感官功能					交互功能						情感功能	
	文物陈列	知识讲解	语音导览	氛围营造	场景还原	数字展示	节气科普	耕作实践	原理操作	线上云游	体验课程	文创装置	农耕认知	情感共鸣
天府农耕文化博物馆	√	√		√	√	√	√						√	√
文清古蜀农耕文化博物馆	√	√		√					√		√		√	
三农博物馆	√	√	√	√	√	√							√	√
农耕文化博物馆	√	√		√	√				√				√	
成都平原农耕文化馆	√	√		√	√	√	√		√	√			√	
中华巴蜀农耕先祖文化馆	√	√		√							√		√	

3. 农耕文物与二十四节气

农耕博物馆有其独特的文化底蕴,与其他博物馆的体验有所不同,可以呈现出春耕、夏耘、秋收、冬藏的循环往复的自然法则。现将农耕文物背后的文化分为物质文化与非物质文化两类,并以农耕文物作为博物馆展示对象。在文物体验过程中,借助数字化技术与互动装置,呈现出不同农耕文物背后的物质文化,如农具、农作物、农事畜牧、农事雅集等;非物质文化,如耕作故事、耕耘场景、农作原理等内容,以此来丰富文物体验的内容与形式。此外,考虑到农耕文物种类繁多、内容丰富,因此可依据农耕文化的"应时"性,即以二十四节气作为农耕博物馆文物展示的突破点,以不同的节气为例将农耕文物分类呈现。农耕文物是艺术与生活的产物,将用户的情感投射到文物上,在体验时更能够产生情感共鸣。

在中国的农耕文化中,二十四节气占有相当重要的地位,强调了"应时"的自然法则,其主要功能是指导传统农事活动。从春耕夏耘,到秋收冬藏,农耕与时令密不可分,相伴相生。通过了解四季变化、气温特点,以及物候等内容,辅助农夫耕作,具有不可替代的作用。用二十四节气将农耕文物背后的事物串联,并进行博物馆四季场景分区及文物展示。这样不仅可以还原农耕文物的传统故事与使用方式,还可以丰富农耕文物的体现形式与内容,让用户体验从种植到收获的循环往复、自强不息的农耕精神。农耕文化与二十四节气关系,如图9-7所示。

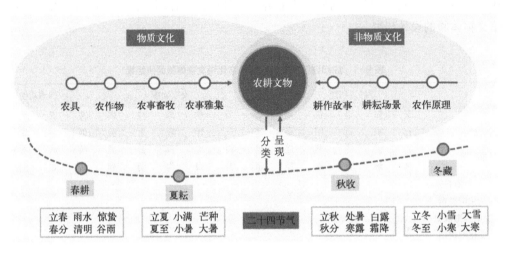

图9-7 农耕文化与二十四节气关系

二、农耕博物馆文物体验设计过程

1. 环境情境——感官层

依据情境认知的相关理论知识,设计农耕博物馆文物体验的过程,让用户从初步感官到深度体验,最后形成对农耕文化的情感共鸣。感官层强调的是环境资源带来的直观体验,包括色彩主题、场景氛围和空间布局等内容。但传统的农耕博物馆主要以单一陈列为主,难以调动用户的多层次感官体验;文物功能分区不明显,用户对文物特征缺乏清晰了解。因此,考虑到循环往复的农耕精神,将二十四节气作为农耕博物馆的分区标准,并根据不同的节气特征进行环境营造。选择各地区代表性农耕文物作为体验对象,以春耕、夏耘、秋收和冬藏进行文物分类与场景体验,帮助用户直观感知农耕氛围,便于并区分不同农耕文物的属性与特征,优化参观体验感。

2. 任务情境——交互层

任务情境是指用户进行农耕文物交互体验的过程,需要在深入了解用户情感需求的基础上,结合博物馆内的农耕文物特性进行设计,以此确定最适合农耕文化传播的交互体验方式。

依据目前博物馆文物体验形式的发展趋势，从趣味性、教育性与云游化等角度进行设计探讨，增强用户对农耕文化的互动感和参与感。将线上移动应用与线下产品装置结合运用：线上移动应用结合实体农耕文物展开云游体验，实施线上互动模式，增加农耕小游戏任务设置、农耕文化科普等内容，从多角度提高用户兴趣。将农耕文物的耕作场景动态还原，呈现每个文物背后的耕作故事、农耕原理，让用户清楚地观看到文物本身及其耕作过程，丰富了农耕文物的体验形式，缓解用户盲目观看的问题。产品装置以增强用户的互动体验为主，馆内装置包括还原农作物耕作的小型装置等，用户可直接观察、触摸与操作，培养动手能力与观察力。产品装置不局限于农耕博物馆内使用的小型装置，也包括相关的文创科普产品设计，具有一定的教育延伸性。可以帮助用户了解"农作物"的生长周期，体验耕耘的历程，从而提高用户的观展兴趣，增强收获感。

3. 用户情境——情感层

用户情境强调在设计过程中，要关注到用户的认知、情感以及行为偏好，满足用户在博物馆体验过程中的情感需求，帮助用户理解农耕文物背后的文化内涵。在农耕博物馆内，通过从环境到任务的渐进引导，帮助用户了解大自然的馈赠与耕耘劳作的过程，从"应时""取宜""守则"与"和谐"的角度理解农耕精神。

农耕文物作为农耕艺术与生活的产物，是农耕博物馆内的主要参观对象。依据二十四节气将农耕文物分类呈现，以此突出农耕博物馆的特性，便于用户理解。在参观过程中，将用户的情感投射到农耕文物上，通过农耕文物体验来表达农耕精神。不仅可以了解到每件文物背后的故事与使用方式，认识一粒种子从生长到果实丰收的耕耘历程，产生情感共鸣，更可以提高大众对于农耕文化的认知度，感悟勤劳勇敢、自强不息的农耕精神，达到教化的目的。设计过程见图9-8。

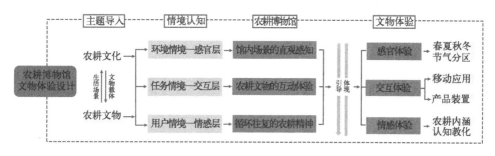

图9-8 设计过程

三、天府农耕文化博物馆文物体验设计

天府农耕文化博物馆位于四川省成都市郫都区，是以古蜀农耕文物为主题的博物馆，展陈面积约三千平方米。馆内通过油画、场景塑造、复制文物、影像展示等方式，

直观呈现了以成都地区为主的农耕文化遗产、历史渊源、农耕习俗、农耕技艺等内容，所含内容具有地域代表性与研究价值。调研中发现，该馆虽基础设施完善，但未清晰呈现出成都地区璀璨的农耕文化特色，并缺乏从用户的角度进行设计分析，是一个值得研究的切入点。

通过实地考察，根据用户在天府农耕文化博物馆的参观目的及需求，将用户人群进行分类：①家庭学习型，以家庭为单位包括家长与孩子共同进行学习，喜欢共同学习新鲜事物，希望在参观中增长见识。②休闲娱乐型，以年轻人为主，与朋友利用闲暇时间到访打卡，乐于尝试但容易放弃，希望可以轻松学习到农耕文物知识。③旅游参观型，以游客或团建群体为主，通过信息搜索或社团组织进行实地参观。其中，以教育为主的家庭学习型用户占比较高，需求特征较为明显，因此选择该类人群进行用户角色卡的绘制，分析此类用户在天府农耕文化博物馆的具体参观体验，便于根据不同人群需求进行针对性设计实践。用户角色卡包括基本信息、群体属性、需求及痛点、群体期待等，如图9-9所示。

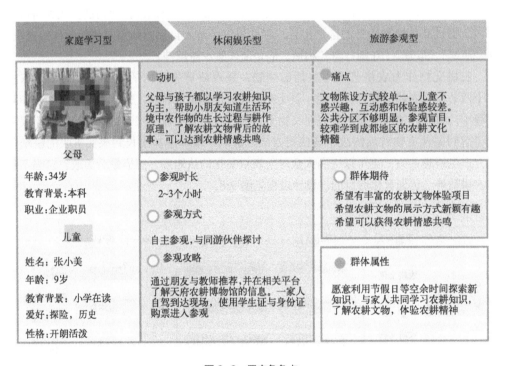

图9-9　用户角色卡

在线上线下发放关于天府农耕文化博物馆用户体验问卷，问卷发放的人群主要为家庭学习类，回收有效问卷62份。问卷题目框架见表9-2。通过问卷了解用户的参观目的、体验感受、痛点与需求，并结合年龄、职业等基础信息进行综合分析。

通过对问卷整理分析得出：①用户参观博物馆的主要目的是了解农耕历史文化，增长见识，以儿童参观学习为主，因此要重视农耕文物体验的教育性；②在参观体验过程中，感官与交互设计对于用户的吸引性较大，具有趣味性和互动性的农耕文物体验，对满足用户的情感需求有直接影响，其中农耕栽培小游戏、原理交互装置获得大众认可；③农耕博物馆内布局较为混乱，导致用户参观盲目，难以产生情感共鸣，可依据各节气特征进行馆内场景分区；④用户对成都地区代表性文化与文物了解较少，且单一的陈列方式难以突出其地域特色，需强调农耕特性进行陈列；⑤用户对"林盘"稻田文化的了解度较高，认可"林盘"稻田是成都地区具有代表性的农耕文化之一，此外用户对都江堰水利与桑蚕蜀绣的认可度也较高。问卷调查详细数据如图9-10所示。

表9-2 问卷题目框架

题目分类	主要调查问题
1	年龄
2—3	对天府农耕文化博物馆的看法及感兴趣程度
4—8	成都地区农耕文化的特点及代表性文物
9—10	农耕文物体验的教育作用
11—12	农耕文物体验形式

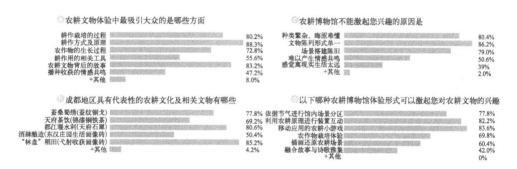

图9-10 问卷调查详细数据

根据问卷调查情况，选择代表成都地区农耕文化的川西"林盘"稻田与弋射收获画像砖作为设计实践对象。川西"林盘"稻田形成了田、林、水、宅的共生关系，是成都地区独特的农耕生活形态，而在成都大邑出土的弋射收获画像砖描绘的正是成都"林盘"地区的真实农耕劳动场景。画面主要包括割穗挑担、莲叶鱼鸭、张弓仰射、雁鹭惊飞等画面，具有浓厚的生活气息，适合作为天府农耕文化博物馆的文物体验应用。天府农耕文化博物馆文物体验设计实践如图9-11所示。

根据川西"林盘"稻田文化特征与文物所描绘的画面内容，对应成都地区稻麦一年二熟的农作规律，将节气定位在小暑，并选择"夏耘"展厅作为农耕博物馆的感官体验场所。该展厅展示的是以夏耘为主题的各类农耕文物，馆内布局以情景再现、文物展示、作物解读、装置互动、儿童专区,以及文创中心为主,主要从色彩、灯光、肌理等方面来营造馆内氛围,帮助用户对"林盘"稻田文化有更加直观的感受,并了解弋射收获画像砖的文物属性和川西"林盘"稻田的文化内涵,以此加深对农耕文物的认知。

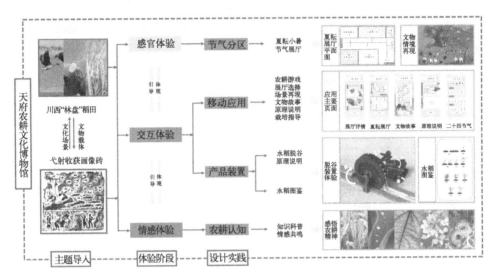

图 9-11　天府农耕文化博物馆文物体验设计实践

天府农耕文化博物馆内的交互体验较少,且农耕特色不突出,因此需根据农耕特性丰富农耕文物的传播形式,增加移动应用与产品装置等,从任务交互层增强用户与文物之间的互动性。在线上互动设计中,根据成都平原农耕文物的地域特征设计独特的交互方式,主要包括展厅详情、选择文物、节气介绍、农耕游戏等内容。移动应用主要页面,如图9-12所示。用户通过选择"夏耘"展厅的"弋射收获画像砖"进行互动体验,线上了解文物背后的故事内容,观看文物画面的再现场景,动态还原文物故事;并配套线下的水稻脱谷互动装置进行原理说明与水稻图鉴,帮助用户深入学习农耕文化知识。此外,开设农耕游戏,通过扫描解锁的方式进行博物馆农耕文物打卡,并且采用用户耕作运营自家农田的方式,感悟农耕精神。

在产品装置的互动设计上,考虑到川西"林盘"稻田中的水力作用突出,不仅提高了传统农业生产效率,也为现代部分生产环节的机械化创造了条件,其中水碾脱谷农具是川西地区"林盘"聚落常见的水力加工工具。可根据用户体验需求进行装置再设计(图9-13),用户可通过转动把手使轮轴翻动,以此拨动碾杆上下锤动水稻,帮助水稻脱壳。这样的互动体验可以让用户直观体验到农耕原理,学习到川西"林盘"稻田文化中独特的农耕知识。此外,借助水稻脱谷装置的体验,也帮助用户认识水稻标本与其生长周期等。

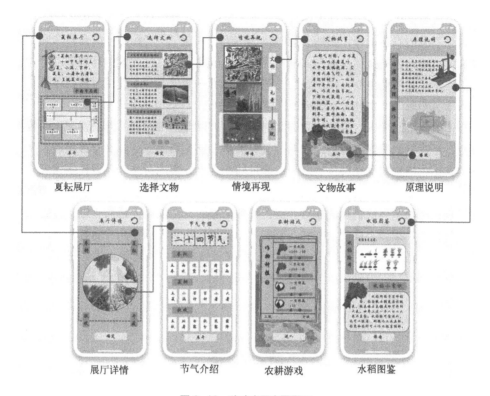

图 9-12　移动应用主要页面

图 9-13　水稻脱谷装置

中国农耕文化是我国劳动人民几千年生产生活智慧的结晶，蕴含着中华民族勤劳勇敢、自强不息的农耕精神，强调"应时""取宜""守则"与"和谐"的自然法则。天府农耕文化博物馆内的文物体验形式从用户的需求出发，由节气分区的环境感官层，上升至线上线下互动的任务交互层，最后逐渐引导至用户情感层，不仅可以帮助用户学习馆内的农耕文物知识，并且对农耕精神产生一定的情感共鸣。

在体验经济时代下，博物馆内的文物体验形式逐渐丰富完善，为农耕文化的传承与发展提供了良好的机遇。依据二十四节气将农耕文物与场景进行分类分区呈现，突出了农耕博物馆内的农耕文化特性。此外，通过问卷调查与实地考察，从设计学角度分析用户体验需求，以家庭学习型人群为主要对象，设计了情境认知视域下的农耕博物馆文物体验过程，梳理了环境情境的感官体验、任务情境的交互体验，最后逐渐上升到用户情境的情感体验。以线上移动端与线下装置的设计实践应用，满足用户认知需求，弘扬了农耕精神。但是在后续的研究中，需继续进行可行性测试，以进一步优化完善。

巴蜀文化基因谱系图
扫描二维码观看

后记

　　时至今日，这本专著终于成书了。这本专著凝聚着太多人的心血和期望，更凝聚着无数人的关怀与祝福，它的厚重不是只言片语所能表达的。一本著作的完成需要许多人的默默奉献，闪耀的是集体的智慧。其中铭刻着许多艰辛的付出，凝结着许多辛勤的劳动和汗水。本书在策划和写作过程中，得到了许多同行的关怀与帮助，及许多老师的大力支持，在此向广颖业、冯一、伏婷致以诚挚的谢意。

　　阅读是一种享受，编写这样一本书的过程更是一种享受。在享受之余，我们心中也充满了感恩。因为在写作过程中，我们不仅得到了同行的帮助，还借鉴了其他人智慧的精华。相信他们的劳动价值不会被磨灭，因为它给读者朋友们带来了宝贵的精神财富。最后，希望读者们能在本书中有所获，更欢迎读者们提出一些宝贵的建议和意见，让我们互相取长补短、不断进步吧！

王蓉
2022 年 10 月 30 日

参考文献

[1] 常璩. 华阳国志·蜀志 [M]. 济南：齐鲁书社，2010.

[2] 童恩正. 古代的巴蜀 [M]. 成都：四川人民出版社，1979.

[3] 段渝. 四川通史·卷一·先秦 [M]. 成都：四川人民出版社，2010.

[4] 林向. "巴蜀文化"辨证 [J]. 华中师范大学学报（人文社会科学版），2006（4）.

[5] 姚晓娟. 巴蜀文化 [M]. 长春：吉林文史出版社，2010.

[6] 胡易容，杨登翔. 巴蜀符号：巴蜀文化的源头与活水 [J]. 天府新论，2021（6）.

[7] 洪梅. "巴蜀符号两系说"质疑——以6件特殊铭文的虎纹戈为例 [J]. 四川文物，2019（2）.

[8] 余菀莹，杨华. 试论宣汉罗家坝朱砂葬——兼论巴人与丹砂的渊源 [J]. 三峡大学学报（人文社会科学版），2018，40（3）.

[9] 张紫晨. 中国巫术 [M]. 上海：上海三联书店，1990.

[10] 童恩正. 文化人类学 [M]. 上海：上海人民出版社，1989.

[11] 中共中央马克思恩格斯列宁斯大林著作编译局. 马克思恩格斯选集·第四卷 [M]. 北京：人民出版社，1972.

[12] 进哥. 探寻千古巴人之谜（上）[J]. 中国三峡，2007（1）.

[13] 刘士林. 江南文化资源研究 [M]. 南昌：百花洲文艺出版社，2019.

[14] 杨勇. 论巴蜀文化虎纹戈的类型和族属 [J]. 四川文物，2003（2）.

[15] 陈剑，邱艳. 成都平原史前城址考古：回顾与展望 [J]. 中国文化遗产，2015（6）.

[16] 宋仕平. 土家族传统制度文化研究 [D]. 兰州：兰州大学，2006.

[17] 何星亮. 中国自然神与自然崇拜 [M]. 上海：上海三联书店，1992.

[18] 杜莉. 川菜文化概论 [M]. 成都：四川大学出版社，2003.

[19] 刘斌. 巴蜀历史与文化：巴蜀地域文化 [M]. 北京：中央广播电视大学出版社，2012.

[20] 冯广宏. 广都瞿上：古蜀农耕文化交流走廊 [J]. 中华文化论坛，2009（S2）.

[21] 林向. 广都之野与古蜀农耕文明 [J]. 中华文化论坛，2009（S2）.

[22] 梅联华，欧婷. 农耕习俗 [M]. 南昌：江西美术出版社，2011.

[23] 方志戎. 川西林盘聚落文化研究 [M]. 南京：东南大学出版社，2013.

[24] 张森，王思萍，陈新岗. 精耕细作：中国传统农耕文化 [M]. 济南：山东大学出版社，2017.

[25] 肖东发，胡元斌. 天府之国：蜀文化的特色与形态 [M]. 北京：现代出版社，2015.

[26] 天府文化研究院. 天府文化研究·创新创造卷 [M]. 成都：巴蜀书社，2018.

[27] 谭平，马英杰. 走近天府农耕文明 [M]. 成都：四川大学出版社，2021.

[28] 西北农耕博物馆. 中国梦 农耕情 [M]. 银川：宁夏人民出版社，2020.

[29] 陶冶. 从传统工艺到数字工艺的设计策略研究 [D]. 杭州：浙江大学，2017.

[30] 张剑葳，吴煜楠. 虚拟仿真技术在文物建筑教学中的应用探索 [J]. 中国大学教学，2019（11）.

[31] 黄丽达，甘广欣，冯文苑，等. 广西少数民族建筑文物虚拟仿真系统关键技术研究 [J]. 电子技术与软件工程，2017（16）.

[32] 吕屏，杨鹏飞，李旭. 基于VR技术的虚拟博物馆交互设计 [J]. 包装工程，2017（24）.

[33] 刘建兵. 从文物古迹看巴蜀的人文旅游资源 [J]. 商场现代化, 2006（11）.

[34] 陈枫, 王峰. VR/AR 技术在虚拟博物馆游览系统中的应用研究——以故宫博物院为例 [J]. 大众文艺, 2020（4）.

[35] 孙晓艳. 基于 VR 全景技术的博物馆陈列展览数字化的研究与探索 [J]. 电子世界, 2019（24）.

[36] 樊锦诗. 敦煌石窟保护与展示工作中的数字技术应用 [J]. 敦煌研究, 2009（6）.

[37] 波拉克. 解读基因：来自 DNA 的信息 [M]. 杨玉玲, 译. 北京：中国青年出版社, 2000.

[38] 赵鹤龄, 王军, 袁中金, 等. 文化基因的谱系图构建与传承路径研究——以古滇国文化基因为例 [J]. 现代城市研究, 2014（5）.

[39] 赵巧艳, 曹哲, 郭炎冰. 空间分异视角下山西省非物质文化遗产保护利用研究——基于5批829项数据的分析 [J]. 干旱区资源与环境, 2022, 36（11）.

[40] 许德骅, 熊德天, 吴昊. 基于章水泉竹艺非物质文化遗产的 APP 设计与研究 [J]. 包装工程, 2022, 43（4）.

[41] 王建华, 栗帅东. 国内非物质文化遗产数字化保护研究现状 [J]. 湖南包装, 2021, 36（5）.

[42] 宋蒙. AR 技术与数字文化公园建设 [J]. 教育传媒研究, 2021（6）.

[43] 刘旭. 基于文化转译理念的传统文化 APP 设计 [J]. 包装工程, 2020, 41（2）.

[44] 张婷, 陈光喜. 以广西壮族铜鼓文化传播为主题的 APP 产品架构设计 [J]. 包装工程, 2018, 39（12）.

[45] 张婷, 彭莉. 基于用户体验的非遗 APP 设计与应用研究 [J]. 包装工程, 2020, 41（20）.

[46] 葛培, 陈红. 互联网视域下非遗 APP 游戏传播方式的思考——以南通蓝印花布印染技艺为例 [J]. 南通职业大学学报, 2019, 33（3）.

[47] 刘体操. 古滇国与蛇文化：李家山青铜艺术探索 [J]. 民族艺术研究, 1997（3）.

[48] 邢阁艳. 基于红色文化的非物质文化遗产文化创意产品设计研究——以 3D 打印技术结合"徐行草编"的红色文创产品为例 [J]. 设计, 2022, 35（9）.

[49] 邰康锋. 传统年画纹样的文化阐释——以凤翔木版年画为例 [J]. 美术教育研究, 2022（17）.

[50] 胡最, 刘沛林, 邓运员, 等. 传统聚落景观基因的识别与提取方法研究 [J]. 地理科学, 2015, 35（12）.

[51] 林明水, 李春莹, 王甫园, 等. 中国传统村落文化生态研究进展与展望 [J]. 中国生态旅游, 2021, 11（1）.

[52] 马航. 中国传统村落的延续与演变——传统聚落规划的再思考 [J]. 城市规划学刊, 2006（1）.

[53] 吴琼. 面向文化遗产的数字化体验设计 [J]. 装饰, 2019（1）.

[54] 李伯华, 罗琴, 刘沛林, 等. 基于 Citespace 的中国传统村落研究知识图谱分析 [J]. 经济地理, 2017, 37（9）.

[55] 曹仿桔, 吴琼. 文化遗产数字化中的信息与交互设计——以中国传统村落数字博物馆为例 [J]. 设计, 2021, 34（22）.

[56] 姜申, 鲁晓波. 展示传播在文化遗产数字化中的交互性及其应用——以敦煌文化的当代传播为例 [J]. 现代传播（中国传媒大学学报）, 2013, 35（8）.

[57] 戚纯. 基于混合现实技术的数字博物馆应用研究 [D]. 天津：天津大学, 2018.

[58] 廖雪梅. 川渝将共建巴蜀传统村落数字博物馆 [N]. 重庆日报, 2022-08-11（6）.

[59] 孙嫒, 余高红, 张纯. 数字博物馆在传统村落文化遗产保护中的应用——以安徽歙县瞻淇村为例 [J]. 新建筑, 2019（3）.

[60] 吴炎华. 地质（自然历史）博物馆陈列布展的虚拟现实人机交互设计应用研究 [J]. 艺术科技, 2019, 32（7）.